Raummaße Architektur

Raummaße Architektur

Flächen, Abstände, Abmessungen

Bert Bielefeld

Birkhäuser
Basel

Inhalt

1 Einleitung

Bei der Ausformulierung eines Entwurfskonzeptes in eine realisierbare Planung benötigen Architekten permanent Informationen zu Raumanforderungen, Raumgrößen sowie zu Maßen und Abständen von Einrichtungsgegenständen. Jede Entwurfsaufgabe umfasst dabei Räume mit einem allgemeingültigen Anforderungsprofil wie Flure oder WCs und spezifische Räume wie z. B. den OP-Bereich eines Krankenhauses.

In diesem Buch werden Grundsätze und Planungsgrundlagen verschiedener Raumarten beschrieben, welche für viele Typologien Gültigkeit besitzen. Diese sind mit ihren Anforderungen, Funktionalzusammenhängen und detaillierten Maßanforderungen systematisch aufbereitet.

Den einzelnen Raumarten vorgeschaltet werden im Kapitel „Maßstab Mensch" die Anforderungen von „Durchschnittsmenschen" und von Menschen mit Einschränkungen bzw. Behinderungen an Gebäude beschrieben. Im Sinne des Universal Design werden Themen der Barrierefreiheit auf dieser Basis im gesamten Buch integrativ behandelt.

Das Buch *Raummaße Architektur* ist als Auszug des Buches *Architektur planen* zu sehen, in welchem über die Räume hinaus auch Entwurfsansätze für einzelne Typologien en détail vorgestellt werden. *Raummaße Architektur* soll daneben als handliches Nachschlagewerk direkt beim Entwerfen dienen. Selbstverständlich ersetzt die funktionale Herangehensweise nicht den kreativen und höchst individuellen Entwurfsprozess des Architekten. Sie soll jedoch die Möglichkeit bieten, Entwurfsideen unmittelbar mit funktionalen Anforderungen zu kombinieren.

Der eigene Entwurfsansatz und die jeweiligen Zeichnungsinhalte sind auf die national bzw. regional geltenden Normen abzustimmen. Aufgrund dieser Vielfalt an Vorgaben kann keine Gewähr für die Anwendbarkeit der benannten Maße und Bedingungen geleistet werden. Die präsentierten Maßangaben und Abstände sind daher als Entwurfshilfe und nicht als gesetzlich oder normativ verbindlich zu verstehen. Maße, welche als Mindestanforderungen benannt sind, sollten zudem zur Erreichung von komfortablen Situationen gegebenenfalls frei angepasst werden.

2 Maßstab Mensch

Unsere gebaute Umwelt ist nach den Anforderungen der nutzenden Menschen gestaltet. Somit müssen Raumgrößen, -höhen und -übergänge sowie die Bedienelemente wie Schalter, Griffe, Möbel etc. auf die menschlichen Proportionen und die Anthropometrie bzw. Ergonomie des Menschen abgestimmt werden.

Aus den motorischen Fähigkeiten des Menschen lassen sich die verschiedensten Maßbezüge ableiten. Der sich hieraus ergebende Mindestplatzbedarf bei diversen täglichen Bewegungsabläufen und Alltagssituationen im Beruf wie auch in der Freizeit ist daher universell. Da sich die Maße auf die menschlichen Bewegungsmöglichkeiten beziehen, muss man auch besondere Nutzergruppen wie Kleinkinder, ältere Menschen oder Rollstuhlfahrer bei der Planung berücksichtigen.

Werden Bereiche für den Aufenthalt vieler Menschen dimensioniert, so ist die Nutzung der Fläche eine wesentliche Planungsgrundlage. Kommunikationsflächen wie z. B. Pausenbereiche vor einem Konzertraum benötigen pro Person deutlich mehr Fläche als Menschengruppen beispielsweise vor einer Durchgangskontrolle.

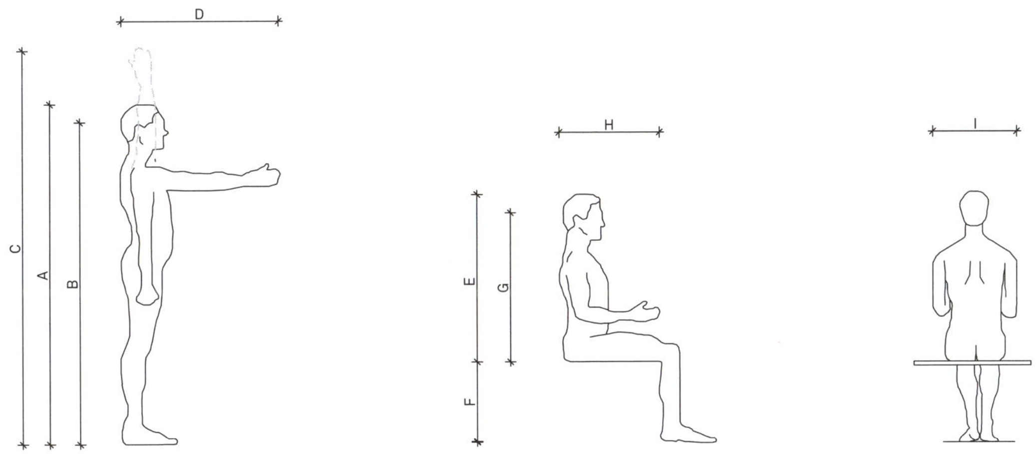

Abb. 2.1 Planungsrelevante Körpermaße von Kindern und Jugendlichen

A = Körpergröße
B = Augenhöhe
C = Reichweite nach oben
D = Reichweite nach vorne
E = Körpersitzhöhe
F = Sitzflächenhöhe
G = Augenhöhe im Sitzen
H = Sitztiefe
I = Sitzbreite

Abb. 2.2 Größe von Menschen je nach Bewegungsart

Alter	3	5	7	9	11	13	15	16–17	18–19
Körpergröße	93–111	106–126	118–138	127–148	134–160	149–173	155–183	155–188	156–189
Reichweite nach vorn	39–48	41–53	46–58	52–64	55–69	61–75	62–77	62–79	62–79
Reichweite nach oben	105–127	122–144	134–159	151–179	159–192	173–210	178–219	181–219	187–226
Augenhöhe	85–99	96–112	106–127	117–137	125–149	138–164	145–172	145–174	145–175
Körpersitzhöhe	53–62	57–70	64–75	67–78	70–82	74–92	81–94	83–97	83–98
Augenhöhe im Sitzen	42–52	47–57	51–63	57–70	59–75	63–79	69–84	70–86	71–86
Sitzflächenhöhe	19–28	25–32	28–35	30–38	34–41	36–45	39–49	39–50	39–50
Sitztiefe	23–29	26–36	30–40	35–43	40–47	40–49	43–54	44–54	44–55
Sitzbreite	25–35	27–37	29–39	31–41	32–43	33–43	33–44	34–45	37–48

	Männer				Frauen			
Alter	18–25	26–40	41–60	61–65	18–25	26–40	41–60	61–65
Körpergröße	168,5–179,0	166,5–176,5	163,0–183,5	160,5–180,5	156,0–176,0	154,5–172,5	161,5–170,5	151,0–168,5
Reichweite nach vorn	70,0–82,5	68,5–82,0	68,0–81,0	67,5–80,0	63,5–76,0	63,0–75,0	62,0–74,5	61,5–74,0
Reichweite nach oben	200,0–224,5	199,0–222,0	196,0–219,5	193,0–215,0	185,5–208,5	184,5–203,5	183,5–200,5	182,0–195,5
Augenhöhe	156,5 –178,5	154,5–175,0	151,0–172,0	149,0–169,0	145,0–164,5	144,0–161,5	142,0–159,0	139,5–157,0
Körpersitzhöhe	87,5–98,5	86,5–97,5	84,5–96,0	83,0–94,5	83,0–93,0	82,0–91,5	80,5–90,5	79,0–90,0
Augenhöhe im Sitzen	76,0–87,0	74,5–86,0	73,0–85,0	71,0–83,0	72,0–82,0	71,0–81,0	70,0–80,0	68,5–79,5

Tab. 2.1 Planungsrelevante Körpermaße von Kindern, Jugendlichen und Erwachsenen (in cm) in Abhängigkeit vom Alter

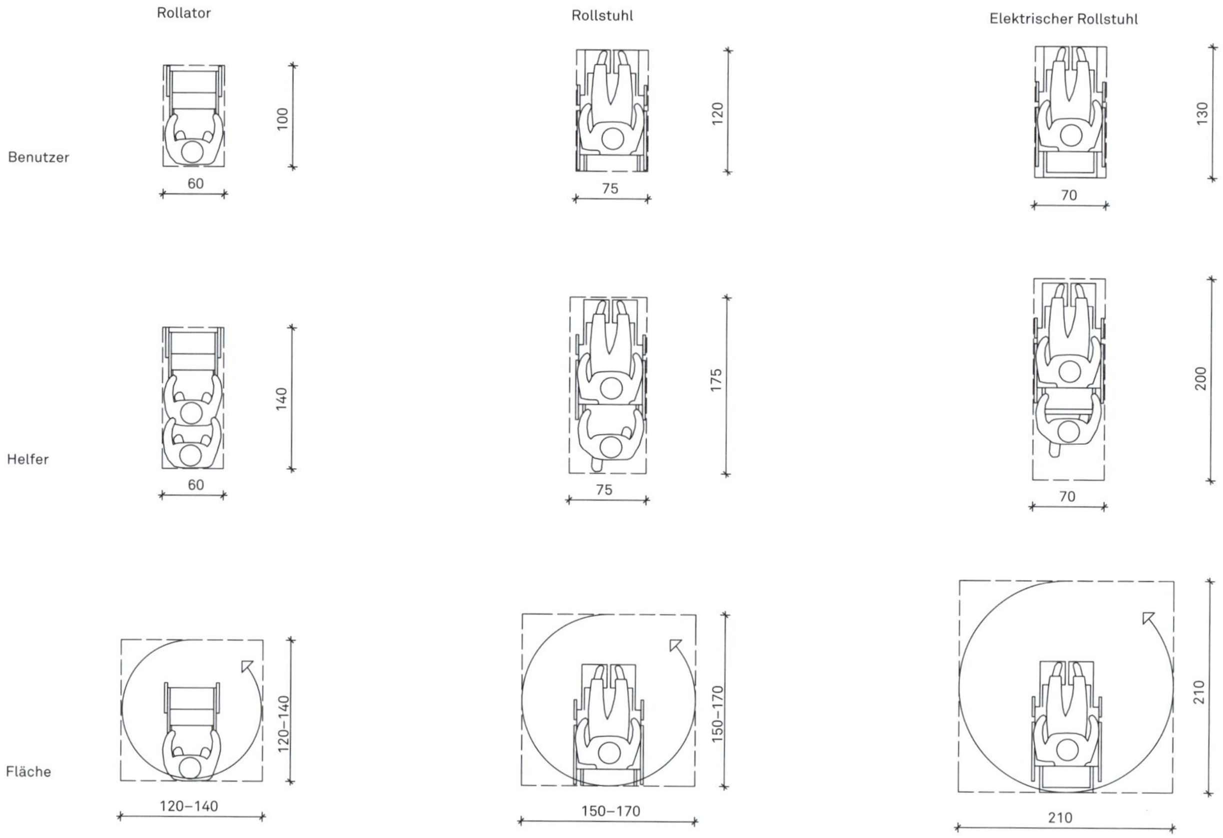

Abb. 2.3 Bewegungsbereiche von Menschen mit Gehhilfe oder Rollstuhl

Da elektrisch betriebene Rollstühle meist eher im Außenbereich genutzt werden, sind hier größere Flächen vorzusehen, um eine barrierefreie Nutzung zu gewährleisten. Dies gilt jedoch auch für Hauseingangsbereiche, da der Wechsel zwischen Rollstühlen in der Regel im Hausinneren stattfindet.

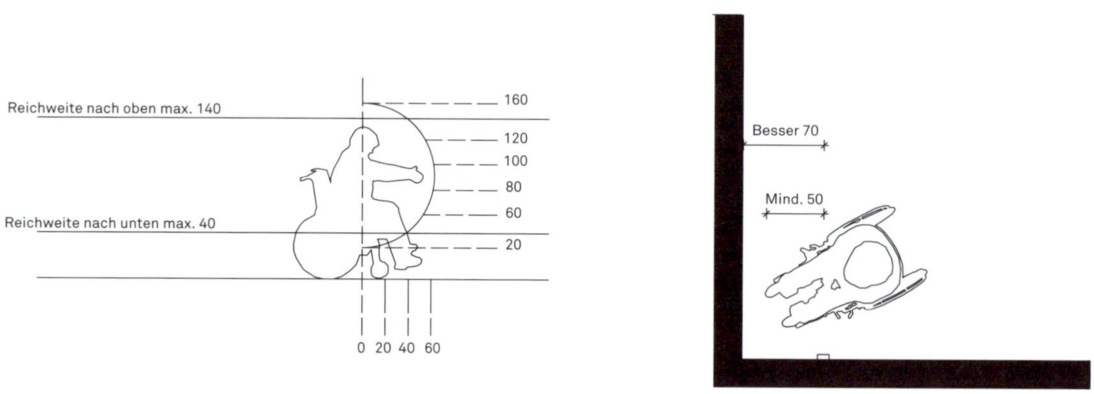

Abb. 2.4 Greifbereiche von Rollstuhlfahrern

Die tatsächlichen Greifbereiche im Rollstuhl hängen von den persönlichen Fähigkeiten des Rollstuhlfahrers und den benutzten Rollstühlen ab.

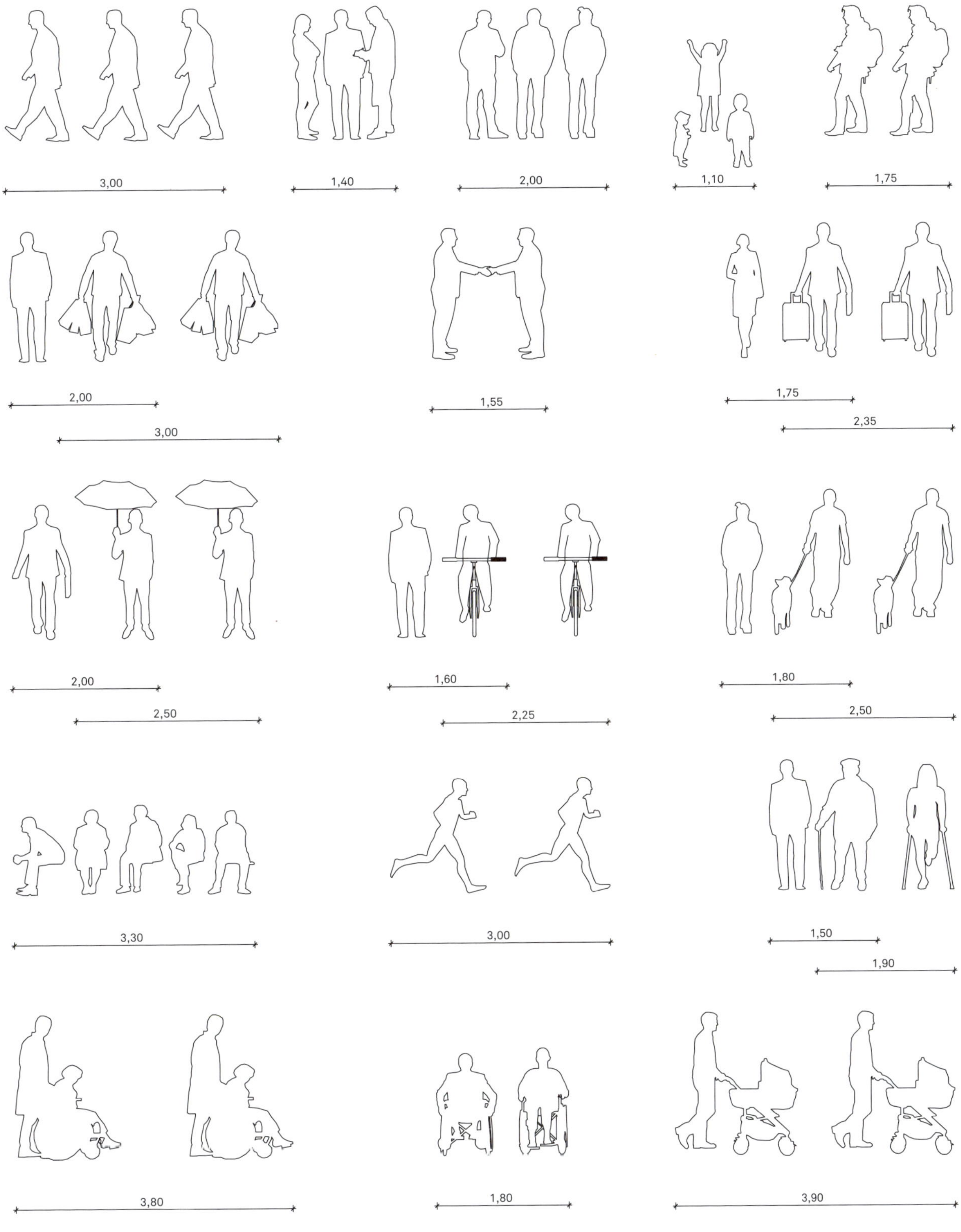

Abb. 2.5 Flächenbedarf von Menschengruppen

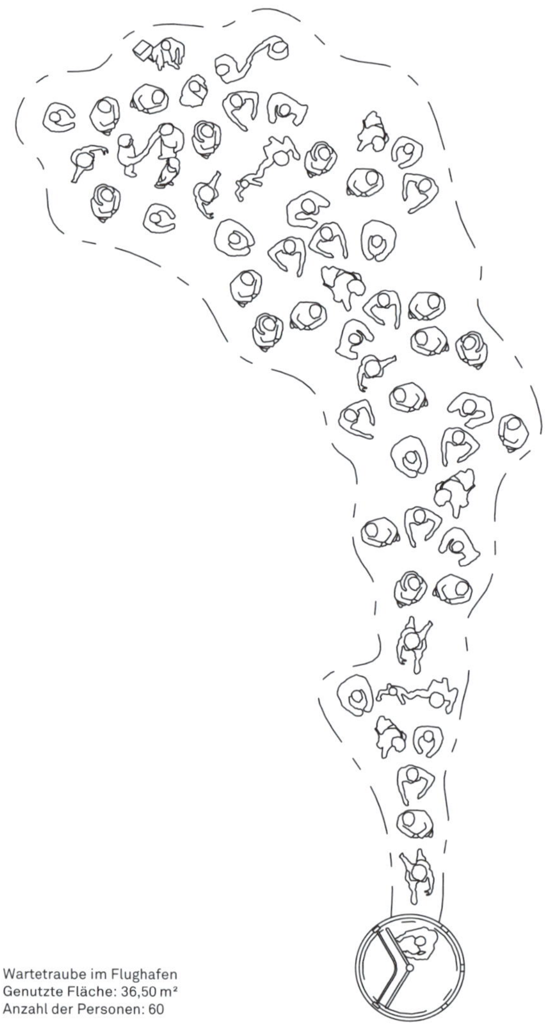

Wartetraube im Flughafen
Genutzte Fläche: 36,50 m²
Anzahl der Personen: 60

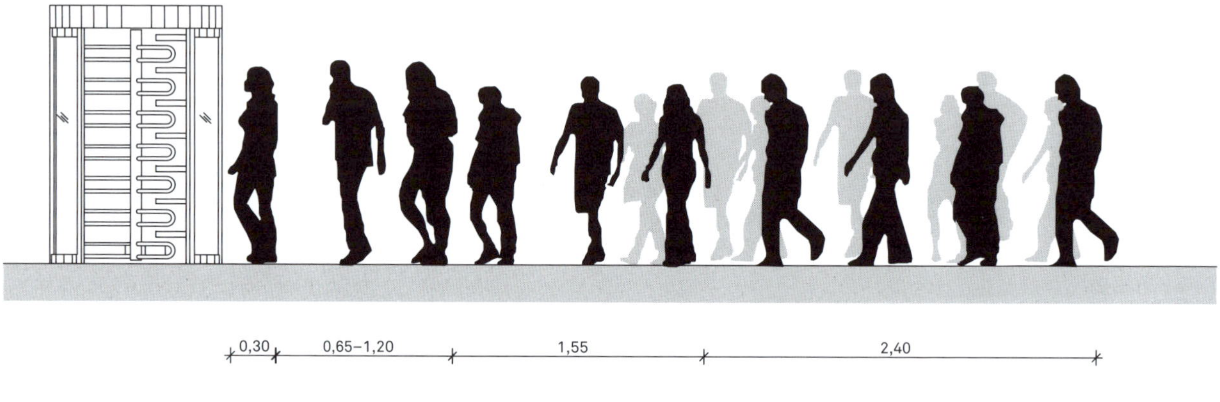

Beispiel für Warteschlange

Abb. 2.6 Flächenbedarf von Warteschlangen

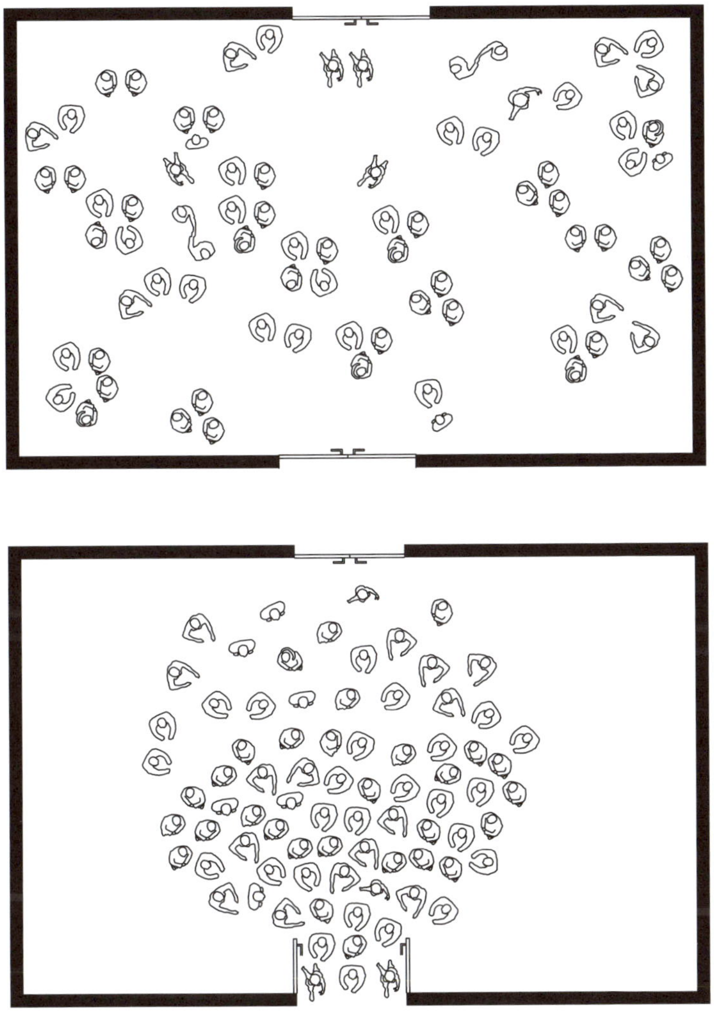

Raumfläche: ca. 100 m²
Anzahl der Personen: 81

Abb. 2.7 Flächenbedarf von Menschengruppen

3 Außenraum

Die äußere Erschließung von Gebäuden umfasst diverse Maßnahmen im öffentlichen Raum sowie in der Zuwegung und Versorgungslogistik auf dem Grundstück. Hierzu zählen neben Straßen, Fahrrad- und Gehwegen auch Zugangsbeschränkungen wie Umfriedungen, Tore etc. sowie die baukonstruktiven Elemente im Außenraum (Müllstandort, Beleuchtung, Klingeln, Briefkästen etc.). Die Ver- und Entsorgung mit haustechnischen Medien ist in diesem Zusammenhang ebenfalls zu planen.

3.1 Straßenraum und Fahrzeuge

Öffentliche Räume und Erschließungen sind unter barrierefreien Aspekten zu gestalten; dies ist wesentlich für die Teilnahme möglichst vieler Menschen am öffentlichen und mobilitätsbezogenen Leben. So hilft es wenig, ein Gebäude nach aktuellen Anforderungen an Barrierefreiheit zu gestalten, wenn es über die öffentliche Erschließung nicht selbstständig erreichbar ist.

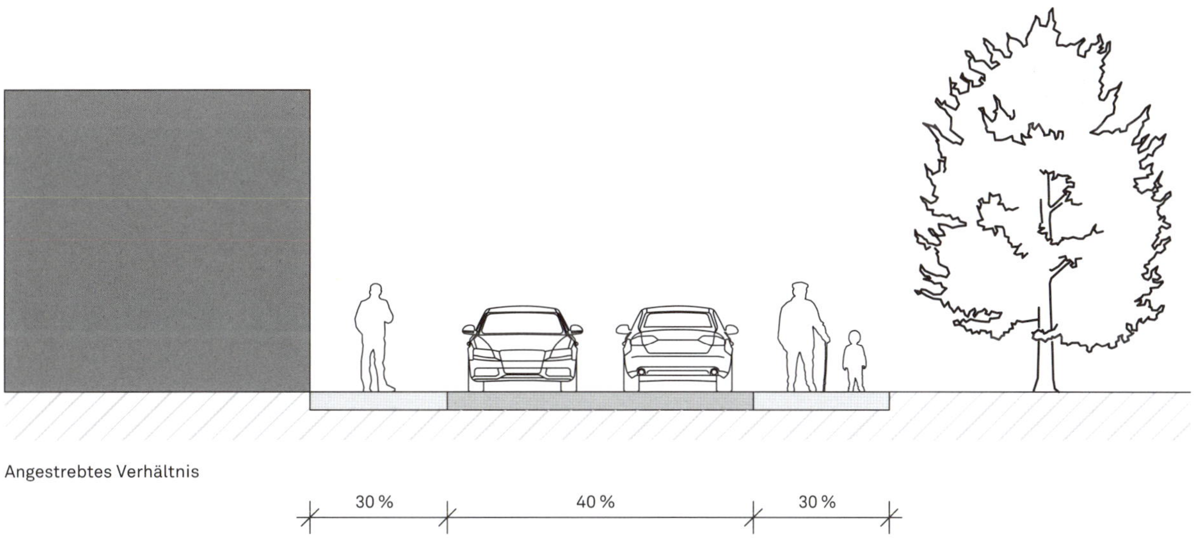

Abb. 3.1 Sinnvolle Aufteilung von Straßenräumen

Straßenraumbreiten						
Nutzung	Wohnweg	Wohnstraße	Sammelstraße	Quartierstraße	Dörfliche Hauptstraße	Örtliche Einfahrtsstraße
Ohne ÖPNV	4,50–10,00 m	9,00–17,00 m	11,50–15,50 m	12,00–17,50 m	8,50–14,00 m	
Mit Linienbusverkehr		11,00–16,50 m	16,50–26,70 m	16,50–21,50 m	11,50–19,50 m	12,50–21,20 m
Nutzung	Örtliche Geschäftsstraße	Hauptgeschäftsstraße	Gewerbestraße	Industriestraße	Verbindungsstraße	Anbaufreie Straße
Mit Linienbusverkehr	20,50–30,20 m	20,50–33,00 m	16,50–38,00 m	23,50–30,00 m	19,70–31,45 m	15,50–28,60 m
Mit Straßenbahn	24,20–34,20 m	16,50–37,00 m	16,50–38,00 m		19,70–39,70 m	28,50–34,10 m

Tab. 3.1 Typische Straßenraumbreiten

Variierende Straßenraumbreiten je nach Verkehrsaufkommen (Kfz/h)
Eigene Darstellung in Anlehnung an RASt 06

Element	Platzbedarf
Busspur	3,25 m
Flächen für Kinderspiel im Seitenraum	2,00 m
Flächen vor Auslagen und Vitrinen	1,50 m
Flächen vor Ruhebänken	1,00 m
Gehweg	2,25–7,00 m
Geh- und Radweg	3,00–5,00 m
Grünstreifen ohne Bäume	1,00 m
Grünstreifen mit Bäumen	2,00–2,50 m
Mittelstreifen	1,00–2,50 m
Parken Längsaufstellung	2,30–2,50 m
Parken Senkrechtaufstellung	5,00–5,50 m
Parken, Liefern, Laden	2,50–3,00 m
Radweg	1,60–2,50 m
Seitenraum mit Anliegerfahrbahn	7,00–7,50 m
Schutzstreifen für Radfahrer auf Fahrbahn	0,50–1,50 m
Verweilflächen vor Schaufenstern	1,00 m
Warteflächen an Haltestellen	2,50 m

Tab. 3.2 Typische Elementbreiten im Straßenraum

Abstand	Sicherheitsraum
Vom Fahrbahnrand	0,50 m
Von parkenden Fahrzeugen in Längsaufstellung	0,75 m
Von parkenden Fahrzeugen in Schräg- oder Senkrechtaufstellung	0,25 m
Von Verkehrsräumen des Fußgängerverkehrs	0,25 m
Von Gebäuden, Einfriedungen, Baumscheiben, Verkehrseinrichtungen und sonstigen Einbauten	0,25 m

Tab. 3.3 Sicherheitsräume bei Radverkehrsanlagen

Art der Einschränkung/des Hilfsmittels	Breite	Länge
Blinde Person mit Langstock	0,80–1,20 m	–
Blinde Person mit Führhund	1,20 m	–
Blinde Person mit Begleitperson	1,10–1,30 m	–
Person mit Stock	0,85 m	–
Person mit Armstützen	1,00 m	–
Person mit Rollstuhl	0,90–1,10 m	–
Person mit Kinderwagen	0,80–1,00 m	2,00 m
Rollstuhl mit Begleitperson	0,90–1,00 m	2,50 m

Tab. 3.4 Platzbedarf für barrierefreie Nutzung

Fahrzeugsegmente	Beispiel	Länge	Breite	Wendekreis Durchmesser	Wenderadius
Kleinstwagen		3,50 m	1,65 m	9,60 m	4,80 m
Kleinwagen		4,00 m	1,70 m	10,60 m	5,30 m
Mittelklasse		4,40 m	1,80 m	11,00 m	5,50 m
Obere Mittelklasse		4,80 m	1,85 m	11,50 m	5,75 m
Luxusklasse		5,00 m	1,95 m	11,90 m	5,95 m

Tab. 3.5 Abmessungen von Pkws

Art	Beispiel	Länge	Breite	Höhe
Fahrrad		1,70–2,00 m	0,60–0,75 m	1,00–1,25 m
Motorrad		2,00–2,50 m	0,70–1,00 m	1,00–1,50 m
Quad	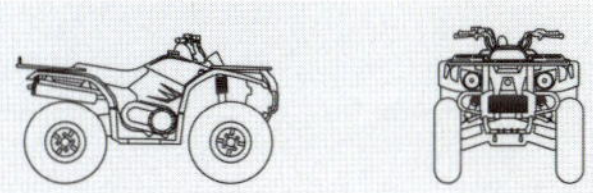	1,75–2,10 m	1,05–1,25 m	1,00–1,25 m

Tab. 3.6 Sonstige Abmessungen

Art	Personenanzahl*	Abmessungen*			Wendekreis*	Wenderadius*
	Sitz-/Stehplätze	Länge	Breite	Höhe	Durchmesser	Radius
Linienbus						
Niederflur-, Stadtbus	30–55 / 75–110	12,00–18,00 m	2,50–2,55 m	3,00–3,30 m	21,00–23,00 m	10,50–11,50 m
Regionalbus	40–60 / 20–70	12,00–18,00 m	2,50 –2,55 m	3,15–3,40 m	21,00–23,00 m	10,50–11,50 m
Minibus	10–20 / 12–30	5,90–9,00 m	1,95–2,15 m	2,60–2,90 m	13,50–17,50 m	6,75–8,75 m
Kleinbus	< 9	4,75–5,30 m	1,90–2,00 m	1,90–2,50 m	11,50–13,80 m	5,75–6,90 m
Doppeldeckerbus	50–90 / 10–45	13,00–14,00 m	2,50–2,55 m	3,90–4,00 m	22,00–24,00 m	11,00–12,00 m
Gelenkbus	35–60 / 80–150	17,50–19,50 m	2,50–2,55 m	3,00–3,30 m	22,50–24,50 m	11,25–12,25 m
Doppelgelenkbus	45–60 / < 150	23,50–25,00 m	2,50–2,55 m	3,00–3,30 m	22,50–25,00 m	11,25–12,50 m
Reisebus						
Reisebus mit WC	40–60	12,00–14,50 m	2,50–2,55 m	3,30–3,75 m	20,50–24,00 m	10,25–12,00 m
Nightliner	6–12	12,00–14,00 m	2,50–2,55 m	3,70–4,00 m	20,50–24,00 m	10,50–12,00 m

Tab. 3.7 Abmessungen von Bussen

* Abmessungen im Durchschnitt nach Angaben der Hersteller

Zulässiges Gesamtgewicht	Länge	Breite	Höhe
bis 3,5 t	5,25–7,45 m	2,40–2,45 m	2,45–3,10 m
bis 7,5 t	6,00–8,50 m	2,45–2,55 m	3,80 m
bis 12 t	6,50–12,00 m	2,45–2,55 m	3,80–4,00 m
40 t	13,50–18,75 m	2,55 m	3,80–4,00 m
Lastkraftwagen, 2 Achsen	bis 13,50 m	bis 2,55 m	bis 4,00 m
Lastkraftwagen, mind. 3 Achsen	bis 15,00 m	bis 2,55 m	bis 4,00 m
Sattelzug	bis 16,50 m	bis 2,55 m	bis 4,00 m
Lastzug	bis 18,75 m	bis 2,55 m	bis 4,00 m

Tab. 3.8 Abmessungen von Lkws

Mindestflächenbedarf von Lieferfahrzeugen	Breite	Länge
Lieferwagen und kleine Lkw	2,30 m	10,00–12,00 m
Große Lkw	2,50 m	12,00–14,00 m
Sattelzüge	2,50 m	16,50 m
Abstellflächen für Waren	3–5 m²	

Tab. 3.9 Flächenbedarf für das Liefern und Laden

Art	Länge	Breite	Höhe	Wenderadius
Baggerlader	3,40–6,75 m	1,40–2,35 m	2,25–3,10 m	4,00–6,50 m
Betonmischer	8,00–15,00 m	2,50–2,55 m	3,80–4,00 m	
Betonpumpe	8,00–15,00 m	2,50–2,55 m	3,80–4,00 m	
Kettenbagger	9,10–14,00 m	2,50–4,85 m	3,00–4,10 m	
(Auto-)Kran	10,00–22,00 m	2,55–3,00 m	3,55–4,00 m (25,00–145,00 m)	
Minibagger	3,25–5,50 m	0,95–2,30 m	2,25–2,95 m	
Mobilbagger	6,25–10,25 m	2,50–2,75 m	3,10–3,25 m	4,50–6,65 m
Radlader	5,30–10,00 m	2,30–2,75 m	2,75–3,65 m	3,50–7,00 m
(Planier-)Raupen	4,00–7,65 m	2,35–3,00 m	3,10–4,00 m	

Tab. 3.10 Abmessungen von Baufahrzeugen

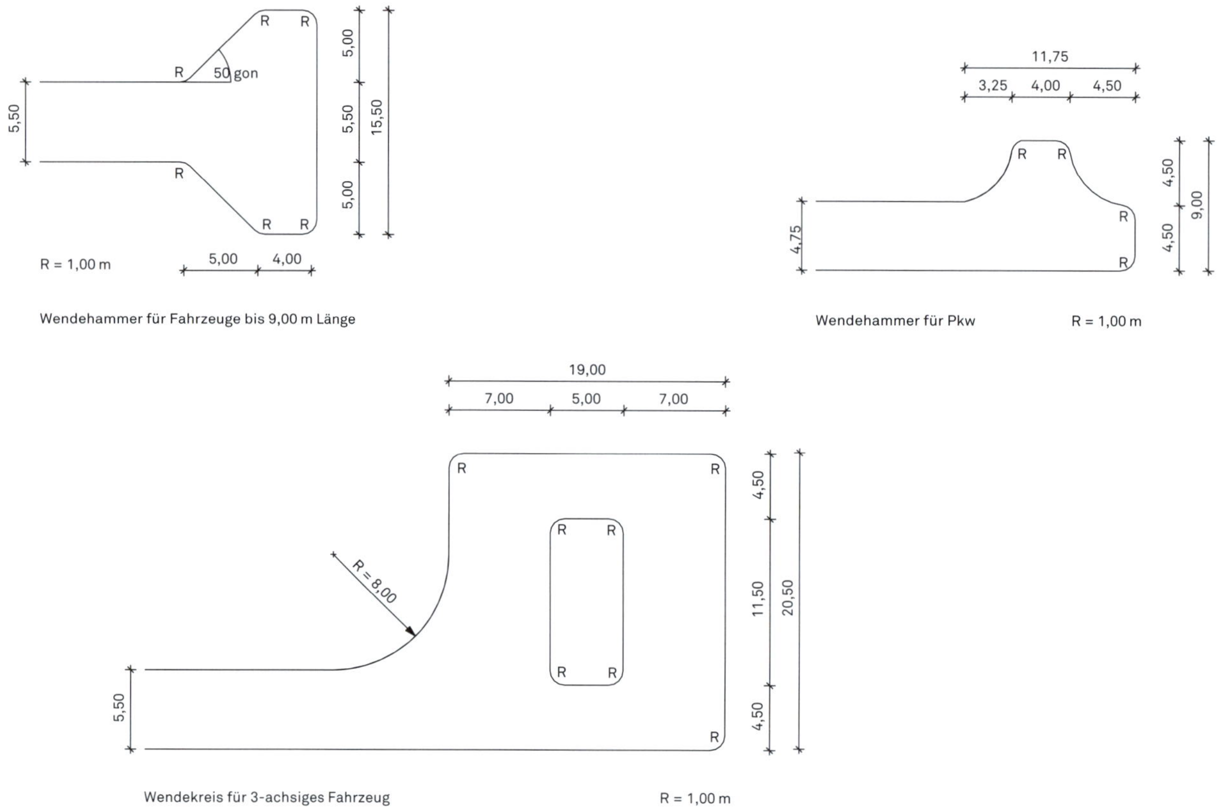

Abb. 3.2 Wendehammer für Pkw

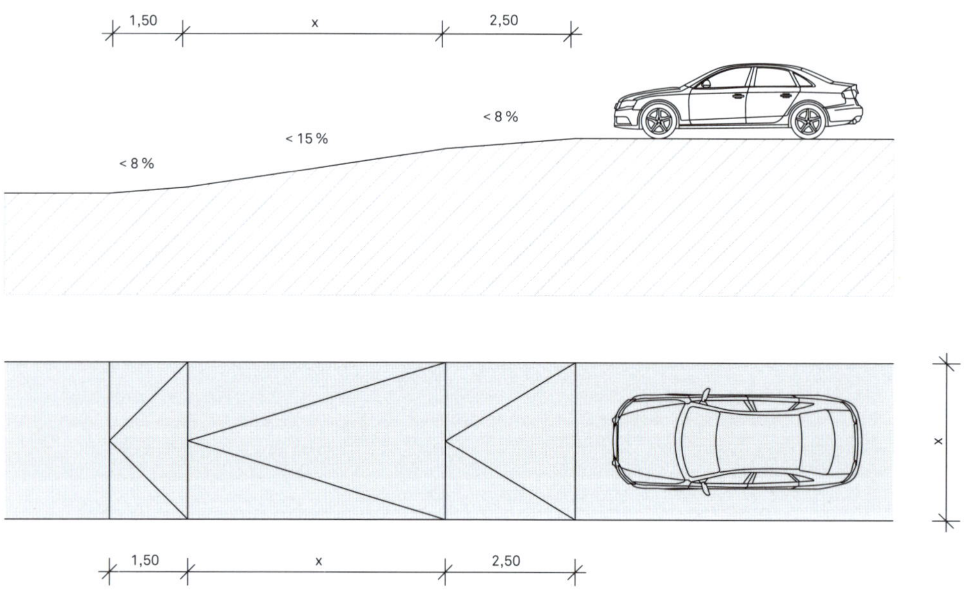

Rampe im Gebäude:
max. 15 % Neigung
Rampe im Freien:
max. 10 % Neigung
Parkrampe:
max. 6 % Neigung

Abb. 3.3 Gestaltung von Rampen und Rampenübergängen für Kfz

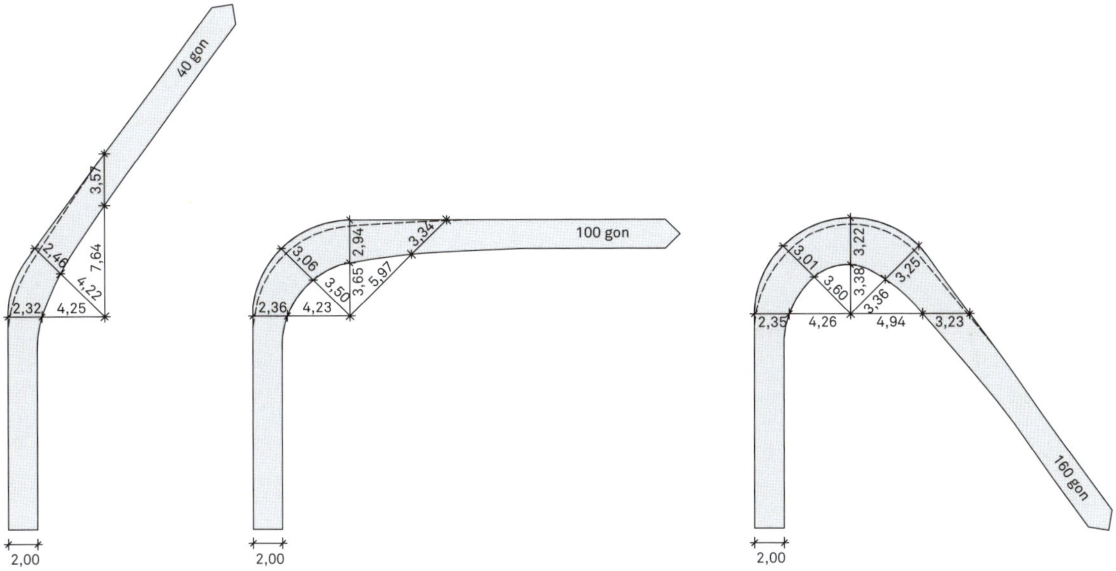

Abb. 3.4 Schleppkurven für Pkw

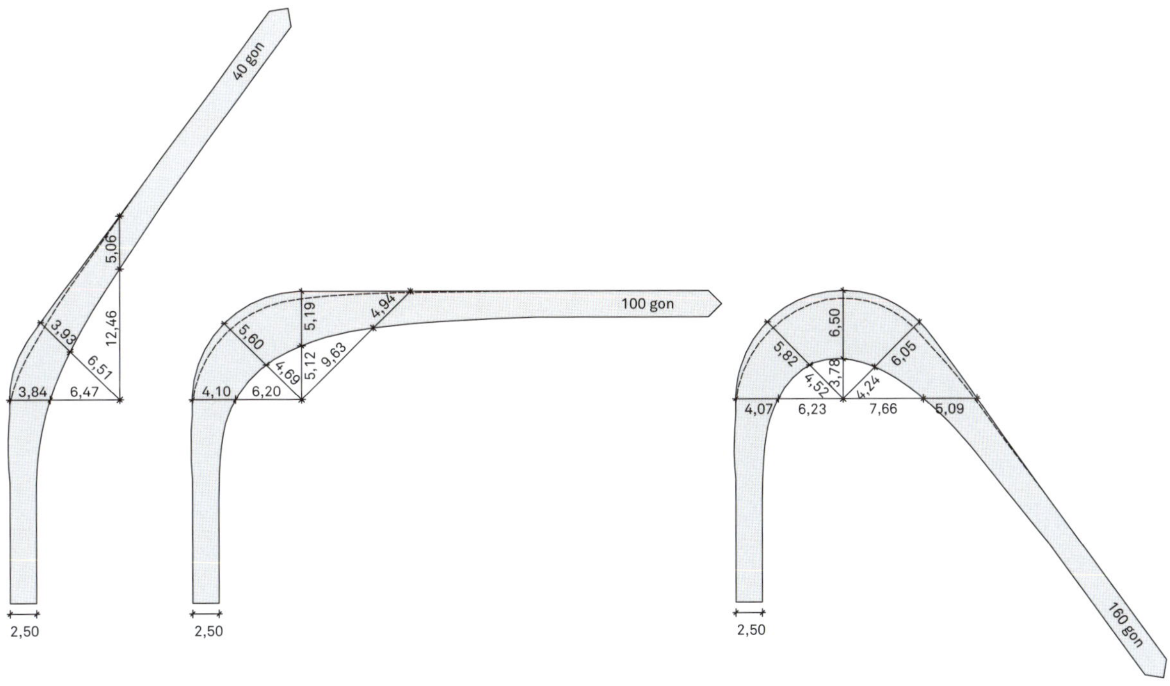

Abb. 3.5 Schleppkurven für Lkw

3.2 Stellplätze

Stellplätze von Pkw, Fahrrädern, Bussen oder Lkw sind eine wichtige Planungsgröße, da sie meist einen hohen Flächenverbrauch erzeugen. Bei allen Stellplätzen sind die vernünftige Anfahrbarkeit und die Bedienbarkeit beim Aus- und Einsteigen bzw. Verladen zu berücksichtigen.

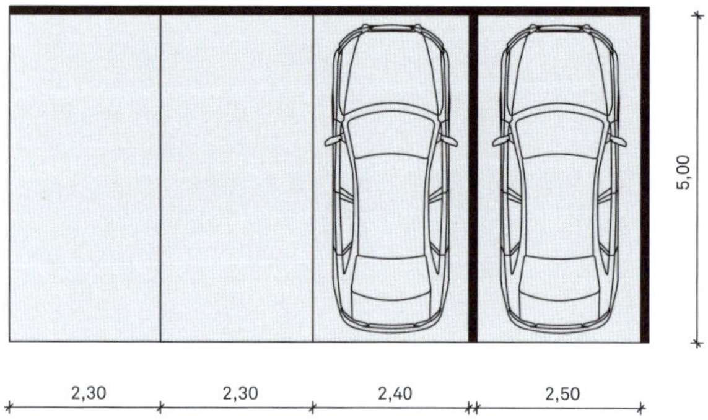

Mindestmaße:
2,50 m beidseitig gefasst
2,40 m einseitig gefasst
2,30 m beidseitig offen
Für eine komfortable Nutzung sollten Stellplatzbreiten grundsätzlich mind. 2,50 m betragen, sodass Autotüren ca. 45° zu öffnen sind.

Abb. 3.6 Abmessungen von Pkw-Parkplätzen

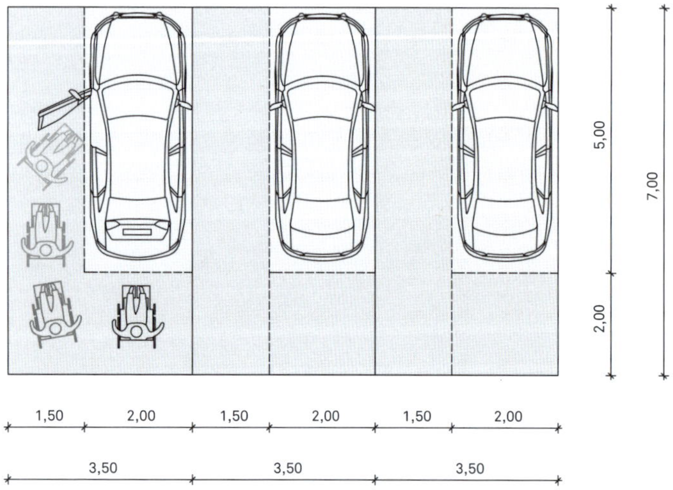

Es ist zu beachten, dass ein rollstuhlgerechter Übergang zwischen Bewegungszone und Gehweg geschaffen wird.

Abb. 3.7 Abmessungen von rollstuhlgerechten Parkplätzen

3.2 Stellplätze

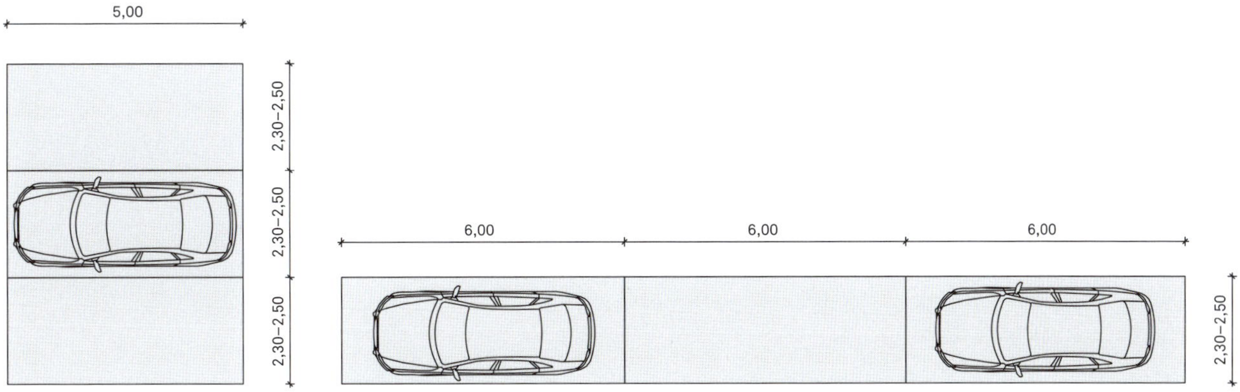

Senkrechtaufstellung

Längsaufstellung

Abb. 3.8 Parkierungsvarianten inkl. Abmessungen

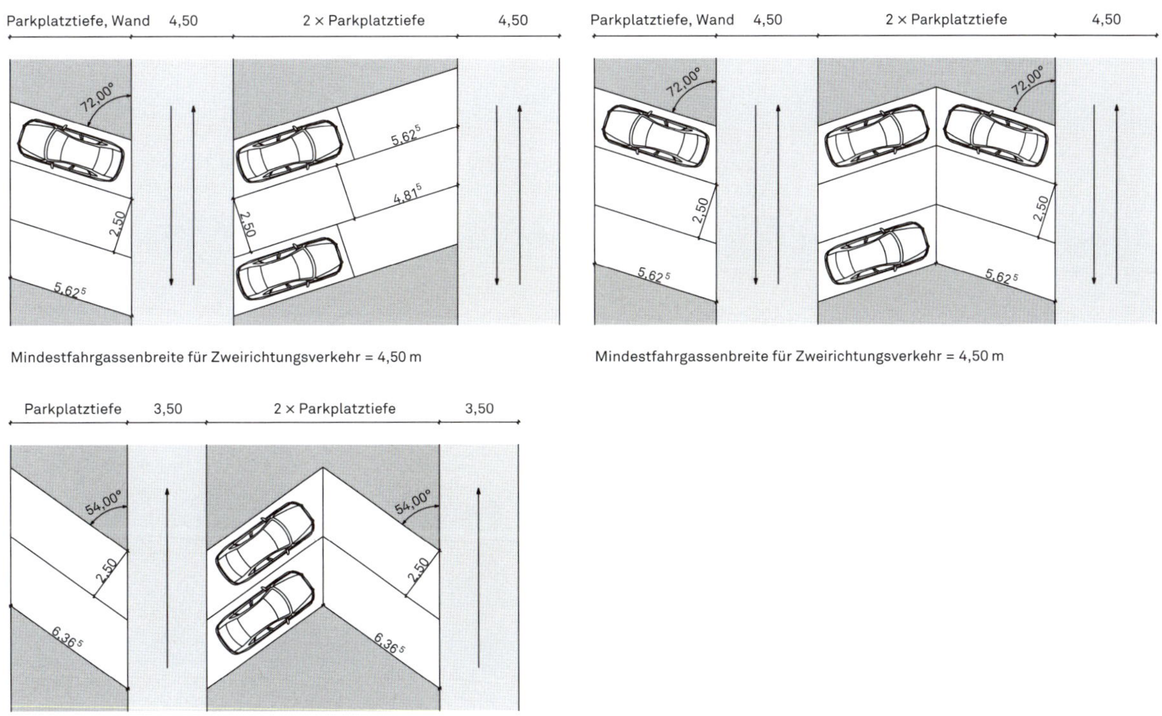

Mindestfahrgassenbreite für Zweirichtungsverkehr = 4,50 m

Mindestfahrgassenbreite für Zweirichtungsverkehr = 4,50 m

Mindestfahrgassenbreite für Einrichtungsverkehr = 3,50 m

Abb. 3.9 Parkierungsvarianten inkl. Abmessungen

Aufstell-winkel [gon]	Aufstell-winkel [°]	Parkplatztiefe, Wand [m]	Parkplatztiefe, Gasse [m]
50	45	4,85	8,25
60	54	5,15	9,00
70	63	5,30	9,60
80	72	5,35	9,90
90	81	5,25	10,00

Tab. 3.11 Parkplatztiefe in Abhängigkeit des Winkels

Art	Länge	Breite	Höhe
Einzelcarport	5,00–8,00 m	2,90–3,80 m	2,10–3,10 m
Doppelcarport	5,00–8,00 m	5,00–6,00 m	2,10–3,10 m
Einzelgarage	5,10–9,00 m	2,55–4,00 m	2,20–3,50 m
Doppelgarage	5,10–9,00 m	5,00–8,00 m	2,20–3,50 m

Tab. 3.12 Typische Carport-/Garagengrößen

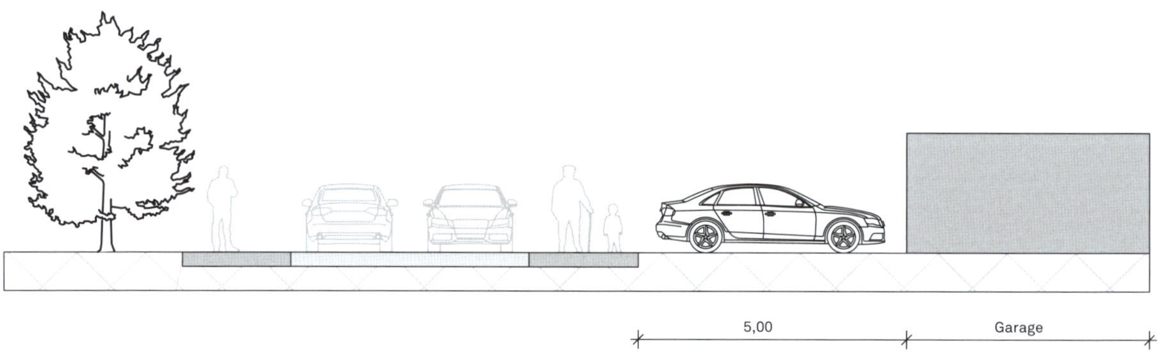

Abb. 3.10 Mindestabstand Garage–Straße

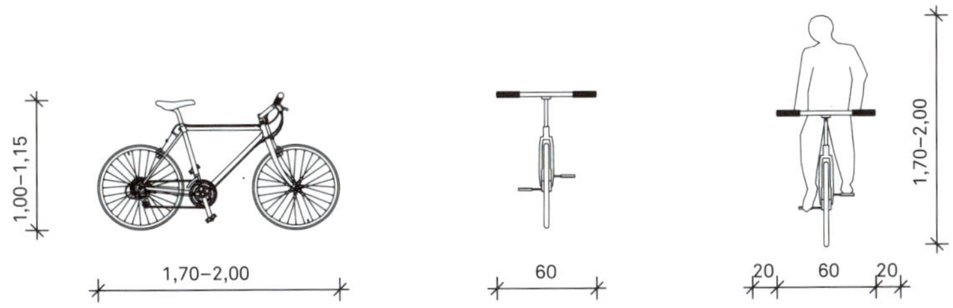

Abb. 3.11 Abmessungen von Fahrrädern

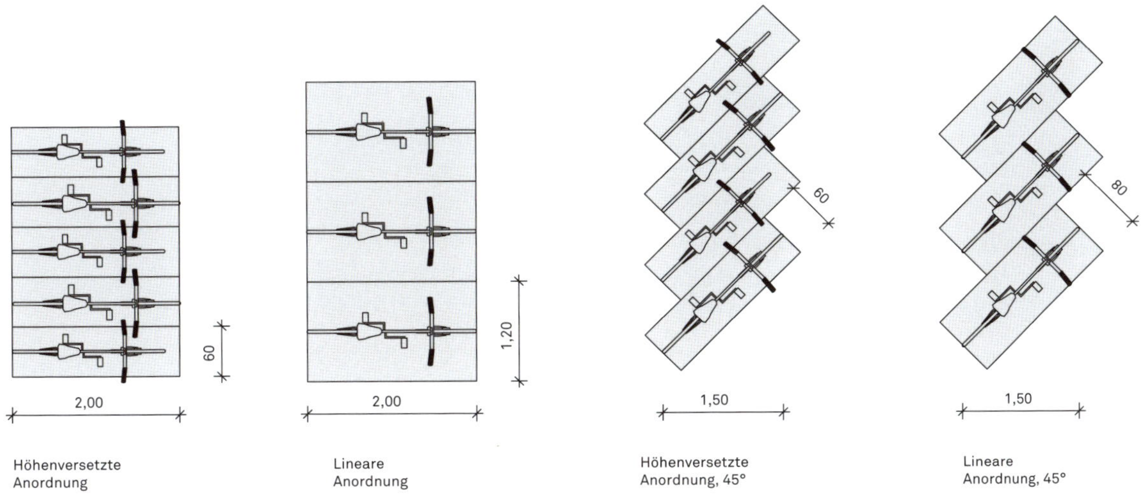

Abb. 3.12 Stellflächen Fahrräder

Anordnung	Breite [m]	Länge [m]
Stellplatz, linear	1,20	2,00
Stellplatz, höhenversetzt	0,60	2,00
Stellplatz (45°), linear	0,80	1,50
Stellplatz (45°), höhenversetzt	0,60	1,50
Stellplatz, Bügel (eng)	0,80	2,00
Stellplatz, Bügel (bequem)	1,20	2,00
Stellplatz, Bügel, höhenversetzt (eng)	1,00	2,00
Stellplatz, Bügel, höhenversetzt (bequem)	1,20	2,00
Fahrradbox	1,00	2,10

Tab. 3.13 Abmessungen Fahrradstellplätze

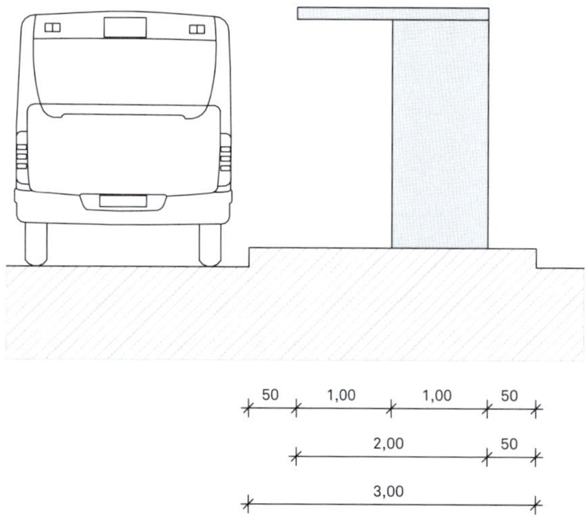

Abb. 3.13 Bussteig mit Wartefläche bzw. Warteinsel

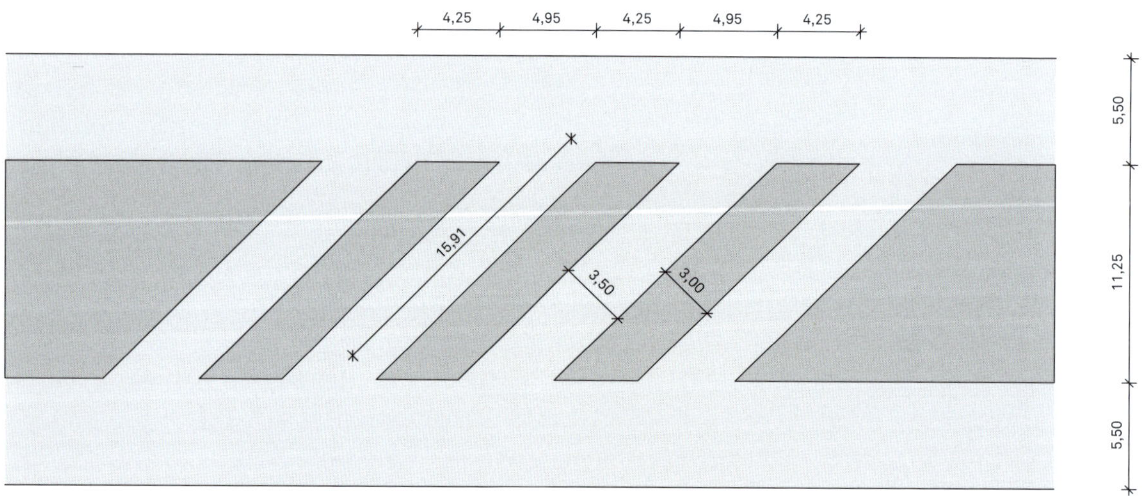

Abb. 3.14 Busparkplatz mit Ausstiegsstegen

3.2 Stellplätze

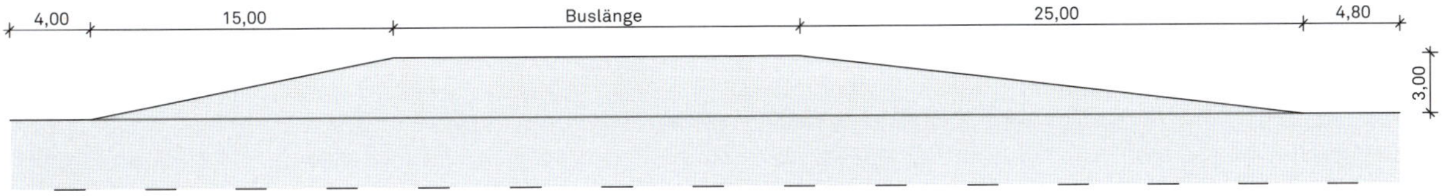

Haltestellenkap

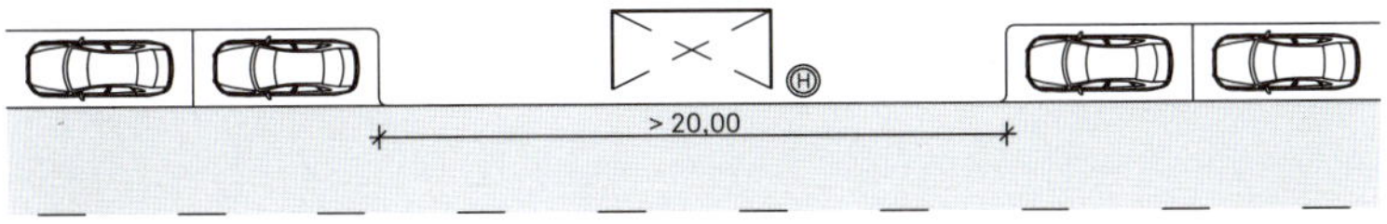

Bushaltebucht

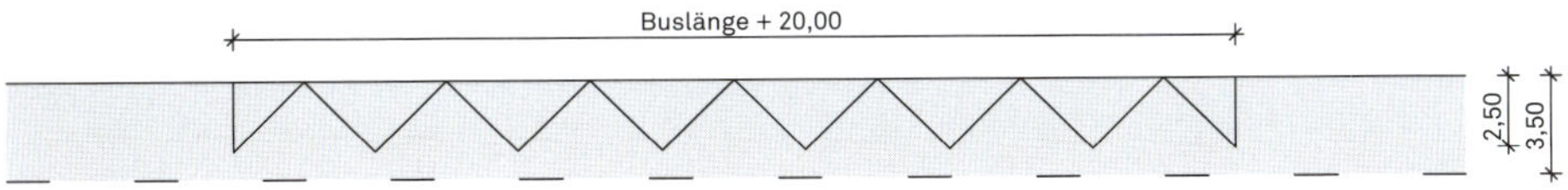

Bushaltestelle

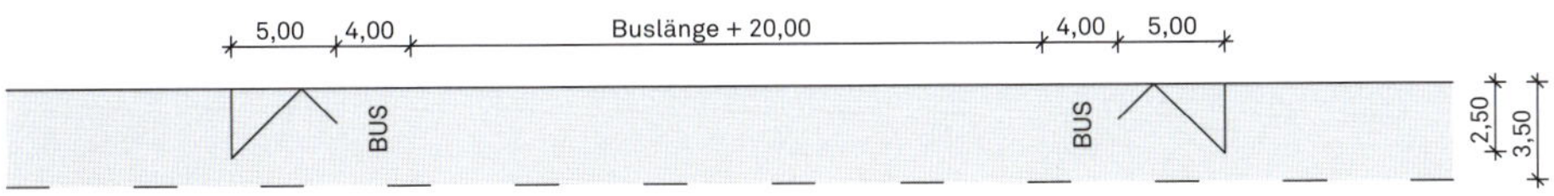

Bushaltestelle

Abb. 3.15 Verschiedene Arten von Bushaltestellen

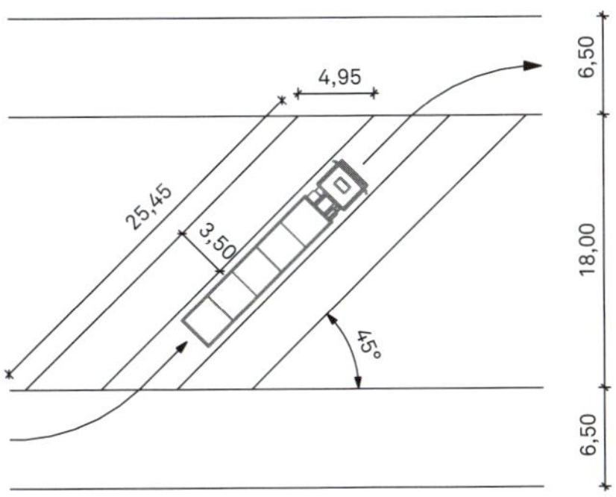

Schrägaufstellung Lkw, Lastzüge, Sattelzüge, Busse, Gelenkbusse

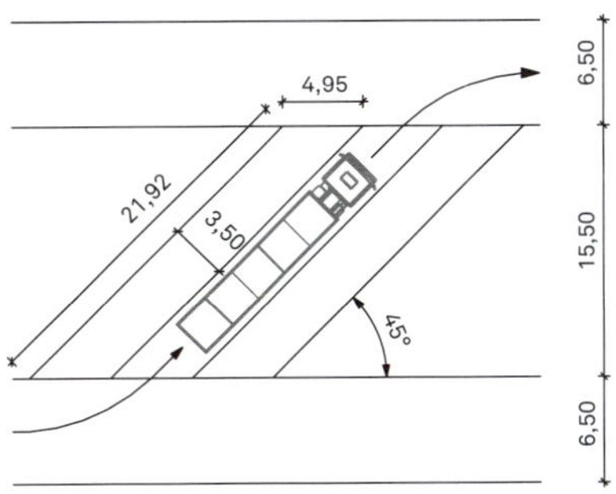

Schrägaufstellung Lkw, Sattelzüge, Busse, Gelenkbusse

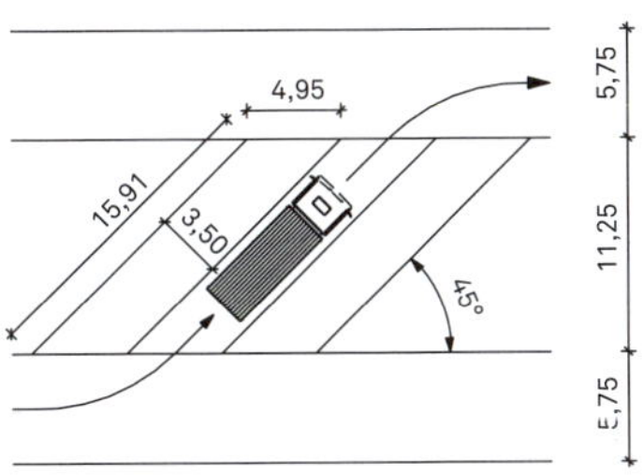

Schrägaufstellung Lkw, 12-m-Busse

Abb. 3.16 Schrägaufstellung Lkw, Lastzüge, Sattelzüge, Busse, Gelenkbusse

3.3 Private Erschließung im Außenraum

Im Außenbereich werden verschiedene baukonstruktive Elemente verwendet, welche die Zugänge zum Grundstück, die Bewegung und Logistik auf dem Grundstück sowie den Übergang zum Gebäude beinhalten. Für die Ausgestaltung entscheidend sind in der Regel der Grad der Öffentlichkeit oder Privatheit bzw. die Sicherheitsanforderungen des Gebäudetyps.

Typische baukonstruktive Elemente im Außenbereich:

- Eingänge wie Tore, Schranken, Türen etc.
- Zugangskontrollen über elektronische Systeme, Pforten mit Wachpersonal
- Zaunanlagen, Mauern
- Beleuchtung
- Briefkästen
- Abfallbehälter und Umhausungen
- Spielplätze, Bänke
- etc.

Klingel- und Briefkastenanlagen stellen eine Schnittstelle zwischen Öffentlichkeit und privatem Raum dar, da sie öffentlich zugänglich und Briefkästen möglichst vom privaten Raum aus zu entleeren sein sollten. Briefkastenanlagen können frei im Außenraum, an oder in der Außenwand sowie im Flurbereich angeordnet werden.

Behälter zur Abfallentsorgung werden aus optischen Gründen und zur Reduzierung von Geruchsbelästigung möglichst nicht einsehbar und vom Gebäude separiert untergebracht. Bei der Planung ist jedoch zu beachten, dass die Behälter für Gebäudenutzer wie für Sammelfahrzeuge einfach und direkt bedienbar sein müssen. In der Regel sind die Größen der örtlichen Abfallbehälter normiert, sodass Umhausungen entsprechend geplant werden können. Für die rollstuhlgerechte Andienung sind verschiedene Höhenniveaus sinnvoll, um eine Entsorgung im Greifbereich des Rollstuhls zu gewährleisten.

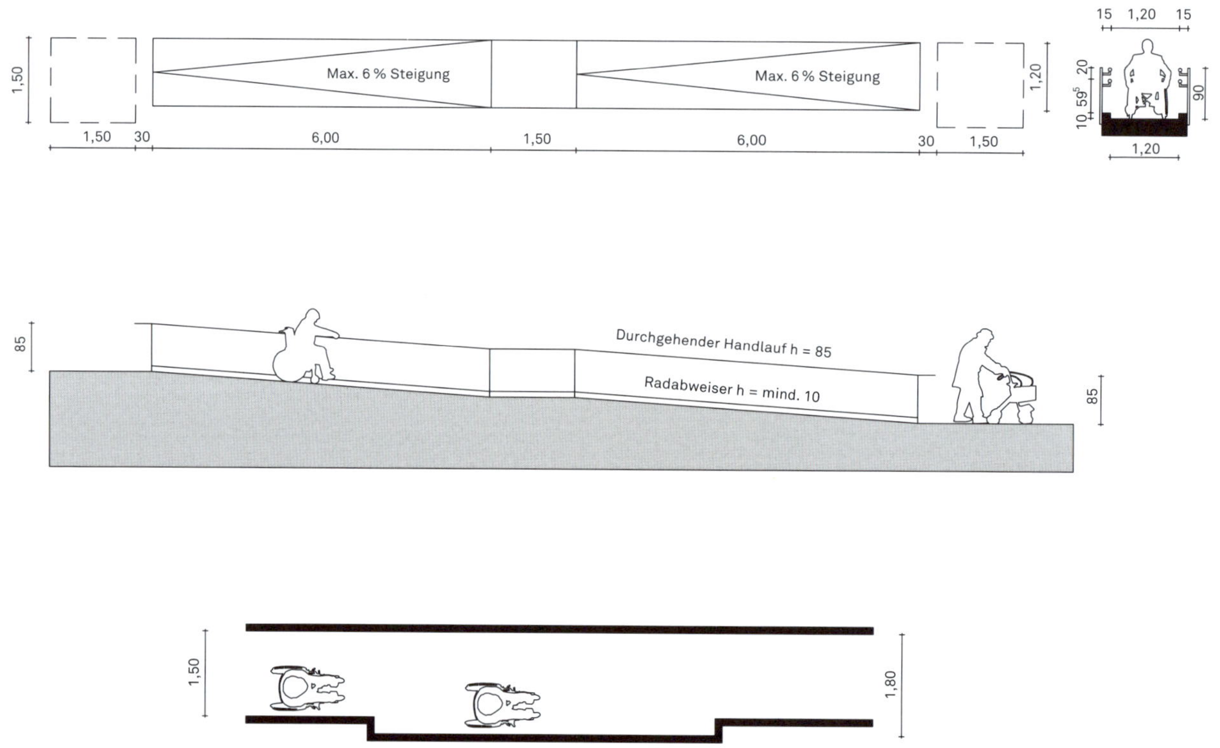

Abb. 3.17 Rampen und Begegnungsbereiche für Rollstuhlfahrer

Die benannten Anforderungen gelten ebenso für Rampen innerhalb von Gebäuden.

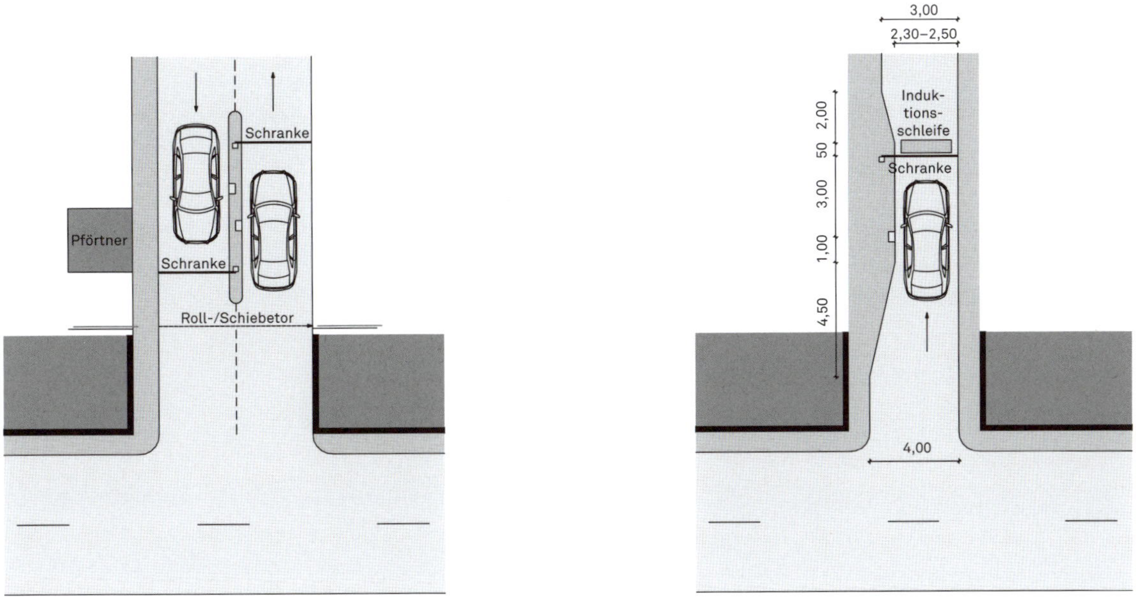

Abb. 3.18 Zugangskontrolle über Schrankenanlagen

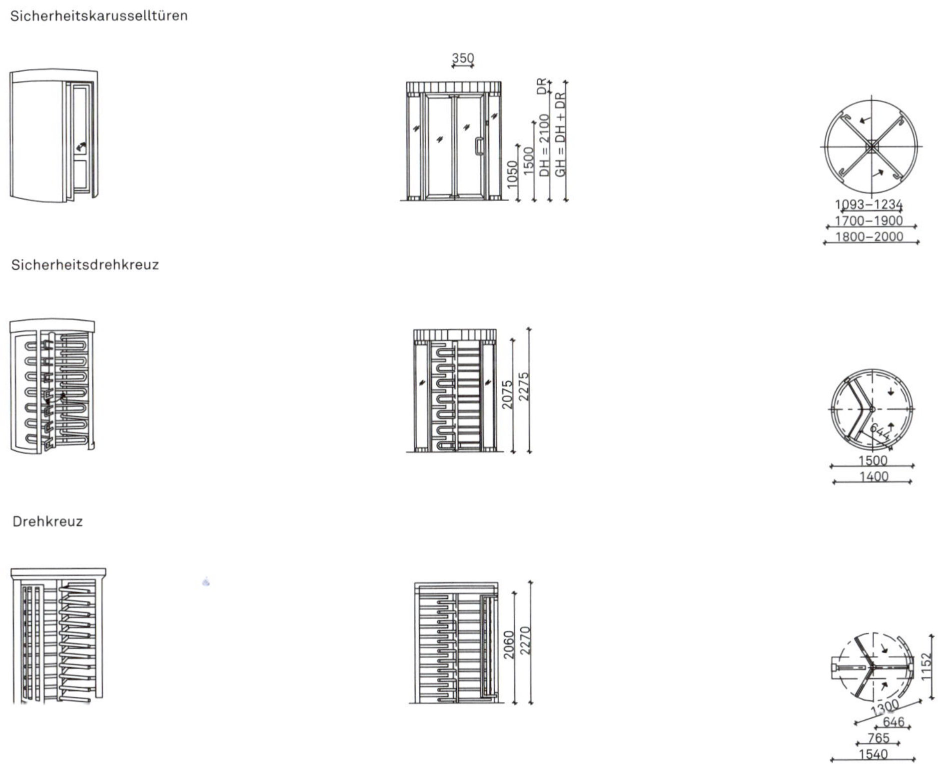

Abb. 3.19 Varianten von Zugangskontrollsystemen

Exakte Maße sind herstellerabhängig, sodass die angegebenen Maße nur als Richtwert fungieren können.

Maße für Einwurföffnungen von Briefkästen			
Größe	Höhe der Einwurföffnung	Länge der Einwurföffnung	Passende Briefformate (max.)
1	30–35 mm (Typ 4 bis 40 mm, soweit der Abstand zwischen Boden der Einwurföffnung und Bodenebene der Entnahmeseite mind. 680 mm beträgt)	325–400 mm	bis B4 Längseinwurf, E4 und C3 Quereinwurf
2	30–35 mm (Typ 4 bis 40 mm, soweit der Abstand zwischen Boden der Einwurföffnung und Bodenebene der Entnahmeseite mind. 680 mm beträgt)	230–280 mm	bis B5 Längseinwurf, C4 Quereinwurf
3 (nur Typen 1–3)	35–45 mm	325–400 mm	bis B4 Längseinwurf, E4 und C3 Quereinwurf

Tab. 3.14 Abmessungen von Einwurföffnungen

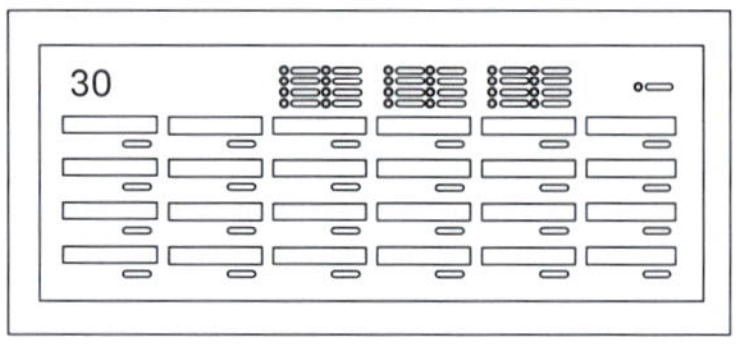

Abb. 3.20 Integration von Klingel-/Briefkastenanlagen in Wandverkleidungen

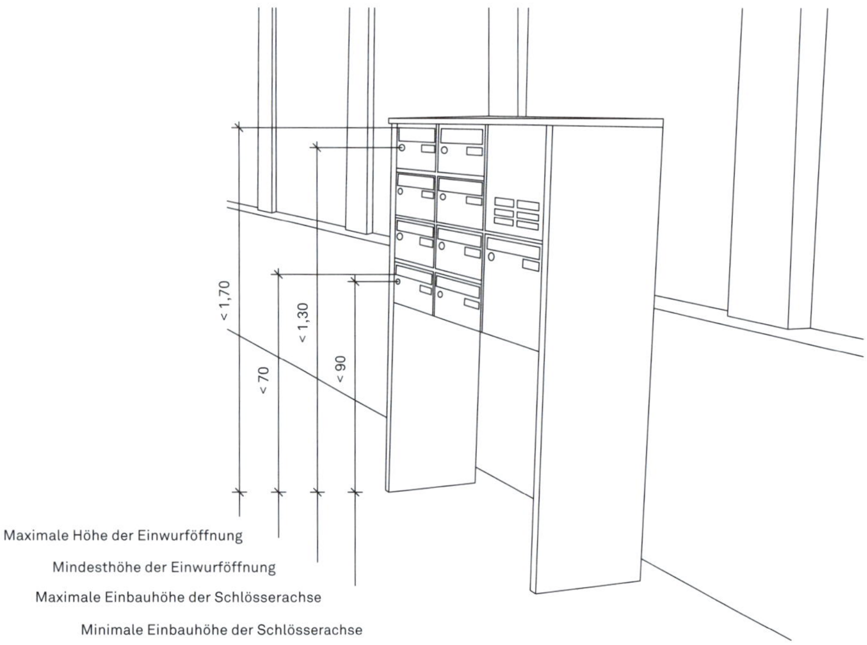

Abb. 3.21 Sinnvolle Abmessungen von Klingel-/Briefkastenanlagen

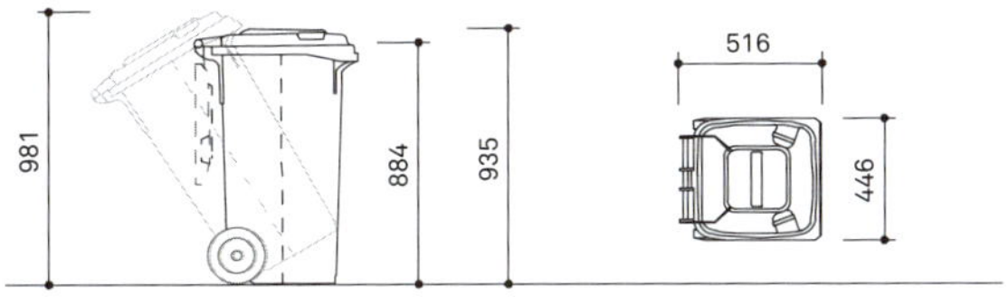

MGB 60 l

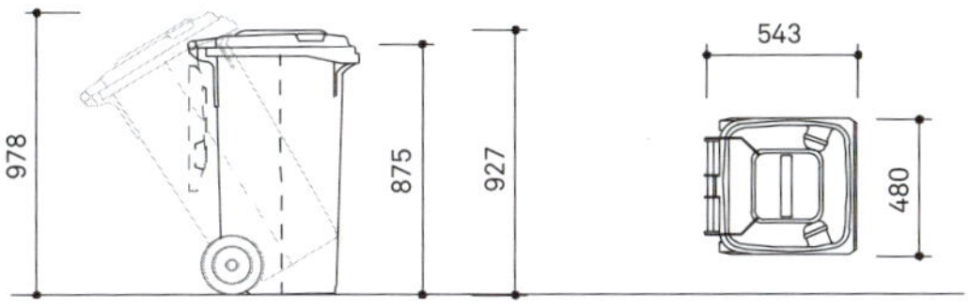

MGB 120 l

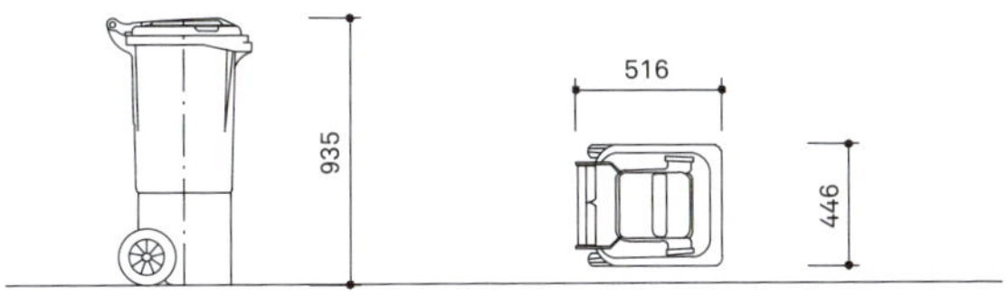

MGB 60 l

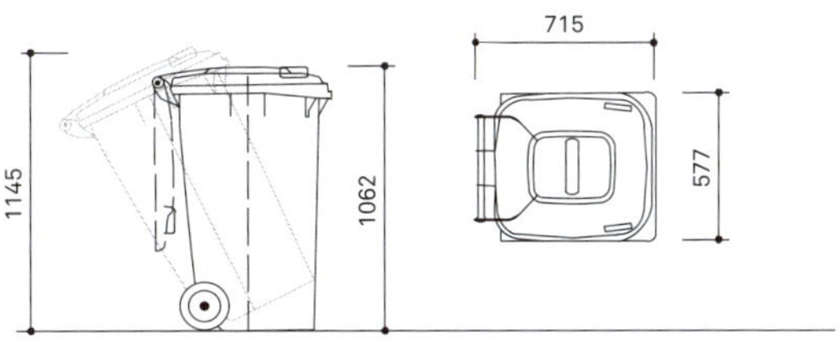

MGB 240 l

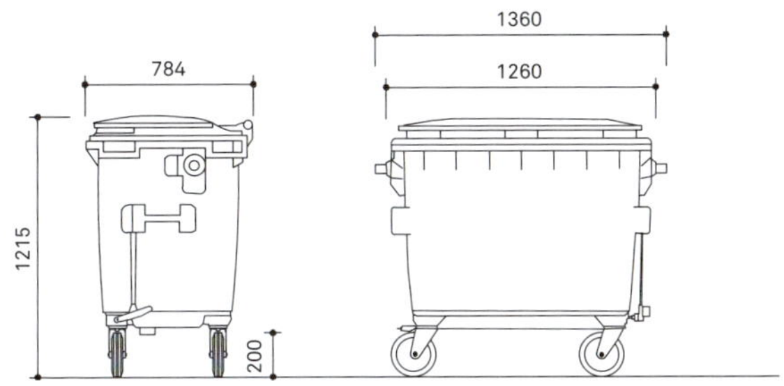

MGB 660 l

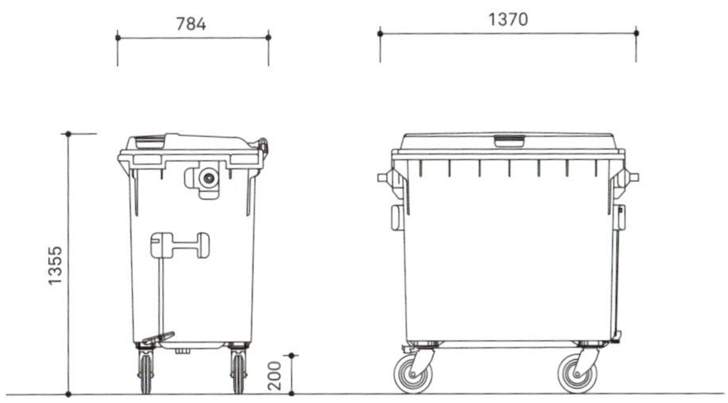

MGB 770 l

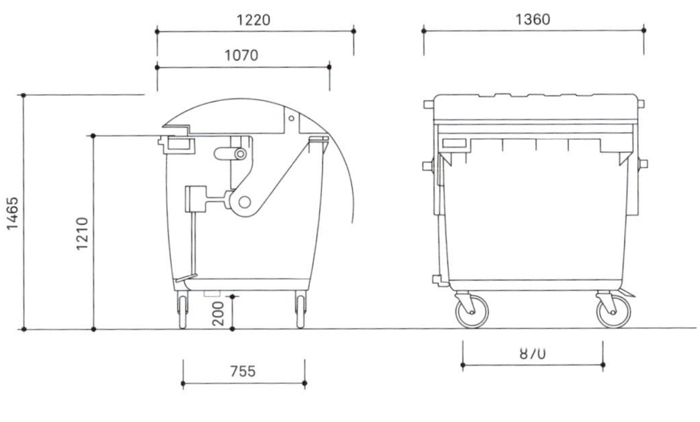

MGB 1100 l

Abb. 3.22 Gängige Behältermaße (in mm)

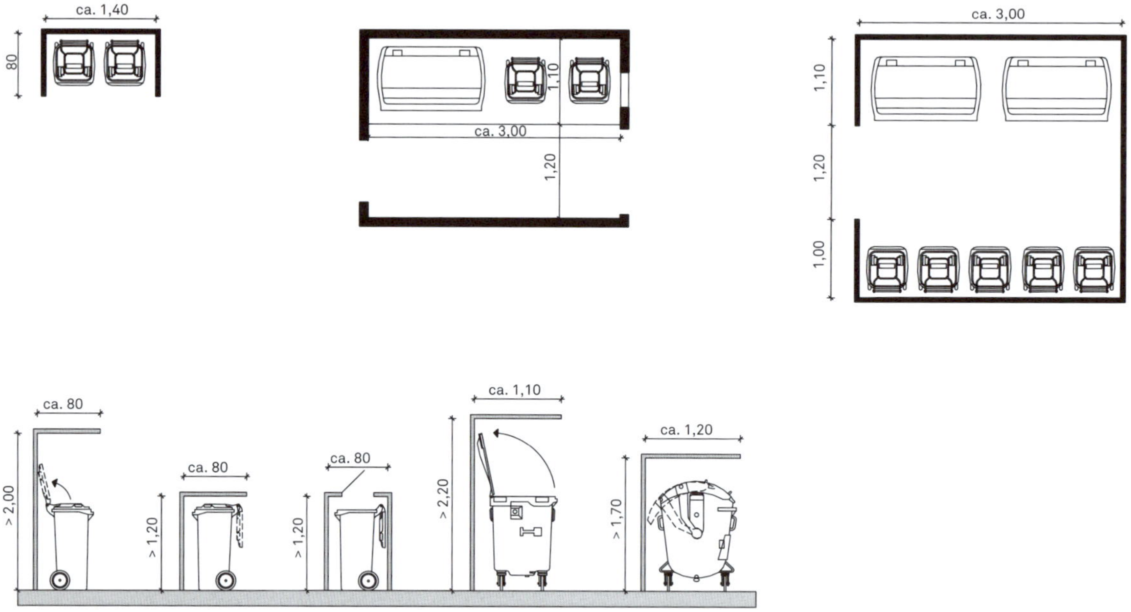

Abb. 3.23 Abmessungen von Abfallsammelräumen und Umhausungen

In Gebäudeklassen 3–5 müssen Abfallsammelräume mit brandschutzrelevanten Wänden, Decken und Innentüren ausgestattet sein. Sie benötigen eine ständige Lüftung und sollten unmittelbar vom Freien entleert werden können.

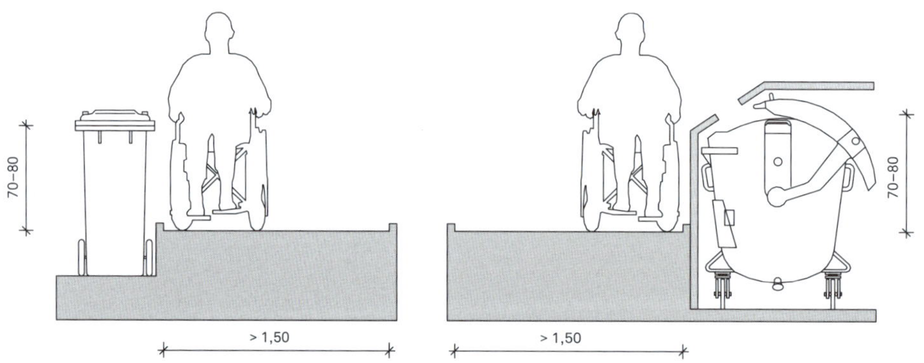

Abb. 3.24 Bedienbarkeit von Abfallbehältern für Rollstuhlfahrer

Symmetrischer Behälter mit
Fassungsvermögen von 2–4 m³
und einer maximalen Breite von 1520 mm
für Absetzkippfahrzeuge

Asymmetrischer Behälter mit
Fassungsvermögen von 3–5 m³
und einer maximalen Breite von 1520 mm
für Absetzkippfahrzeuge

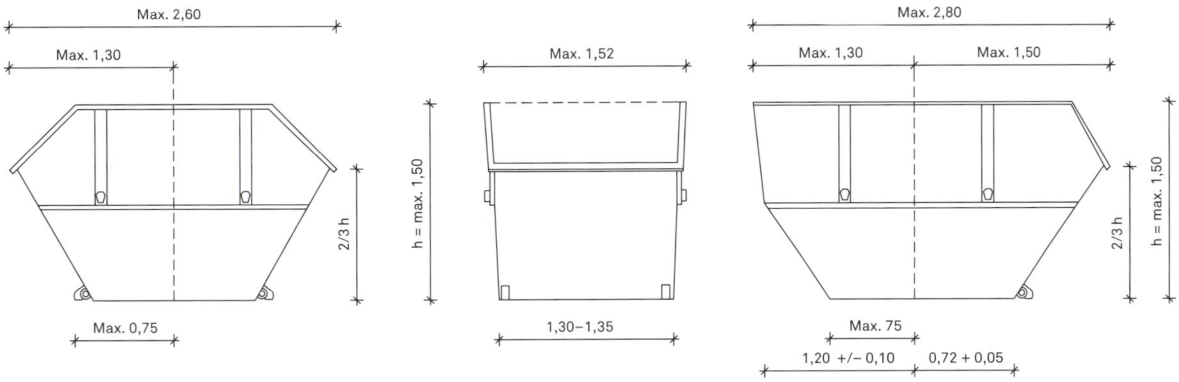

Abb. 3.25 Abmessungen von Containern mit unterschiedlichem Fassungsvermögen

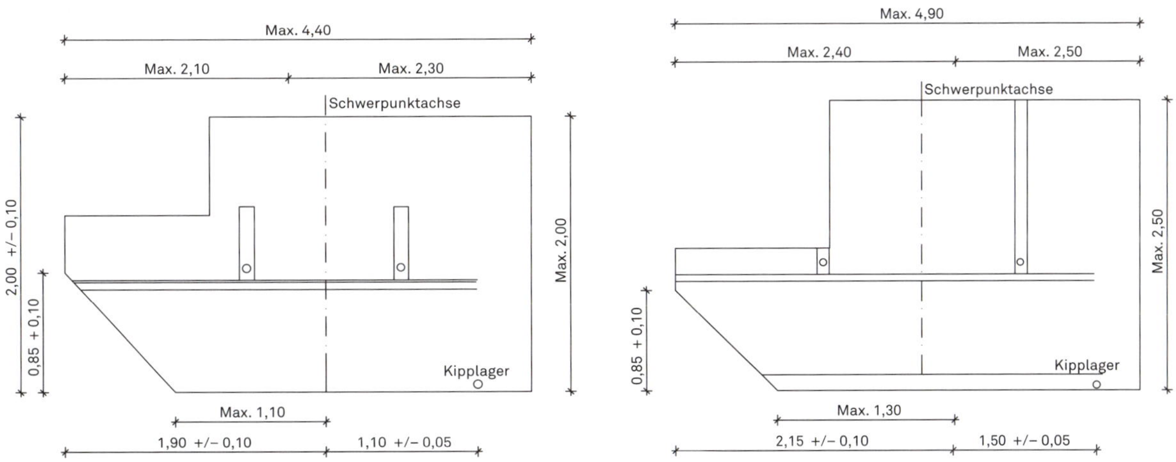

Abb. 3.26 Beispielhafte Abmessungen von Abfallpressen

Abfallpressen sind in vielfältigen Formen und Größen erhältlich; ihre Auswahl erfolgt abhängig von den Abfallprodukten und dem gewünschten Pressergebnis. Daher sind spezifische Anforderungen und Herstellerinformationen zu berücksichtigen.

4 Gebäudeerschließung

Die Zuwegung vom öffentlichen Raum bis zum Gebäudeeingang erfolgt normalerweise als fußläufiger Zugang. Je nach Gebäudetypus und logistischer Notwendigkeit sind aber auch Erschließungen mit Pkw, Lkw, Bussen, Fahrrädern, Gehhilfen, Rollstühlen, Kinderwagen etc. zu berücksichtigen. Gerade bei Gebäuden, die zu Ballungszeiten stark frequentiert werden (Theater, Sportstätten, Kindergärten etc.), sind entsprechend gute Konzepte zur Aufnahme der kurzfristig sehr hohen Frequenzen nötig. Hierzu gehört auch das temporäre oder langfristige Abstellen von Fahrzeugen und Hilfsmitteln im privaten Außenraum bzw. Gebäude.

Zuwegungen zu Gebäuden sollten generell über barrierefreie Rampen und Wege erschlossen werden. Dabei sollte der Höhenunterschied zwischen Straßenniveau und Oberkante Fußboden des Eingangsgeschosses beachtet werden, der nicht zu groß sein darf. Die innere Erschließung eines Gebäudes besteht in der Regel aus Elementen wie Eingangsbereichen, Fluren, Türen, Treppen, Aufzügen etc. Abhängig davon, ob es sich um ein öffentliches oder ein nicht öffentliches Gebäude handelt, können Eingangsbereiche offen und mit integrierter vertikaler Erschließung gestaltet oder eher funktional, flächeneffizient und zweckdienlich organisiert werden. Ebenso ist entscheidend, ob die innere Erschließung verschiedene Nutzungseinheiten versorgt oder lediglich die Verteilung innerhalb einer Nutzungseinheit umfasst.

4.1 Eingangsbereiche

Eingangsbereiche erfüllen diverse Aufgaben wie Kommunikations-, Zugangs-, Schutz- und Kontrollfunktionen. Sie sind als erster Eindruck beim Betreten die „Visitenkarte" des Gebäudes. Psychologisch wirken Eingangsbereiche sehr stark, weil sie erste intuitive Informationen über die Gebäudenutzer (Unternehmen oder Privatpersonen) vermitteln. Zudem sind Eingangsbereiche thermische und akustische Pufferzonen. Im Brandfall fungieren sie als Rettungsweg und für Menschen mit Einschränkungen stellen sie eine entscheidende Verbindung zwischen Öffentlichkeit und gebäudeinterner Nutzung dar.

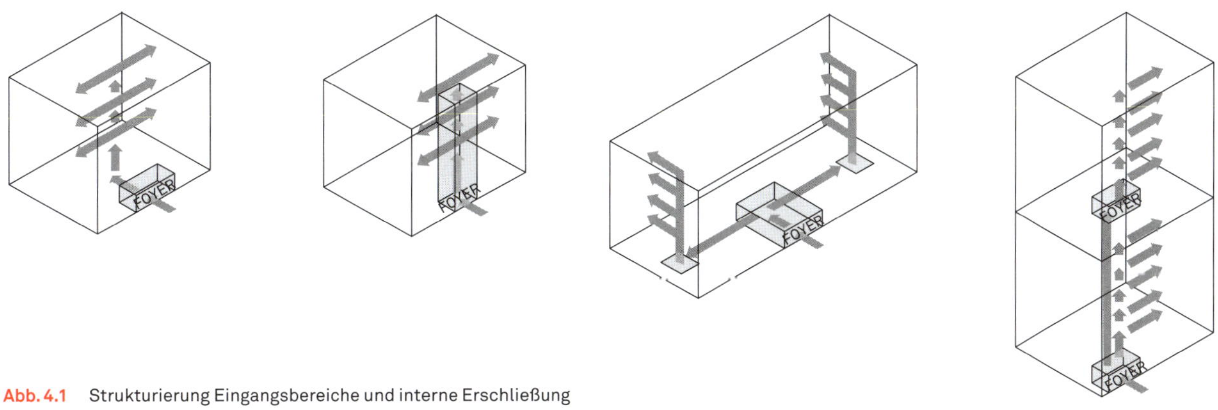

Abb. 4.1 Strukturierung Eingangsbereiche und interne Erschließung

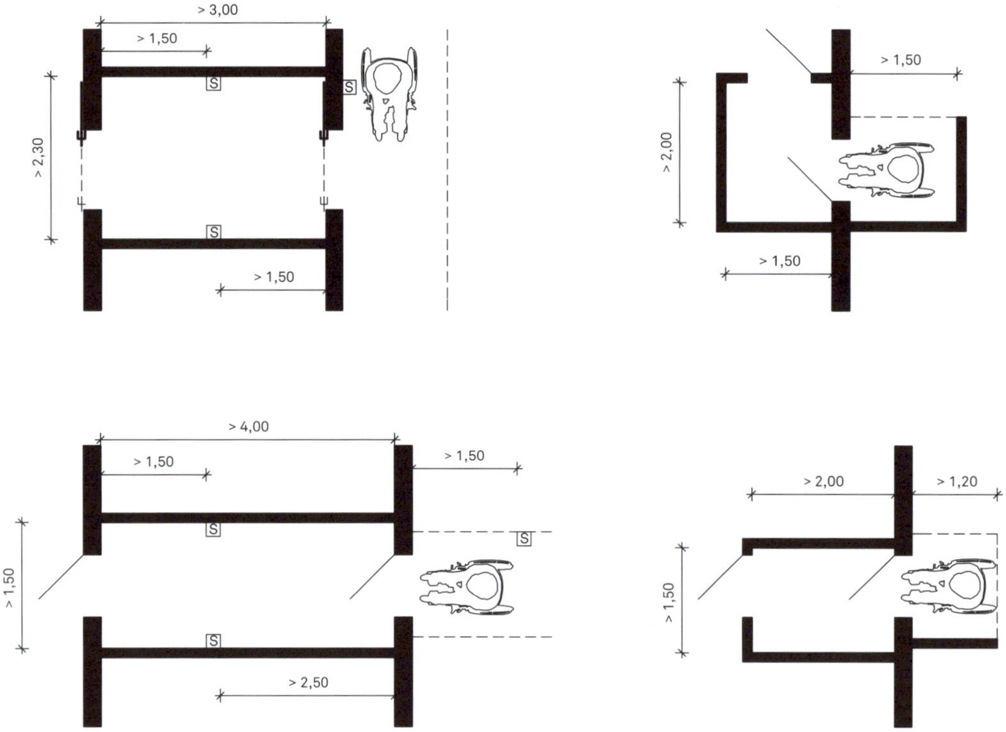

Abb.4.2 Abmessungen von rollstuhlgerechten Windfängen

Automatische Türöffner müssen so angeordnet werden, dass sie vom Greifradius des Rollstuhls aus bedient werden können. Abstände sollten mindestens 1,50 m bzw. bei einschlagenden Türen 2,00 m betragen.

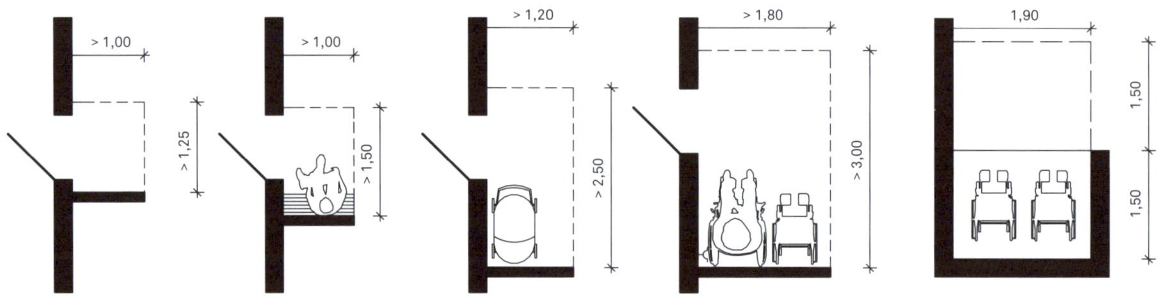

Abb.4.3 Platzbedarf in privaten Eingangsbereichen

Es ist wichtig, je nach Typologie ausreichend Abstellfläche für Kinderwagen, Rollstühle, Fahrräder etc. im Eingangsbereich zu schaffen, um eine ungestörte Bewegungsfreiheit zwischen innen und außen zu gewährleisten.

4.2 Flure

Neben der Erschließung können Flure als Kommunikationsbereiche, Warte-, Ruhe- oder Begegnungszonen dienen. Je nach Nutzungsprofil sind deshalb auch Maßnahmen zur Verbesserung der Aufenthaltsqualität wie natürliche Belichtung und Ausblick ins Freie zu beachten.

An Flucht- und Rettungswege werden bestimmte Anforderungen hinsichtlich der lichten Flurbreiten, der Rauch- und Brandlastfreiheit, der umgebenden Bauteile sowie der Wege bzw. Türen ins Freie gestellt. Hierzu ist auch die Brandabschnittsbildung im Gebäude wesentlich.

Zur barrierefreien Gestaltung von Fluren sind neben den Breiten für Rollstuhlfahrer auch weitere Maßnahmen sinnvoll. Ältere bzw. gehbehinderte Menschen benötigen Handläufe und Sitzgelegenheiten in kurzen Abständen. Eine kontrastreiche Farbgestaltung von Türen, Zargen, Fußböden etc. hilft Sehbehinderten bei der Orientierung.

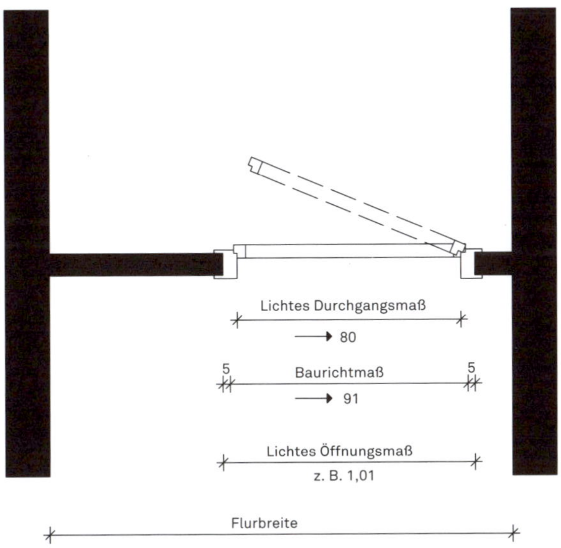

Abb. 4.4 Definition der verschiedenen Wegbreiten

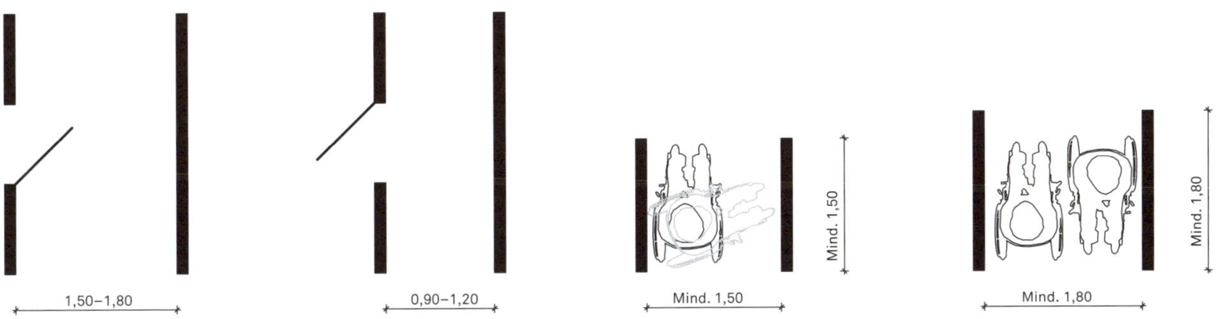

Abb. 4.5 Mindestbreiten von Fluren in Abhängigkeit des Türaufschlags

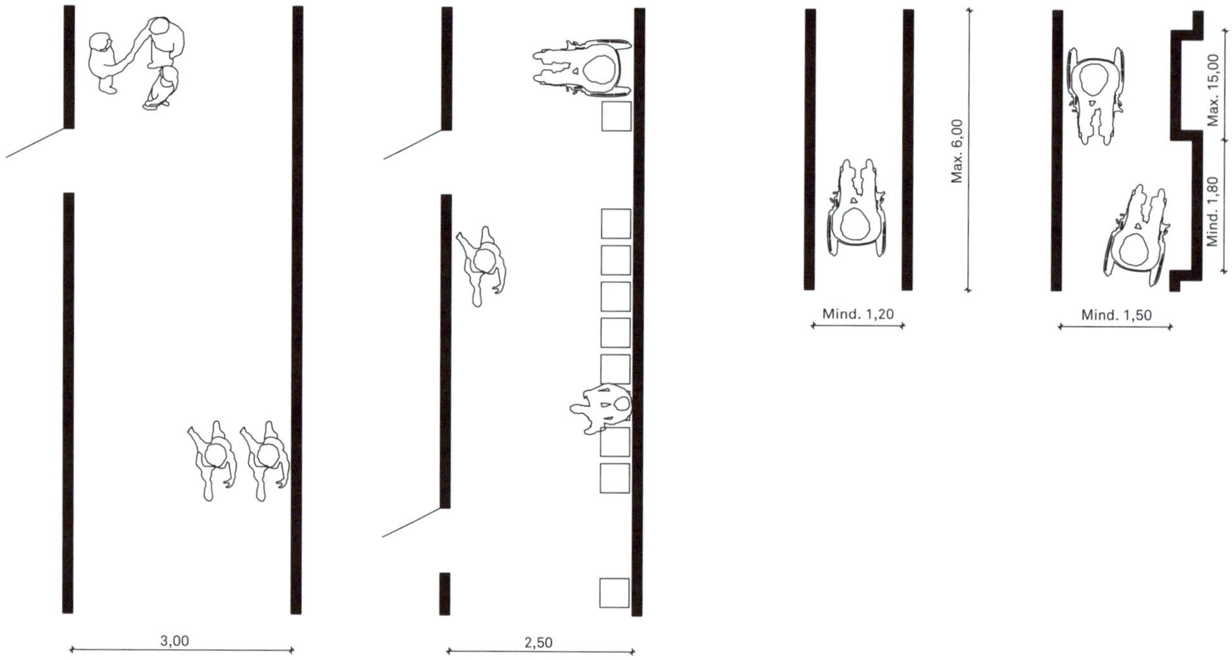

Abb. 4.6 Organisation von Fluren bei unterschiedlichen Nutzungen

Rettungsweglänge	Lichte Raumhöhe
≤ 30,00 m	≤ 5,00 m
≤ 35,00 m	> 5 ≤ 7,50 m
≤ 40,00 m	> 7,50 ≤ 10,00 m
≤ 45,00 m	> 10,00 m ≤ 12,50 m
≤ 50,00 m	> 12,50 ≤ 15,00 m
≤ 55,00 m	> 15,00 ≤ 17,50 m
≤ 60,00 m	> 17,50 m

Tab. 4.1 Rettungsweglänge in Abhängigkeit von der lichten Raumhöhe in Versammlungsstätten

Eine Rettungsweglänge von 30 m darf nicht überschritten werden, außer es erfolgt eine Kompensation über entsprechende Raumhöhen. Nach MVStättV

Verkehrsweg	Lichte Breite
Mindestbreite von Verkehrswegen nach Anzahl der Personen im Einzugsgebiet	
bis 5 Personen	0,875 m
bis 20 Personen	1,00 m
bis 200 Personen	1,20 m
bis 300 Personen	1,80 m
bis 400 Personen	2,40 m
Eine Unterschreitung der Mindestbreite der Flure von max. 0,15 m an Türen kann vernachlässigt werden. Die lichte Breite darf jedoch an keiner Stelle weniger als 0,80 m betragen.	
Gänge zu persönlich zugewiesenen Arbeitsplätzen, Hilfstreppen	0,60 m
Wartungsgänge, Gänge zu gelegentlich benutzten Betriebseinrichtungen	0,50 m
Verkehrswege für Fußgänger zwischen Lagereinrichtungen und -geräten	1,25 m
Verkehrswege für Fußgänger in Nebengängen von Lagereinrichtungen für die ausschließliche Be- und Entladung von Hand	0,75 m
Verkehrswege zwischen Schienenfahrzeugen mit Geschwindigkeiten ≤ 30 km/h und ohne feste Einbauten in den Verkehrswegen	1,00 m
Rangierwege	1,30 m

Tab. 4.2 Mindestbreiten von Wegen für den Fußgängerverkehr

Nach ASR A 1.8

Raum	Maximale Länge
In normalen Arbeitsräumen	35,00 m
Für brandgefährdete Räume mit selbsttätigen Feuerlöscheinrichtungen	35,00 m
Für brandgefährdete Räume ohne selbsttätige Feuerlöscheinrichtungen	25,00 m
Für giftstoffgefährdete und explosionsgefährdete Räume	20,00 m
Für explosivstoffgefährdete Räume	10,00 m

Tab. 4.3 Maximale Rettungsweglänge in Arbeitsstätten

Nach ASR A 2.3

4.3 Türen

Als Verbindungselement zwischen Räumen bzw. Bewegungszonen sind Türen ein wichtiges Gestaltungselement. Im Bereich der Flucht- und Rettungswege und der rollstuhlgerechten Zugänge unterliegen Türen spezifischen Anforderungen. Als „Nadelöhr“ sind sie wesentlich für die Aufrechterhaltung des notwendigen freien Fluchtquerschnitts und können somit auch die notwendige Flurbreite bestimmen.

Aufschlagsrichtungen sind bei vielen Türen durch die Nutzung vorgegeben. So sind alle Flucht- und Rettungswegtüren grundsätzlich in Richtung des Fluchtweges aufzuschlagen. Einzelraumtüren, welche an einen Flucht- und Rettungsweg grenzen, können in der Regel frei orientiert werden.

Türtypen	Barrierefreiheit	Flucht- und Rettungsweg	Brandschutz
Anschlagtür	x	x	x
Schiebetür	x		
Falttür	x		
Pendeltür	x		
Drehtür (Karusselltür)			
Automatiktür	x	(x)	(x)

Tab. 4.4 Verwendungsmöglichkeiten verschiedener Türtypen

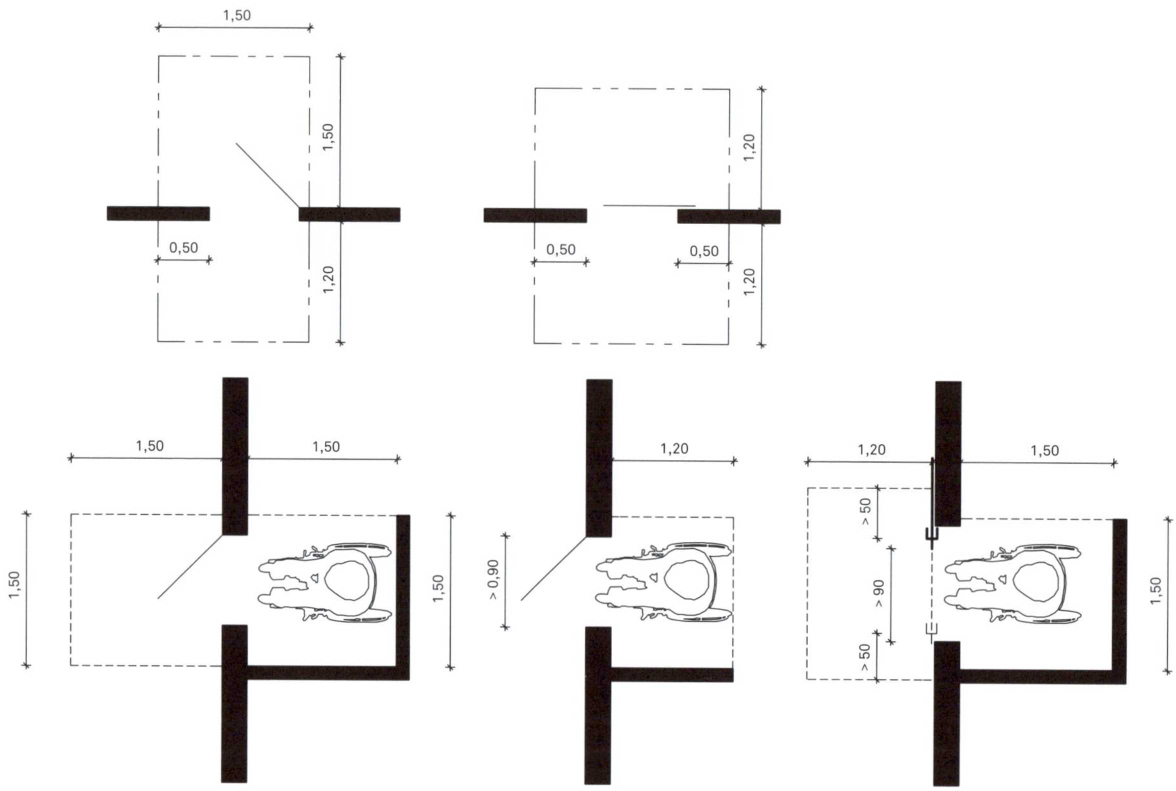

Abb. 4.7 Mindestmaße für rollstuhlgerechte Bewegungsflächen an Türen

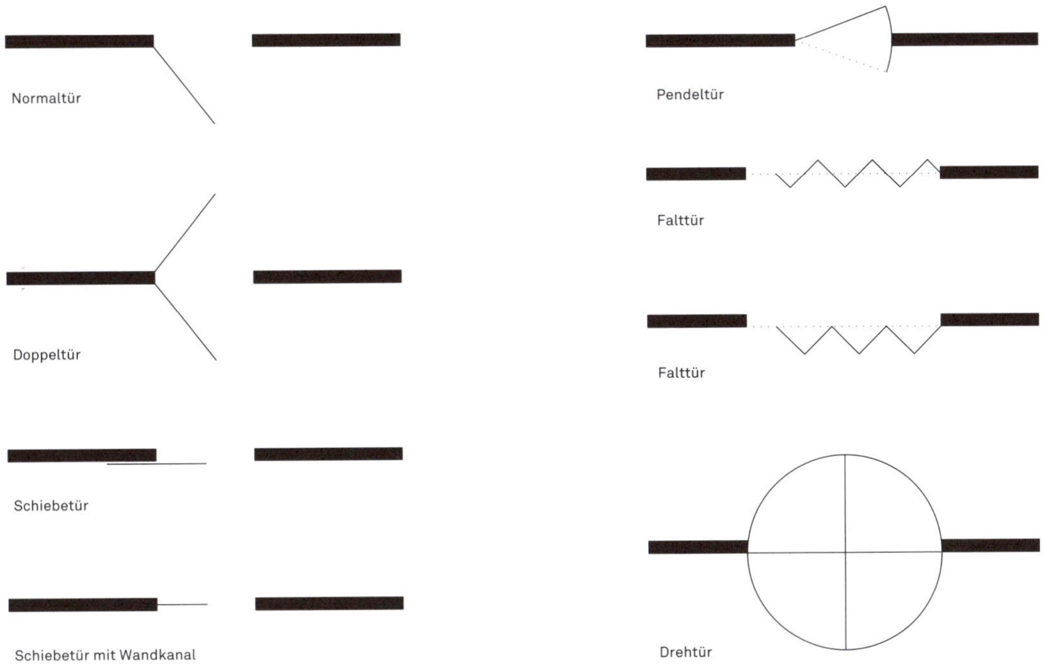

Abb. 4.8 Öffnungsarten bei Türen

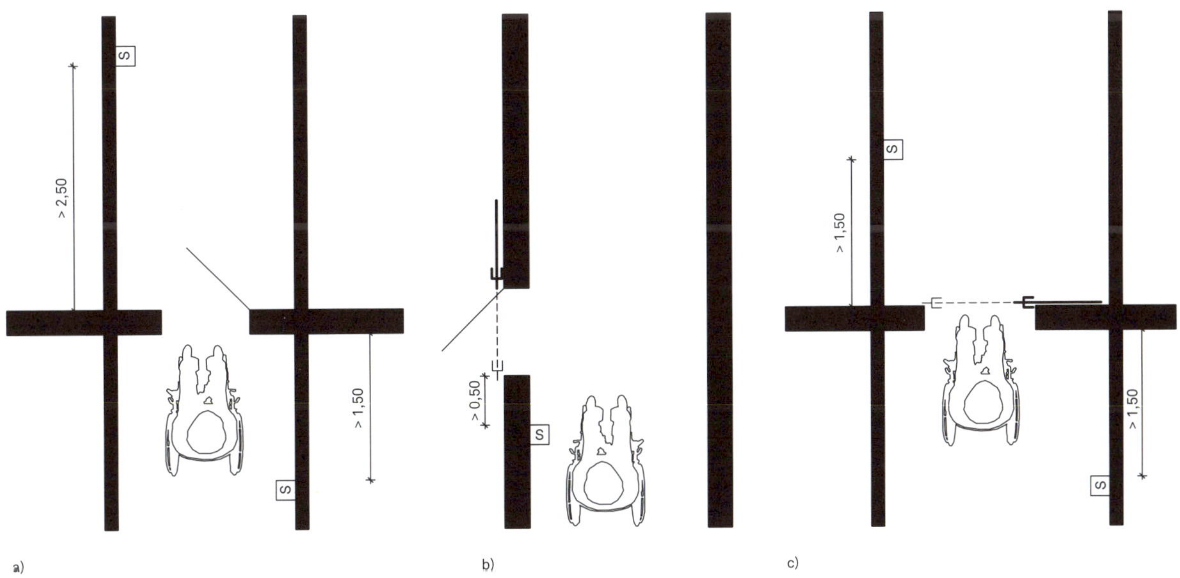

Abb. 4.9 Anforderungen für die Anordnung automatischer Türöffner

a) Abstand Taster Drehflügeltür bei frontaler Anfahrt
b) Abstand Taster Drehflügel-/Schiebetür bei seitlicher Anfahrt
c) Abstand Taster Schiebetür bei frontaler Anfahrt

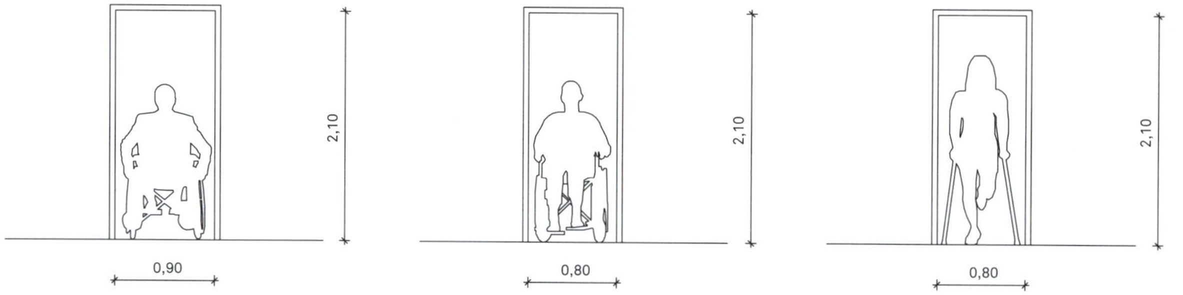

Abb. 4.10 Mindestbreiten bei Nutzung von Rollstühlen oder Gehhilfen

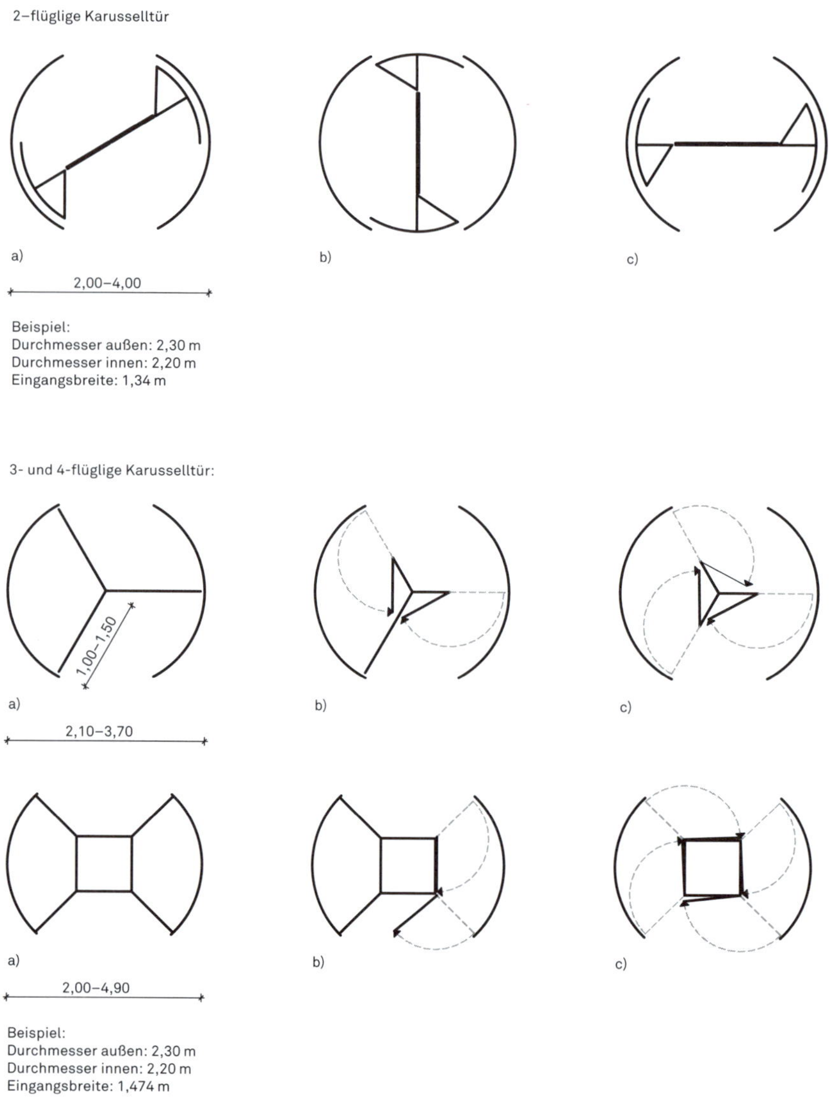

Oben:
a) Grundeinstellung
b) Nachtabschluss
c) Mittelposition „Nachtbankfunktion“, Abschluss, aber kontrollierter Zugang über zusätzliche Schiebetür
d) Mittelposition mit geöffneter Schiebetür (Fluchtstellung)

Unten:
a) Grundeinstellung
b) Fluchtöffnung
c) freier Durchgang

Abb. 4.11 Verschiedene Drehtürtypen

4.4 Treppen

Treppen und Treppenräume können als Flucht- und Rettungswege dienen und sind funktionale oder kommunikative Verbindungen zwischen unterschiedlichen Geschossen bzw. Höhenebenen.

Die Geometrie und die Mindestmaße einer Treppe sind abhängig von der Art der Nutzung, der Anzahl gegebenenfalls flüchtender Menschen und von der Bequemlichkeit in der Nutzung. Eine frühzeitige Ermittlung der Steigungsanzahl und der Geometrie des Treppenraums ist für den Entwurfsprozess in der Regel sehr wichtig.

Zur Bemessung von Treppen gibt es folgende Regeln (S = Steigung, A = Auftritt):

- Schrittmaßregel A + 2 S = 63 cm (mit Toleranz von 3 cm)
- Sicherheitsregel A + S = 46 cm (mit Toleranz von 1 cm)
- Bequemlichkeitsregel A – S = ca. 12 cm

Spätestens nach 18 Stufen muss ein Zwischenpodest angeordnet werden. Zur Ermittlung der Treppenbreiten sind freie Fluchtquerschnitte und Handläufe oder Geländer sowie Treppenaugen zu berücksichtigen. Treppengeländer sind so zu gestalten, dass es weder eine Verletzungsgefahr für Kinder (Zwischenräume maximal 12 cm) noch die Möglichkeit des Überkletterns gibt.

Zur barrierefreien Gestaltung der Treppen für Sehbehinderte ist eine gut sichtbare Beschriftung bzw. eine Bezifferung mit Brailleschrift am Handlauf sinnvoll. Ebenso ist eine kontrastreiche Gestaltung der Podeste sowie der Antritts- und Austrittsstufen hilfreich.

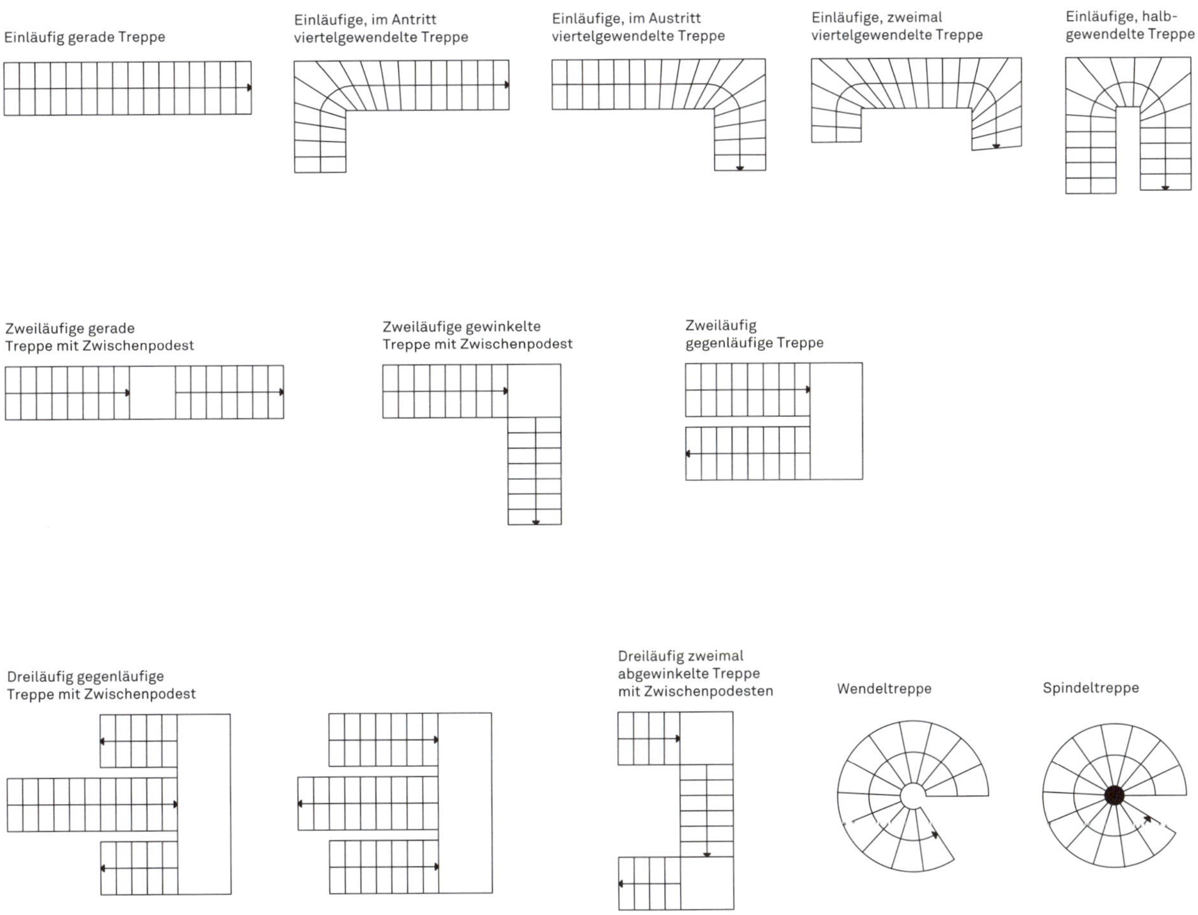

Abb. 4.12 Typische Treppengeometrien

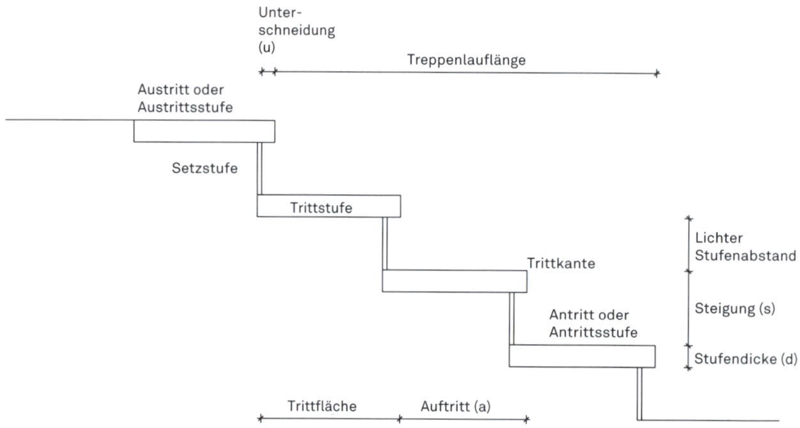

Abb. 4.13 Begriffsdefinitionen bei Treppen

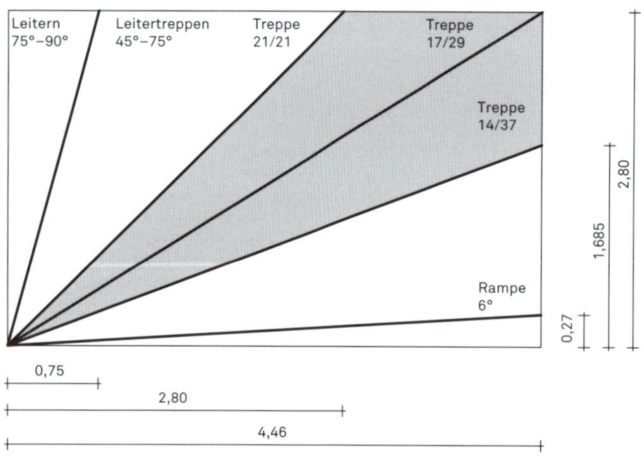

Abb. 4.14 Treppenarten nach Steigungsverhältnissen

Bauart	Auftritt (A)	Steigung (S)
Freitreppen, Kindertageseinrichtungen	32–30 cm	14–16 cm
Versammlungsstätten, Verwaltungsgebäude der öffentlichen Verwaltung, Schulen, Horte	31–29 cm	15–17 cm
Gewerbliche Bauten, sonstige Gebäude	30–26 cm	16–19 cm
Hilfstreppen	30–21 cm	14–21 cm

Tab. 4.5 Anforderungen an Treppensteigungen

Nach ASR A1-8

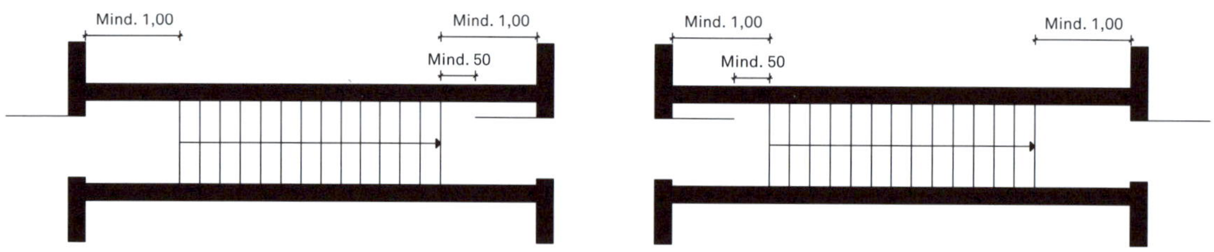

Abb. 4.15 Abstand zwischen Türen und Treppen

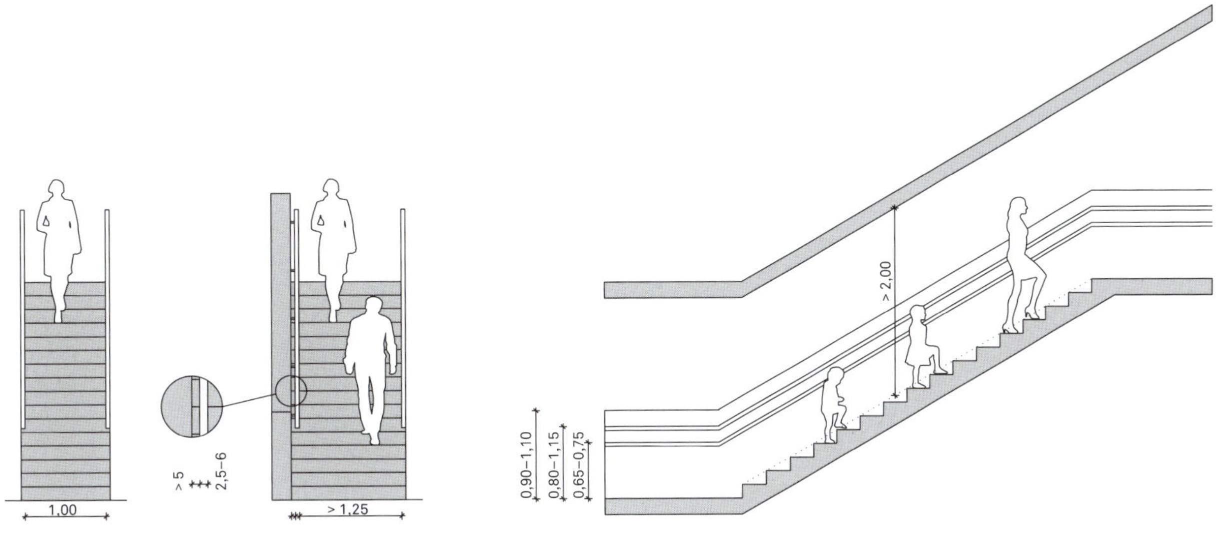

Abb. 4.16 Bemessung des lichten Treppenraums

Bei gleichzeitiger Nutzung mehrerer Personen sollte die lichte Treppenbreite mindestens 1,25 m betragen.

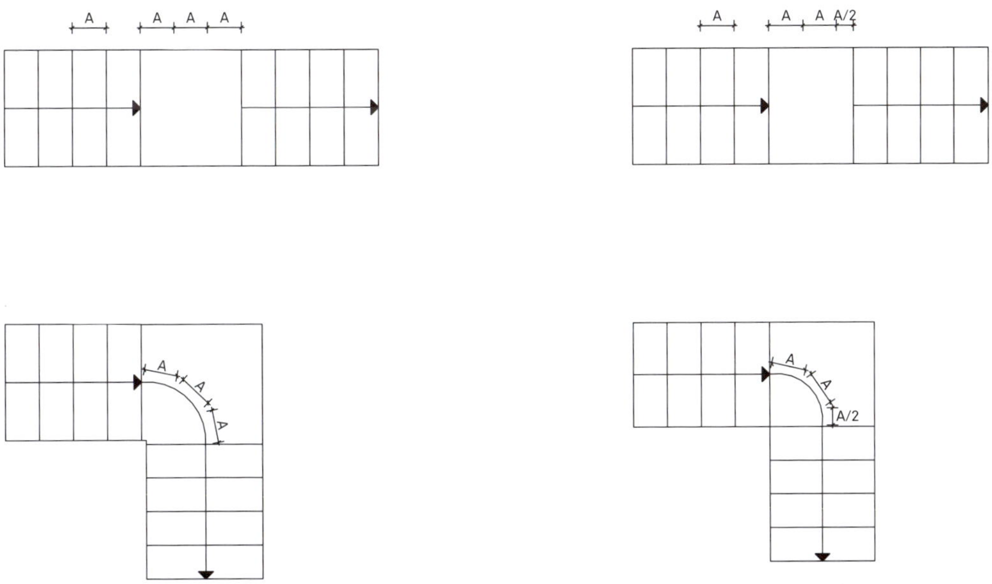

a)

b)

Abb. 4.17 Mindestgröße von Podesten

Anordnung Podest nach max. 18 Steigungen
a) Gebäude allgemein
b) Wohngebäude mit max. 2 Wohnungen

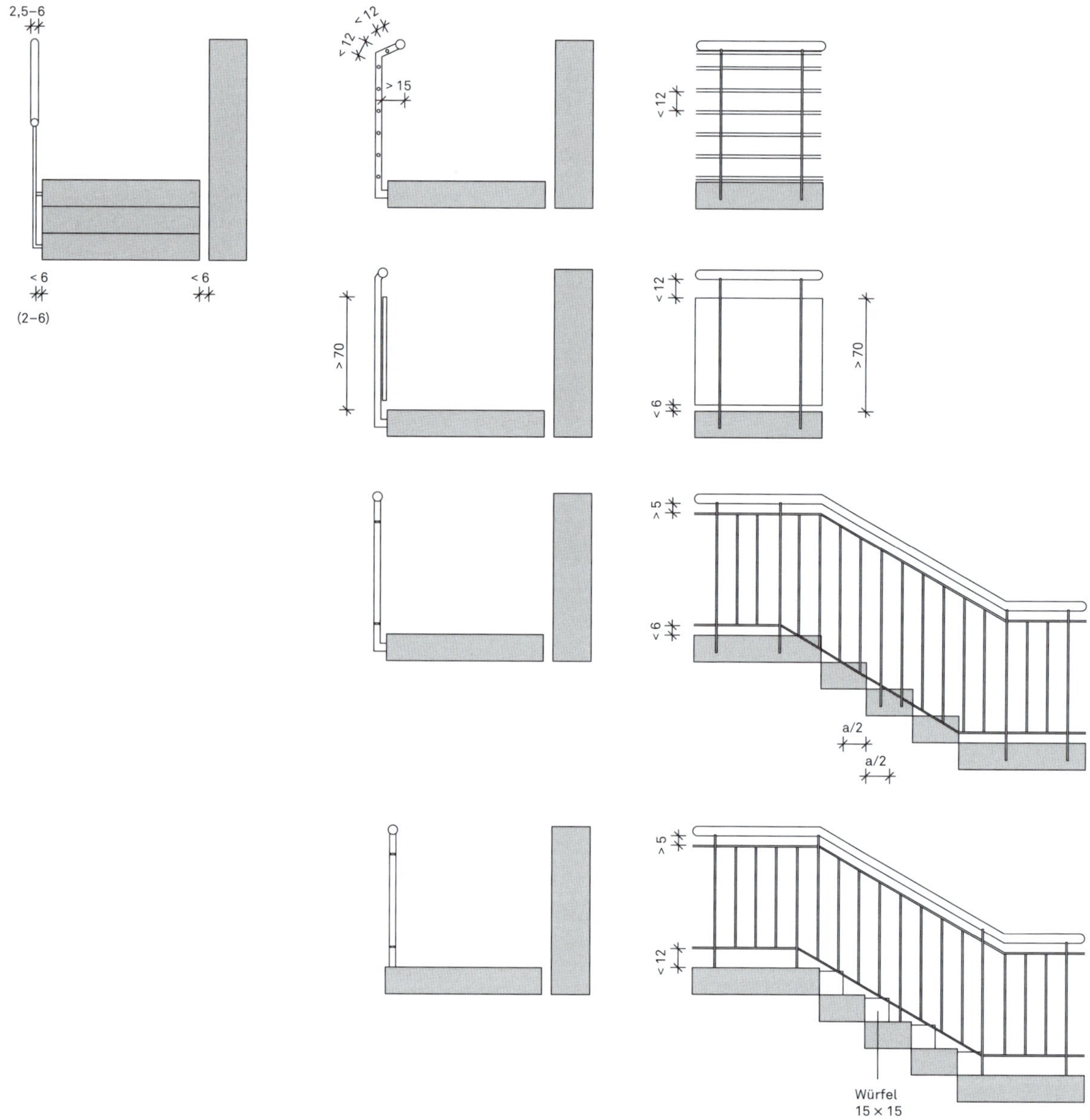

Abb. 4.18 Nicht überkletterbare Umwehrungen bei Treppen und Podesten

Geschosshöhe [m]	Steigungsverhältnis (S/A) [cm]					
	16,5/30	17/29	17,5/28	18/27	18,5/26	Optimales Steigungsverhältnis
2,80	**17 × S / A = 5,10** (2,80)	**16 × S / A = 4,64** (2,72)	**16 × S / A = 4,48** (2,80)	**15 × S / A = 4,20** (2,70)	**15 × S / A = 3,90** (2,77)	**17 × 16,5 / 30,0 = 5,10**
3,00	**18 × S / A = 5,40** (2,97)	**18 × S / A = 5,22** (3,06)	**17 × S / A = 4,76** (2,97)	**17 × S / A = 4,59** (3,06)	**16 × S / A = 4,16** (2,96)	**17 × 17,6 / 27,7 = 4,70**
3,20	**19 × S / A = 5,70** (3,13)	**19 × S / A = 5,51** (3,23)	**18 × S / A = 5,04** (3,15)	**18 × S / A = 4,86** (3,24)	**17 × S / A = 4,42** (3,14)	**18 × 17,7 / 27,6 = 4,96**
3,40	**20 × S / A = 6,00** (3,30)	**20 × S / A = 5,80** (3,40)	**19 × S / A = 5,32** (3,32)	**19 × S / A = 5,13** (3,42)	**18 × S / A = 4,68** (3,33)	**19 × 17,9 / 27,2 = 5,16**
3,60	**22 × S / A = 6,60** (3,63)	**21 × S / A = 6,09** (3,57)	**20 × S / A = 5,60** (3,50)	**20 × S / A = 5,40** (3,60)	**19 × S / A = 4,94** (3,51)	**20 × 18,0 / 27,0 = 5,40**
3,80	**23 × S / A = 6,90** (3,79)	**22 × S / A = 6,38** (3,74)	**22 × S / A = 6,16** (3,85)	**21 × S / A = 5,67** (3,78)	**20 × S / A = 5,20** (3,70)	**22 × 17,3 / 28,4 = 6,24**
4,00	**24 × S / A = 7,20** (3,96)	**23 × S / A = 6,67** (3,91)	**23 × S / A = 6,44** (4,02)	**22 × S / A = 5,94** (3,96)	**22 × S / A = 5,72** (4,07)	**23 × 17,4 / 28,2 = 6,48**

Tab. 4.6 Grobe Richtwerte zu Lauflängen bei Treppen

Steigungsverhältnis errechnet nach Schrittmaßregel 2 S + A = 63 (+/– 3)

Fluchtwegbreite in m	0,875	1	1,2	1,25	1,5	1,8	2
Einläufige Treppen 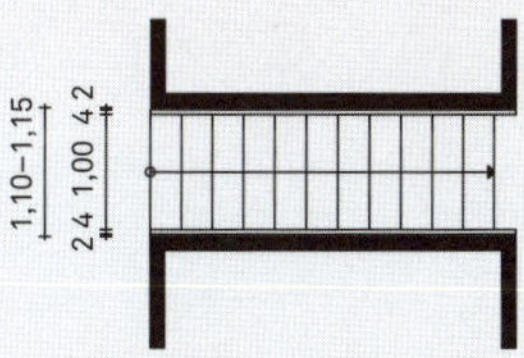	0,975–1,025	1,10–1,15	1,30–1,35	1,35–1,40	1,60–1,65	1,90–1,95	2,10–2,15
Zweiläufige Treppen 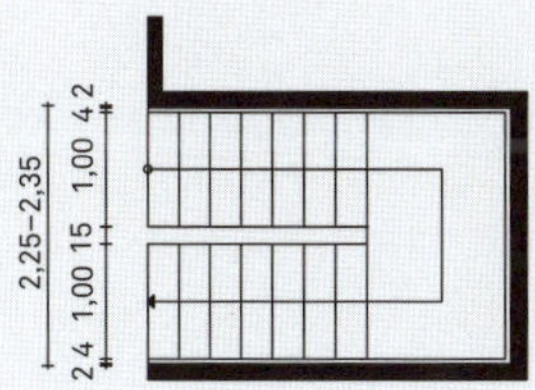	2,00–2,10	2,25–2,35	2,65–2,75	2,75–2,85	3,25–3,35	3,85–3,95	4,25–4,35

Tab. 4.7 Grobe Richtwerte zu Treppenraumbreiten

In Abhängigkeit von ein-/zweiseitigem Handlauf sowie dem Treppenauge bei zweiläufigen Treppen

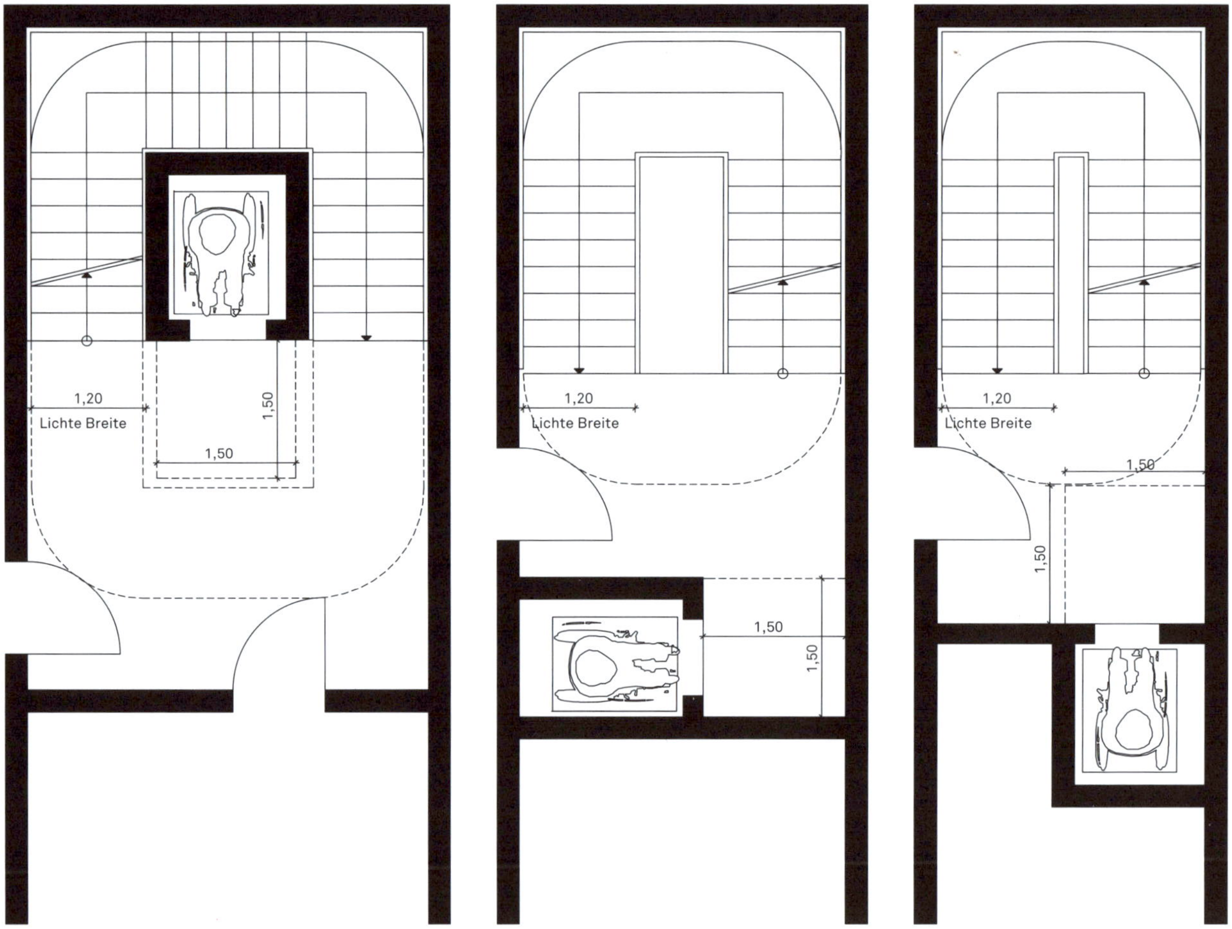

Abb. 4.19 Organisation von freien Fluchtwegbreiten in Treppenräumen

4.5 Rampen

Rampen stellen eine gute Möglichkeit dar, geringe Höhenunterschiede z. B. in Eingangszonen zu überbrücken. Rampen sollen auch zur barrierefreien Nutzung durch Rollstuhlfahrer geeignet sein. Sie dürfen eine maximale Steigung von 6 % enthalten und sind nach spätestens 4 m mit Ruhepodesten zu versehen. Neben technischen Anforderungen an Breiten, Längen, Radabweisern etc. sind auch die Auslaufzonen sinnvoll zu gestalten, um Gefahrenquellen zu minimieren.

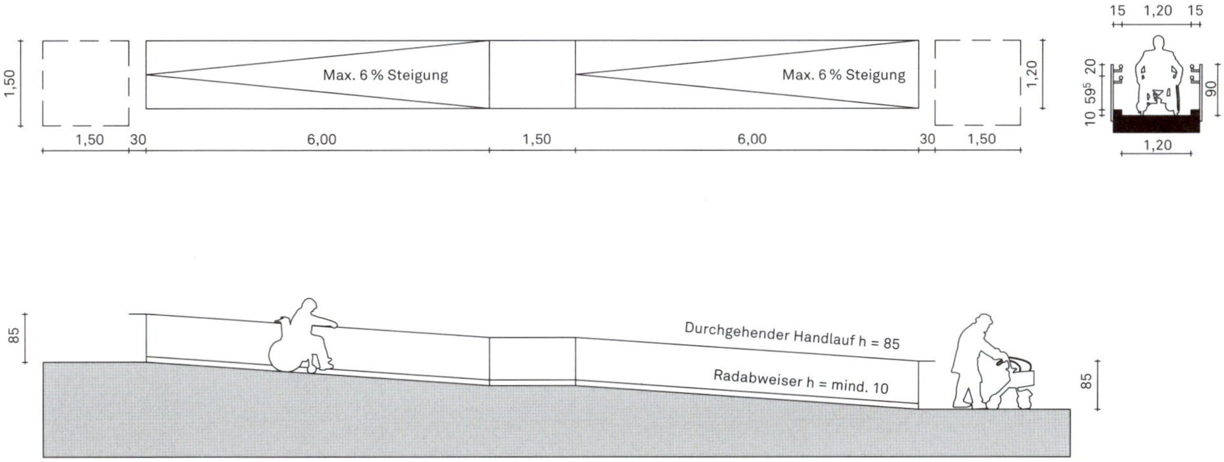

Abb. 4.20 Technische Anforderungen an barrierefreie Rampen

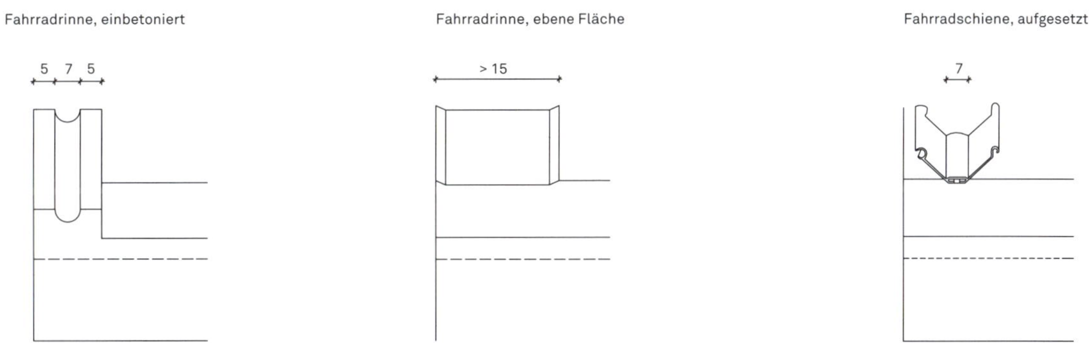

Abb. 4.21 Fahrradrinnen/-schienen auf Treppen und Rampen

4.6 Fahrtreppen und Fahrsteige

Fahrtreppen (auch Rolltreppen genannt) sorgen für einen schnellen Transport größerer Personenzahlen zwischen verschiedenen Geschossen. Bei der Bemessung sind neben Steigungsverhältnissen von maximal 30–35° auch die jeweiligen Anschlusspunkte nach Herstellerangaben zu dimensionieren. Die Stufenbreite beträgt je nach paralleler Nutzung von stehenden und gehenden Personen 0,60–1,00 m. Fahrsteige können auch als schräge Ebene zur Aufnahme von Einkaufswagen oder Ähnlichem genutzt werden. Fahrsteige ohne Höhenanstieg dienen als Laufbänder für die Überbrückung längerer Wegstrecken z. B. in Flughäfen oder Einkaufszentren.

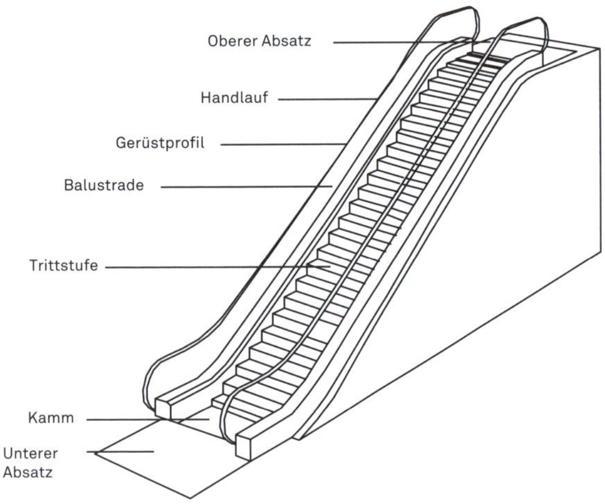

Abb. 4.22 Bestandteile von Fahrtreppen

Geschosshöhe (h)	Länge der gesamten Fahrtreppe (Neigung 30°) l = h × 1,732 + 4731	Länge der gesamten Fahrtreppe (Neigung 35°) l = h × 1,428 + 4825
3000	9927	9109
3500	10 793	9823
4000	11 659	10 537
4500	12 525	11 251
5000	13 391	11 965
5500	14 257	12 679
6000	15 123	13 393

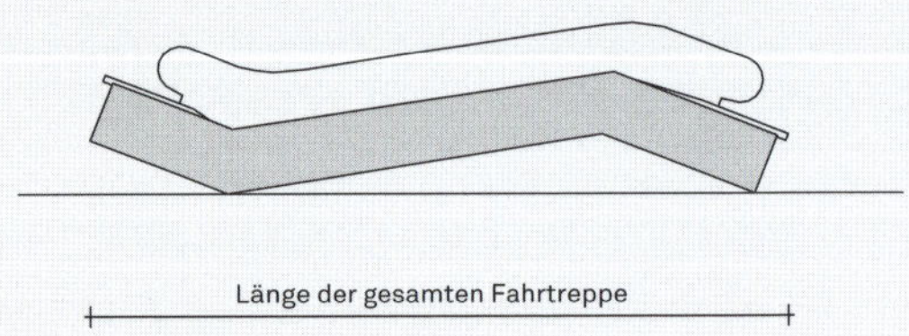

Tab. 4.8 Komplettlängen von Fahrtreppen im Einbau (in mm)

Die Länge und Breite der Öffnungen sind herstellerabhängig. Hier werden lediglich Richtmaße zur groben Orientierung gegeben.

Fahrtreppen

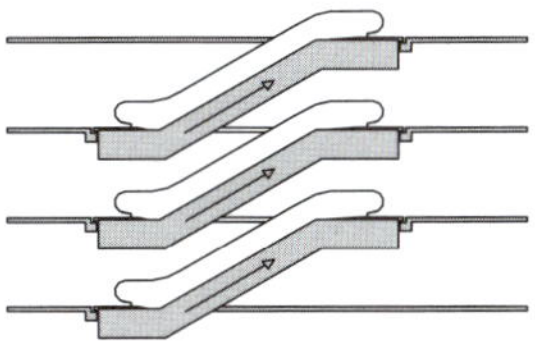

Parallele Anordnung
von Fahrtreppen

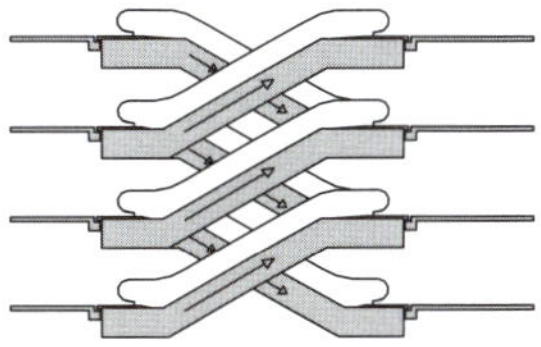

Gegenläufige Anordnung
von Fahrtreppen

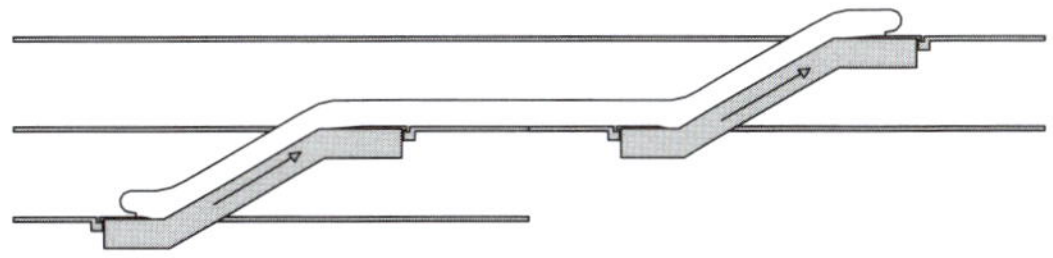

Fahrtreppenfolge

Fahrsteige

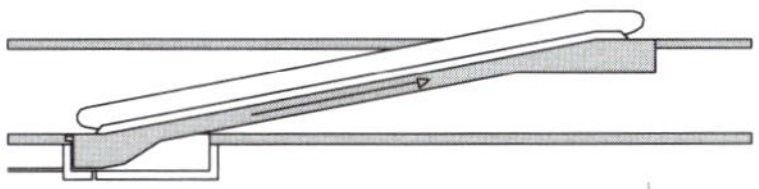

Einläufig

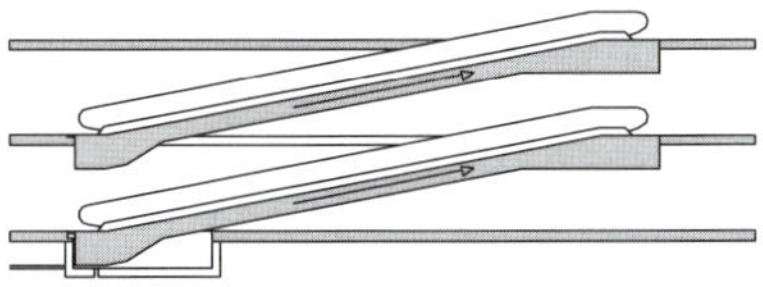

Doppelläufig

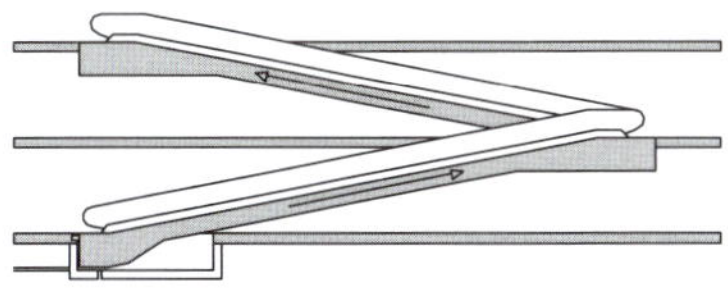

Scherenordnung

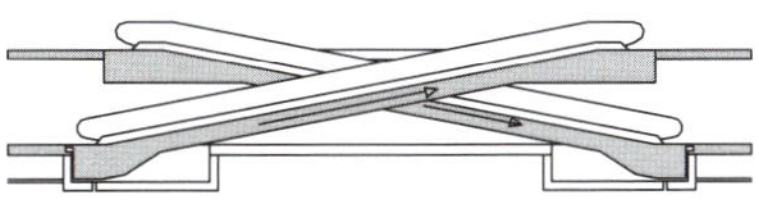

Gekreuzte Anordnung

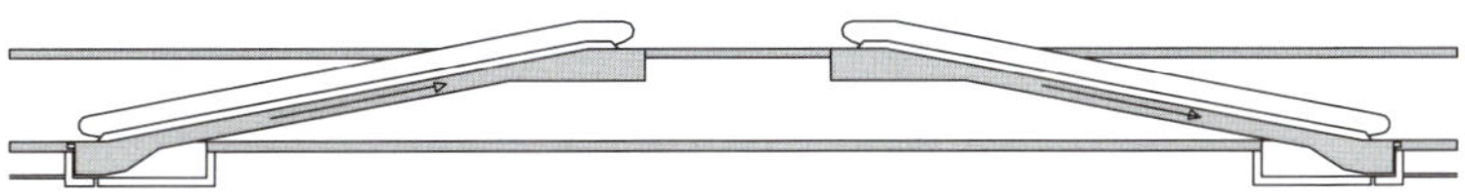

Gegeneinander

Abb. 4.23 Geschosserschließung mit Fahrtreppen/Fahrsteigen

Die Erschließung mit Fahrtreppen ist nach der zu erwartenden Besucherzahl zu bemessen. Bei relevanten Verkehrswegen z. B. in Bahnhöfen sollte die Breite so bemessen sein, dass sowohl stehende als auch gehende Personen die Fahrtreppe gleichzeitig nutzen können.

Neigung der Fahrtreppe	Max. Förderhöhe [mm]	Stufenbreite [mm]	Länge der Öffnung im Niveau I [mm]	Länge der Öffnung ab Niveau II [mm]	Breite der Öffnung [mm]
30°	6000	600/800/1000	4450	Mind. 6476	1200/1400/1600
30°	8000	600/800/1000	4850	Mind. 6876	1200/1400/1600
30°	6500/13 000	800/1000	4850	Mind. 7003	1400/1600
35°	6000	600/800/1000	4250	Mind. 5837	1200/1400/1600

Tab. 4.9 Öffnungsgrößen in Decken zum Einbau von Fahrtreppen

Länge und Breite der Öffnungen sind herstellerabhängig. Hier werden lediglich Richtmaße zur groben Orientierung gegeben.

Fahrtreppe

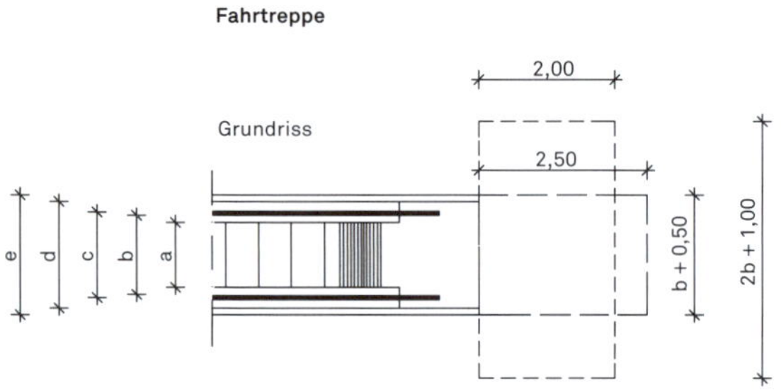

	in mm	in mm	in mm
a: Stufenbreite	600	800	1000
b: Breite zwischen Handläufen	758	958	1158
c: Handlaufmittenabstand	838	1038	1238
d: Fahrtreppenbreite	1140	1340	1540
e: Rohmaß Schachtbreite	1200	1400	1600

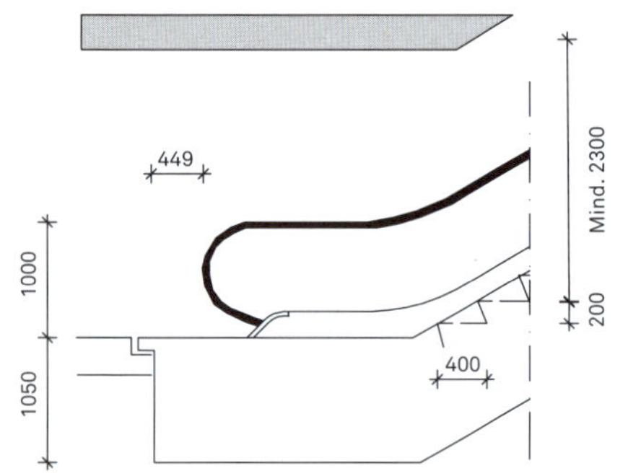

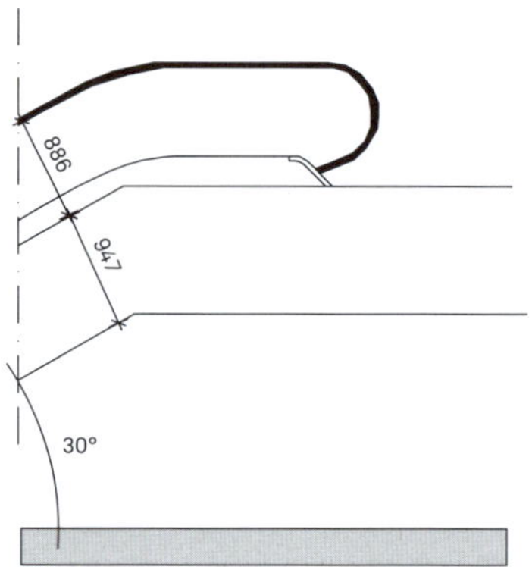

Abb. 4.24 Abmessungen von Fahrtreppen

Fahrsteig

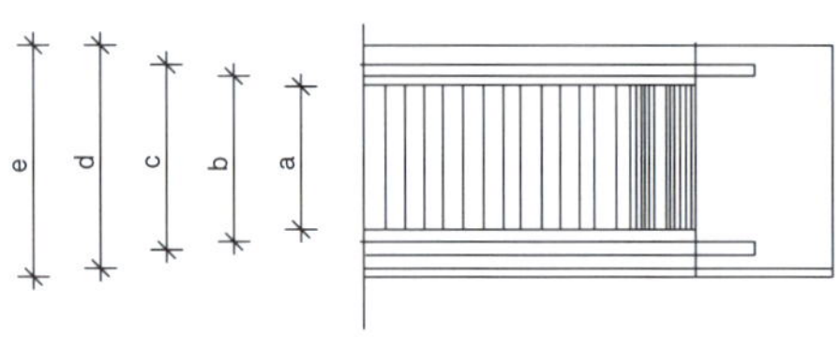

	in mm	in mm
a: Palettenbreite	800	1000
b: Breite zwischen Handläufen	958	1158
c: Handlaufmittenabstand	1038	1238
d: Fahrsteigbreite	1340	1540
e: Rohmaß Schachtbreite	1400	1600

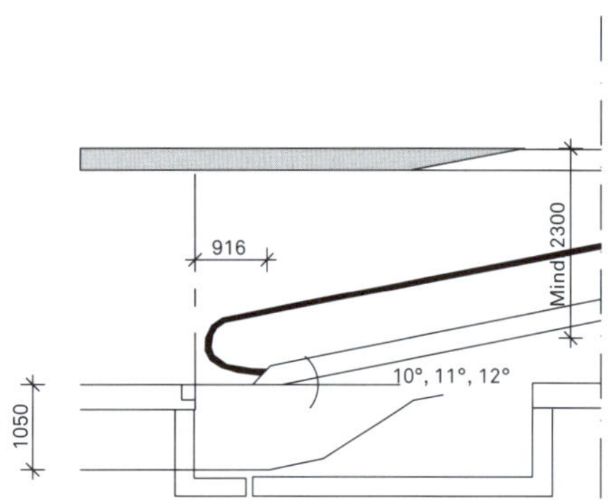

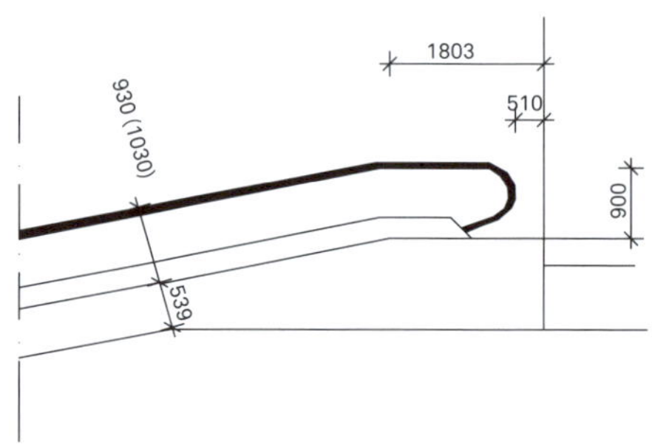

Abb. 4.25 Abmessungen von Fahrsteigen

4.7 Aufzüge/Förderanlagen

Aufzüge transportieren Personen und Lasten zwischen verschiedenen Geschossen bzw. Höhenebenen in einem Gebäude, wobei zwischen Personenaufzügen, Lastenaufzügen (Personen und Güter) und Güteraufzügen (ohne Personenaufenthalt) unterschieden wird. Personenaufzüge sind für die barrierefreie Erschließung von mehrgeschossigen öffentlichen Gebäuden unerlässlich, aber auch bei Wohnbauten ohne barrierefreien Anspruch sind Aufzüge ab dem fünften Geschoss notwendig. Gerade beim Bauen im Bestand werden oft kleinere Hubbühnen zur Überwindung von kurzen Höhendistanzen benutzt, um Rollstuhlfahrern die Nutzung zu ermöglichen. In Hochhäusern werden aufgrund der hohen Nutzerzahl meist komplexe Steuerungssysteme eingesetzt, welche die Nutzung mehrerer Kabinen in einem Schacht ermöglichen, die verfügbaren Kabinen mit Zielwahlsteuerung automatisch disponieren oder mit Expressaufzügen Verteilerebenen anfahren.

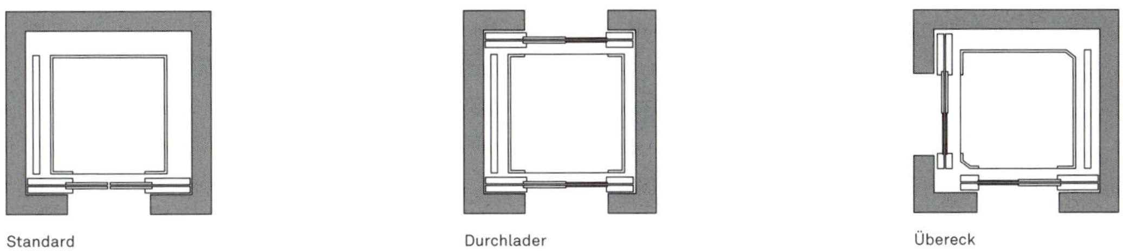

Abb. 4.26 Türöffnungen von Aufzügen

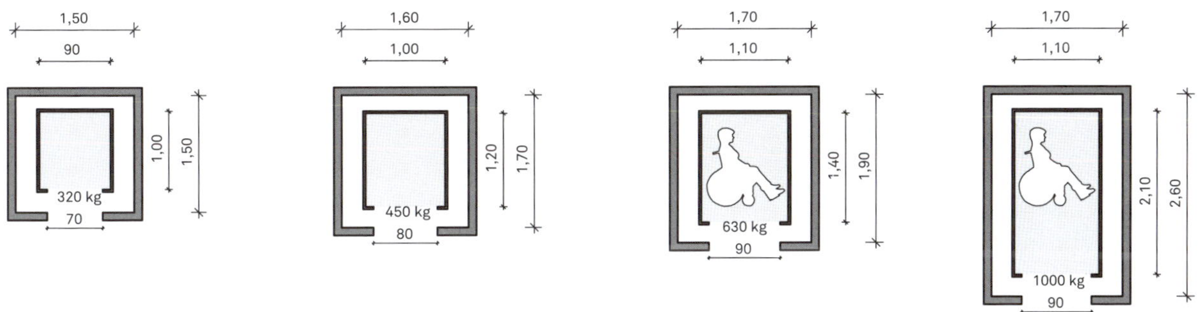

Abb. 4.27 Personenaufzüge für Wohngebäude

Aufzugart	Personenzahl	Nennlast (kg)	Kabinenbreite KB	Kabinentiefe KT	Türbreite TB	Schachtbreite SB	Schachttiefe ST		Türaussparungsbreite TAB
			Standardmaße [cm]				Tür einseitig	Türen gegenüber	
Personenaufzüge	3	240	70,00	90,00	60,00	117,00	128,00	–	90,00
	4	320	90,00	100,00	70,00	137,00	145,00	–	100,00
			75,00	110,00	70,00	130,00	150,00	–	100,00
	5	400	80,00	120,00	70,00	130,00	160,00	181,00	100,00
		400	95,00	110,00	70,00	142,00	150,00	171,00	100,00
					80,00	145,00	150,00	171,00	110,00
	6	450	100,00	120,00	80,00	147,00	160,00	181,00	110,00
					90,00	160,00	160,00	181,00	120,00
		480	95,00	130,00	70,00	142,00	170,00	191,00	100,00
					80,00	145,00	170,00	191,00	110,00
					90,00	160,00	170,00	191,00	120,00
			100,00	125,00	80,00	147,00	165,00	186,00	110,00
					90,00	160,00	165,00	186,00	120,00
Barrierefrei	8	630	110,00	140,00	80,00*	180,00	170,00	181,00	95,00
					90,00	200,00	170,00	181,00	105,00
	10	800	135,00	140,00	80,00*	190,00	180,00	–	95,00
					90,00	200,00	180,00	–	105,00
	12	900	140,00	150,00	80,00*	195,00	185,00	191,00	95,00
					90,00	200,00	185,00	191,00	105,00
	13	1000	110,00	210,00	80,00*	180,00	240,00	251,00	95,00
					90,00	200,00	240,00	251,00	105,00
					100,00	220,00	240,00	251,00	115,00
			160,00	140,00	90,00	215,00	185,00	–	105,00
					100,00	220,00	185,00	–	115,00
					110,00	240,00	185,00	–	125,00

* Nach deutschem Recht 900 mm Türbreite erforderlich!

Tab. 4.10 Abmessungen von Aufzügen

Aufzugart	Personenzahl	Nennlast (kg)	Kabinenbreite KB	Kabinentiefe KT	Türbreite TB	Schachtbreite SB	Schachttiefe ST Tür einseitig	Schachttiefe ST Türen gegenüber	Türaussparungsbreite TAB
			Standardmaße [cm]						
	15	1150	120,00	210,00	80,00*	180,00	240,00	251,00	95,00
					90,00	200,00	240,00	251,00	105,00
					100,00	220,00	240,00	251,00	115,00
			160,00	155,00	90,00	215,00	185,00	–	105,00
					100,00	220,00	185,00	–	115,00
					110,00	240,00	185,00	–	125,00
Bettenaufzüge ab 1275 kg Nennlast	17	1275	200,00	140,00	110,00	270,00	200,00	–	125,00
	21	1600	210,00	160,00	110,00	280,00	210,00	–	125,00
			140,00	240,00	130,00	230,00	285,00	–	145,00
				230,00	130,00	230,00	275,00	299,00	145,00
	24	1800	235,00	160,00	120,00	305,00	210,00	–	135,00
	26	2000	235,00	170,00	120,00	305,00	215,00	–	135,00
			150,00	260,00	130,00	235,00	305,00	329,00	145,00
				270,00	130,00	235,00	315,00	–	145,00

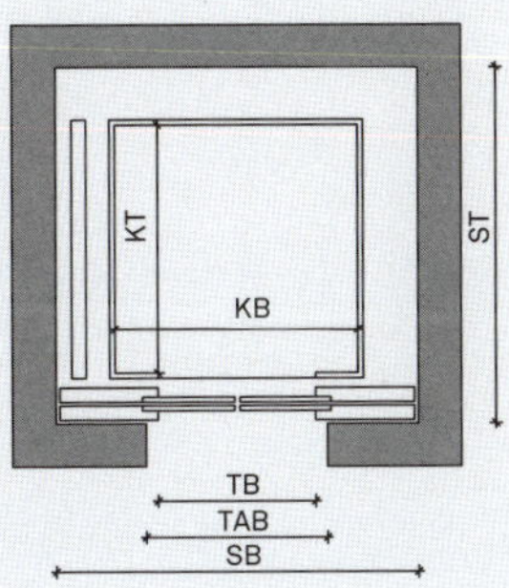

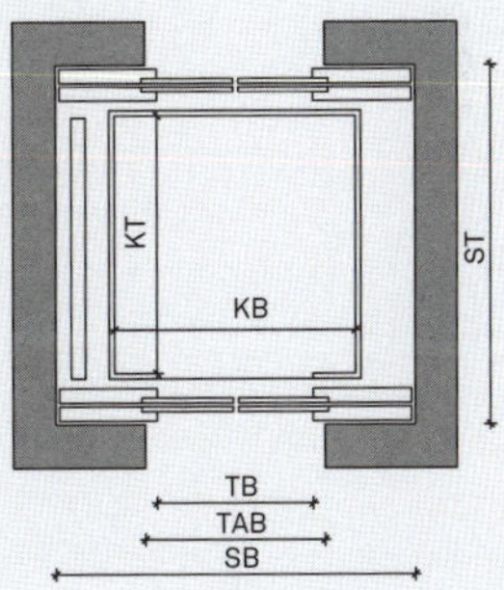

* Nach deutschem Recht 900 mm Türbreite erforderlich!

Tab. 4.10 (Fortsetzung) Abmessungen von Aufzügen

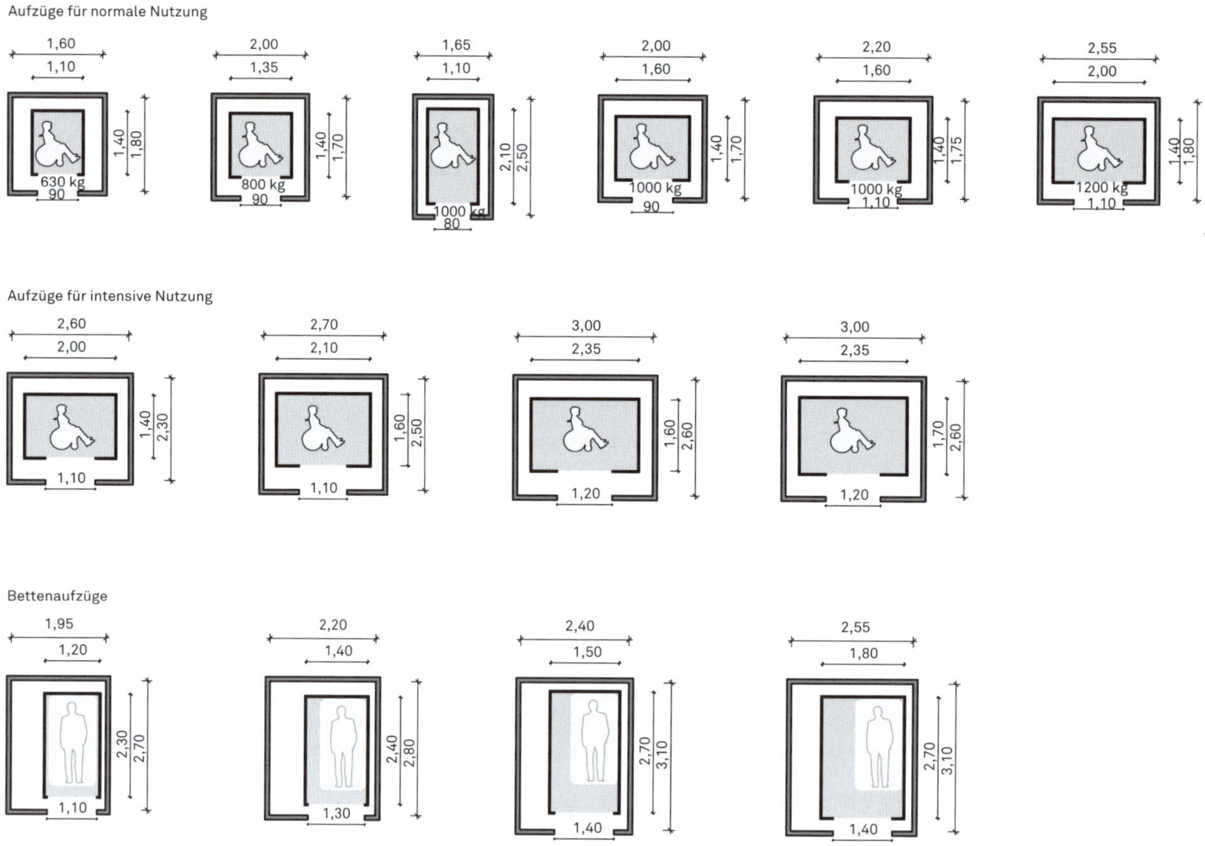

Abb. 4.28 Personenaufzüge für sonstige Gebäude

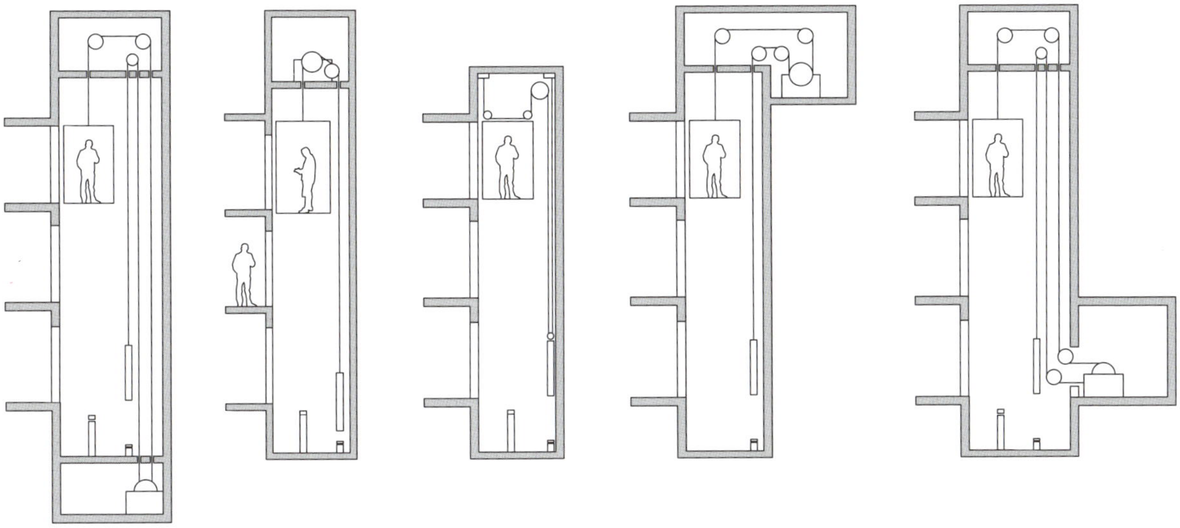

Abb. 4.29 Anordnung von Aufzugsmaschinen(-räumen)

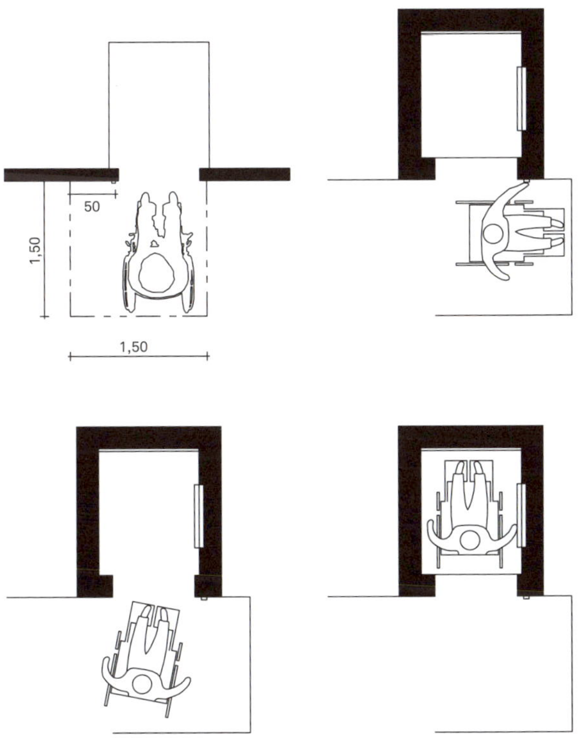

Abb. 4.30 Benutzung von Aufzügen mit dem Rollstuhl

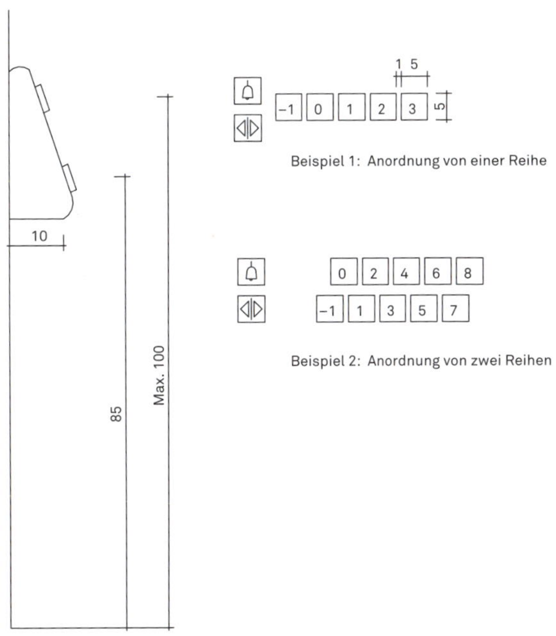

Abb. 4.31 Barrierefreie Bedienelemente im Aufzug

5 Wohn- und Schlafbereiche

Wohn- und Schlafräume unterliegen vielfältigen Anforderungen, da sie den privaten Tages- und Lebensrhythmus der Bewohner mitbestimmen können. So unterschiedlich Ansprüche, Wohnkonzepte und Lebensphasen von Menschen sind, so unterschiedlich ist auch ihr Lebensumfeld zu gestalten. Die Bandbreite reicht dabei von klassischen Wohngrundrissen, bei denen jeder Nutzung wie Schlafen, Kochen etc. auch ein spezifischer Raum zugewiesen wird, bis hin zu komplett offenen Wohnlandschaften und gemeinschaftlichen Raumkonzepten. Wohn- und Schlafräume werden gegebenenfalls für ihre Nutzer passgenau entworfen, sodass sie sehr individuell gestaltet sein können. Im Mietwohnungsbau unterliegen Wohn- und Schlafräume allgemeingültigen Standards, um für zukünftige, möglicherweise häufiger wechselnde Mieter eine ansprechende Wohnung bereitstellen zu können. Gleiches gilt für Hotelzimmer, welche nach allgemeinen Standards und Kategorien in der Hotelbranche ausgestattet werden.

Aufgrund der Vielfalt an Möglichkeiten behandelt dieses Kapitel vor allem typische Einrichtungsgegenstände.

5.1 Wohnbereiche

Wohn- und Gemeinschaftsräume dienen dem Rückzug, der Ausübung von Freizeitaktivitäten innerhalb des Hauses und dem Empfang von Gästen. Wohnräume mit direktem Zugang zum Garten oder zu Balkonen können durch großformatige Fenstertüren ins Freie erweitert werden. Wie extrovertiert oder introvertiert Wohnräume gestaltet werden hängt stark von den jeweiligen persönlichen Bedürfnissen ab.

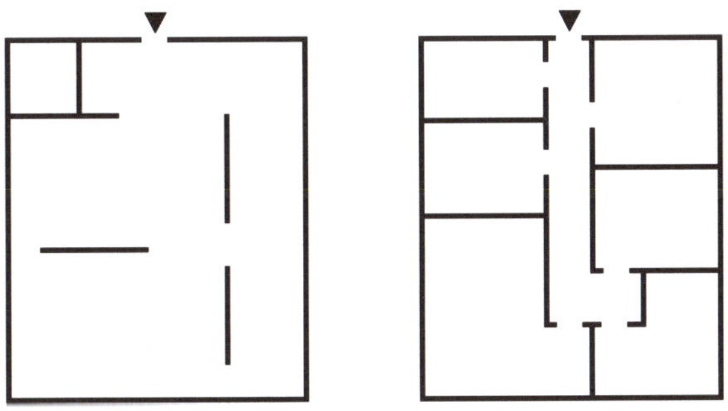

Abb. 5.1 Offener Wohngrundriss mit fließenden Raumübergängen (links), kleinteiliger Zellengrundriss mit Mittelflurerschließung (rechts)

Raum	1–4 Personen	Jede weitere Person
Wohnraum mit Essplatz	18–20 m²	+ 2 m²
Wohnraum ohne Essplatz	18 m²	+ 2 m²
Schlafzimmer 1 Bett	8 m²	
Schlafzimmer 2 Betten	12 m²	
Abstellräume	2 % der Wohnfläche (mindestens 1 m²)	

Tab. 5.1 Mindestanforderungen an Raumgrößen

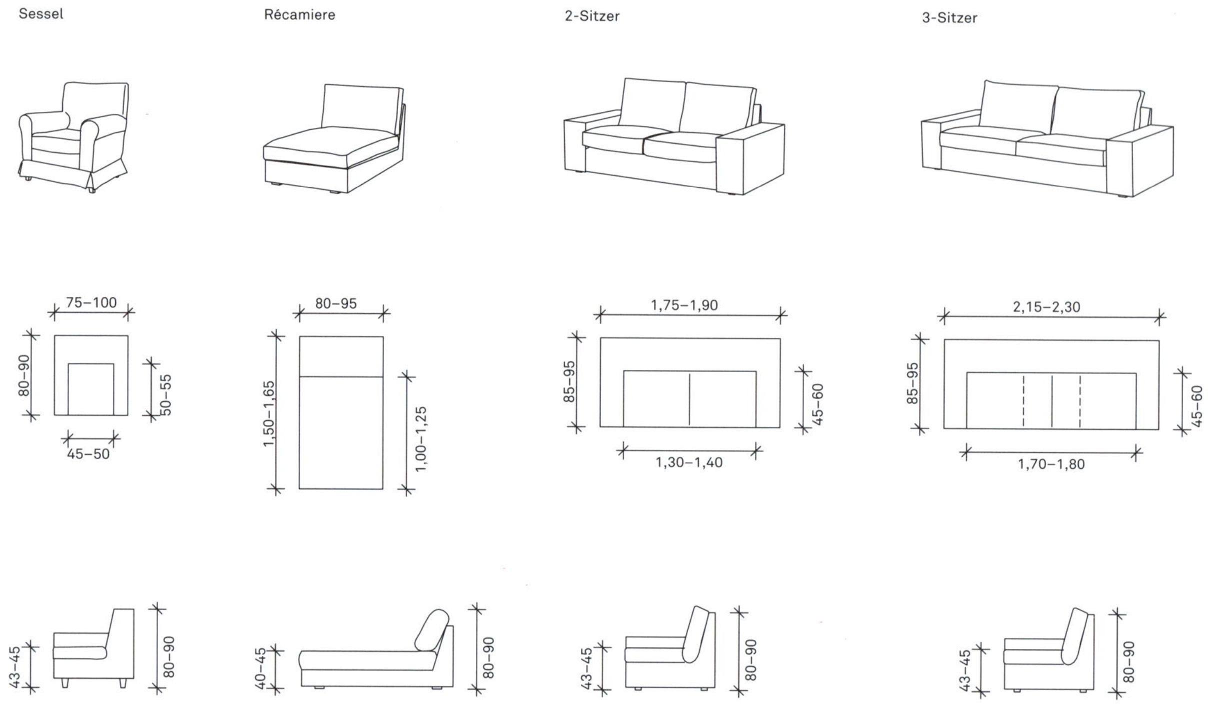

Abb. 5.2 Abmessungen von Sesseln und Sofas (Beispiele)

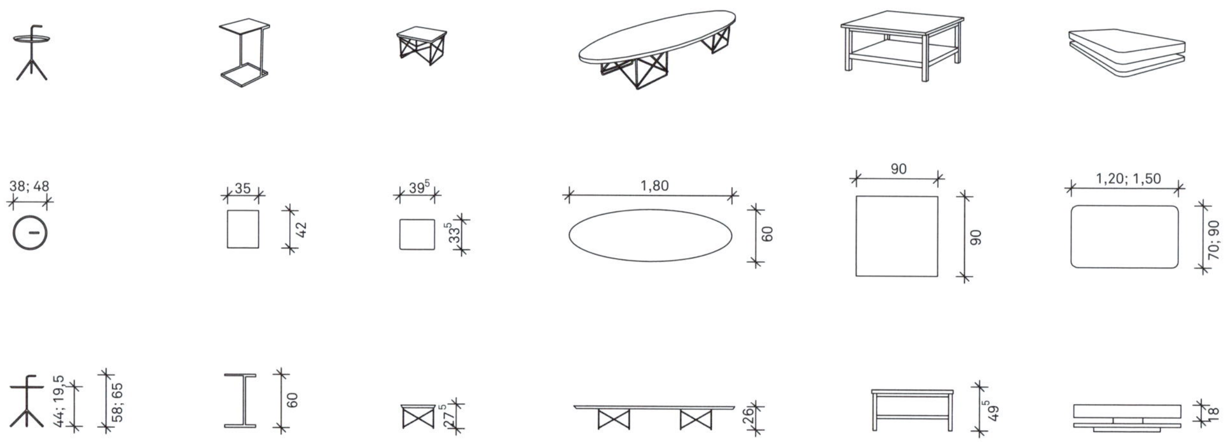

Abb. 5.3 Abmessungen von Couch- und Beistelltischen (Beispiele)

5.2 Schlafräume

Schlafräume sollten innerhalb der Wohnung möglichst weit entfernt von potenziellen Lärmquellen liegen und nicht zur Straße orientiert sein. Innerhalb einer Wohneinheit werden mehrere Schlafräume in der Regel in unmittelbarer Nähe eines gemeinsamen Badezimmers angeordnet. Einzelne Bäder en suite – also direkt an das Schlafzimmer angrenzend – sind denkbar und in manchen Ländern üblich.

Stellflächen für Babybetten, Wickelkommoden oder sonstige Ausstattungen können bei Schlafräumen für Erwachsene einen größeren Platzbedarf notwendig machen.

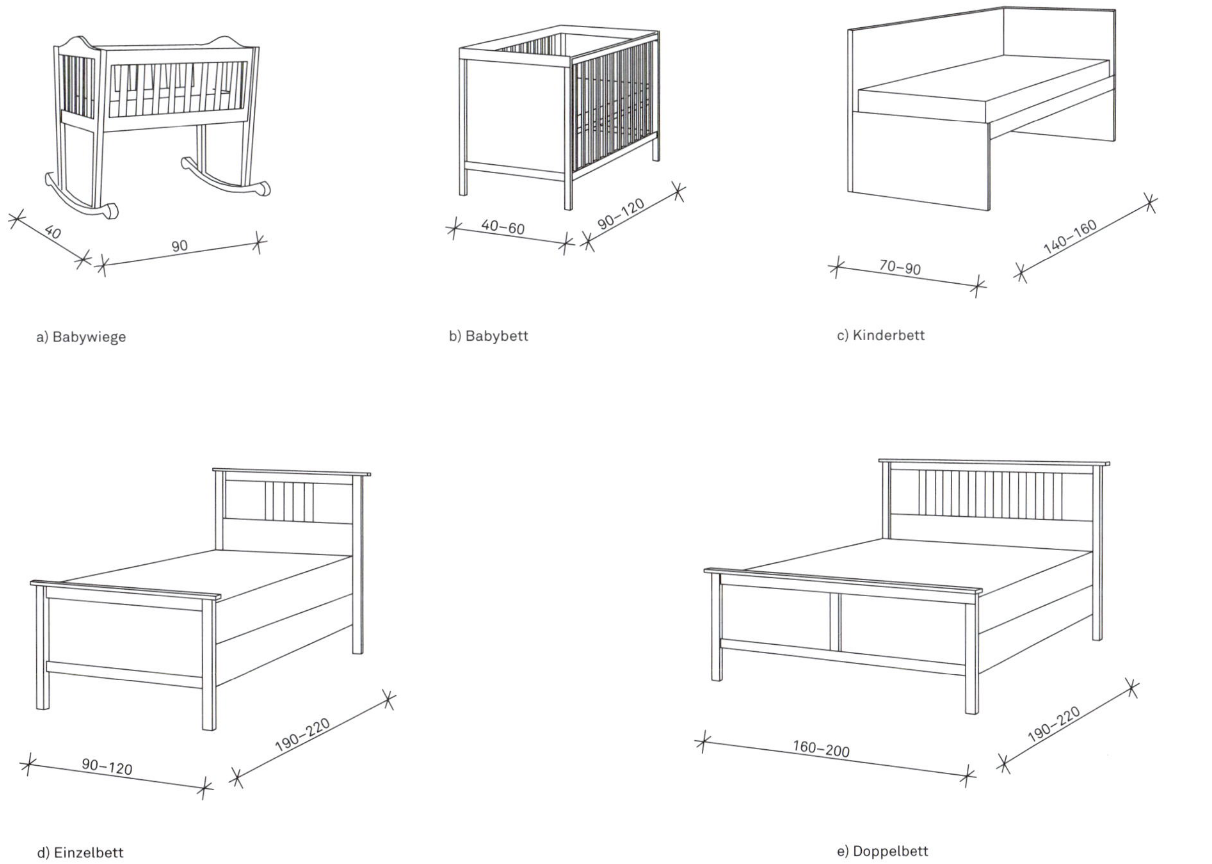

Abb. 5.4 Standardmaße für Betten

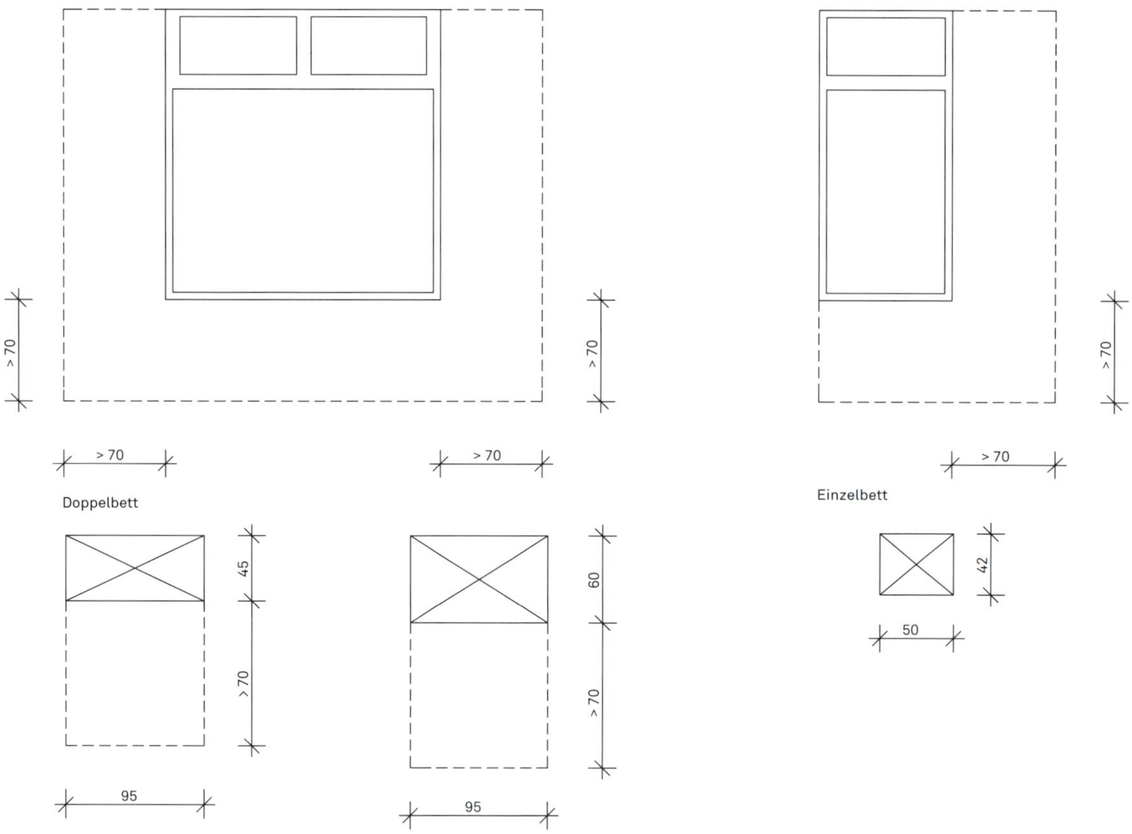

Abb. 5.5 Möbel und Bewegungsflächen im Schlafzimmer

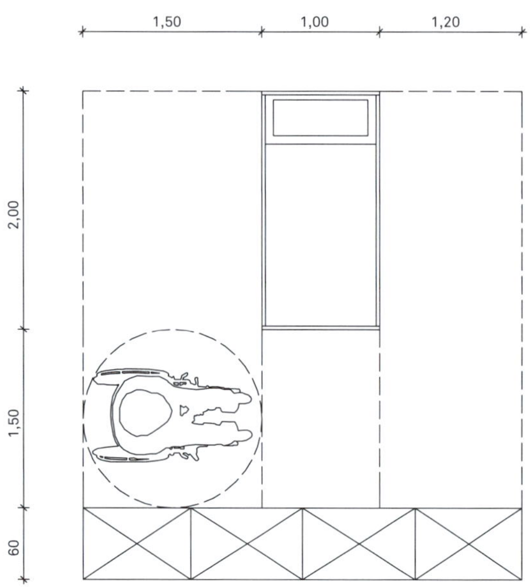

Abb. 5.6 Barrierefreie Bettanordnung

Für eine barrierefreie Bettanordnung sollten zwei Langseiten des Bettes mit ausreichendem Rangierabstand zu Möbeln oder begrenzenden Wänden frei gehalten werden. Dies garantiert die Zugänglichkeit für Rollstuhlfahrer wie auch für Pflegepersonal im Bereich des betreuten Wohnens.

5.3 Hotelzimmer

Bei der Gestaltung von Hotelzimmern steht vor allem eine der Sternekategorie angemessene Aufenthaltsqualität im Vordergrund. In Art, Ausstattung und Größe unterscheiden sich die verschiedenen Zimmerarten erheblich. Es werden folgende Zimmerarten unterschieden:

- Einzelzimmer
- Doppelzimmer
- Zweibettzimmer
- Mehrbettzimmer
- Familienzimmer
- Schlafsaal
- Junior Suite
- Suite
- Apartment
- Studio
- Verbundene Zimmer
- Duplex/Maisonette

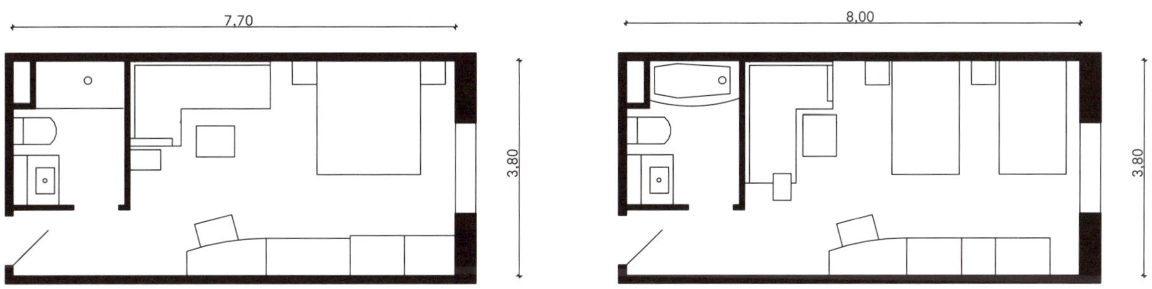

Abb. 5.7 Beispielgrundrisse
Links: King Standard (USA), rechts: Double Twin Standard (EU)

EU		USA		UK	
Bezeichnung	Maße	Bezeichnung	Maße	Bezeichnung	Maße
Small Single	80 × 200 cm	–	–	Small Single	75 × 191 cm
Single	90 × 200 cm	Single/Twin	97 × 191 cm	Single	91 × 191 cm
Large Single	100 × 200 cm	Extra long Twin	100 × 203 cm	Super Single	107 × 191 cm
–	–	–	–	Small Double	120 × 198 cm
Double	140 × 200 cm	Double/Full	137 × 191 cm	Double	137 × 198 cm
King	160 × 200 cm	Queen	152 × 203 cm	King	152 × 198 cm
Super King	180 × 200 cm	King	193 × 203 cm	Super King	183 × 198 cm
–	–	California King	180 × 213 cm	–	–

Tab. 5.2 Vergleich von Bettgrößen und -bezeichnungen

6 Küchen und Essbereiche

Die Zubereitung von Speisen und Getränken umfasst eine große Bandbreite, von der Pantry-/ Schrankküche im privaten Apartment, Hotelzimmer oder Büro bis zur professionellen Großküche. Auch wenn Küchenbereiche oft sehr individuell gestaltet werden, gibt es normativ geometrische und hygienische Anforderungen, welche als Mindeststandards einzuhalten sind. Sobald eine gewerbliche Nutzung der Küche erfolgt, sind darüber hinaus lokale Anforderungen der Gewerbe- und Hygieneaufsicht zu beachten.

6.1 Küchenelemente

Im privaten Bereich basieren die meisten Küchenelemente (z. B. Schränke, Herd, Öfen, Kühl-/Gefrierschränke) bei einer Tiefe von ca. 60–65 cm auf einer Rasterbreite von 60 cm, welche durch weitere Achsmaße von 30 cm, 45 cm, 90 cm, 120 cm etc. für die Möblierung von Küchen ergänzt werden. Im Gastronomiebereich sind auch andere Abmessungen zu finden, welche teils auf der Basis von koppelbaren Gastronomiebehältern und teils auf der Größe von technischen Geräten beruhen.

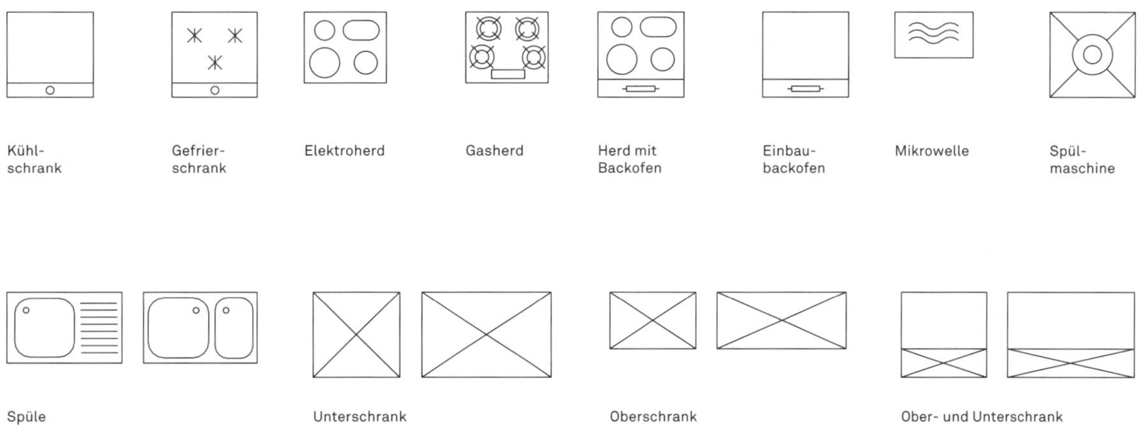

Abb. 6.1 Zeichnungssymbole für verschiedene Küchenelemente

Mindestbreiten für Spültische
a) Einzelspültisch
b) Spültisch mit 1½ Becken
c) Doppelspültisch ohne Abtropffläche
d) Doppelspültisch mit Abtropffläche

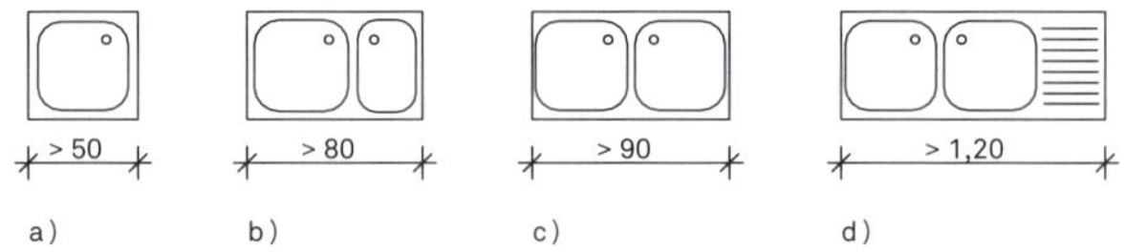

Beispiele unterschiedlicher Spülbeckenformen

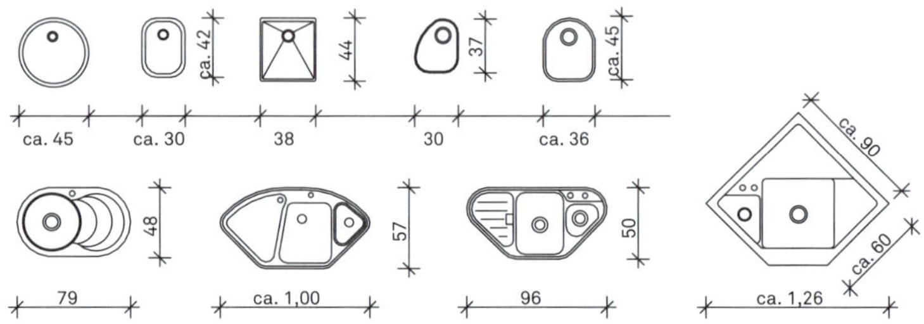

Beispiele für
a) Glaskeramik-/Induktionskochfelder
b) Gaskochfelder

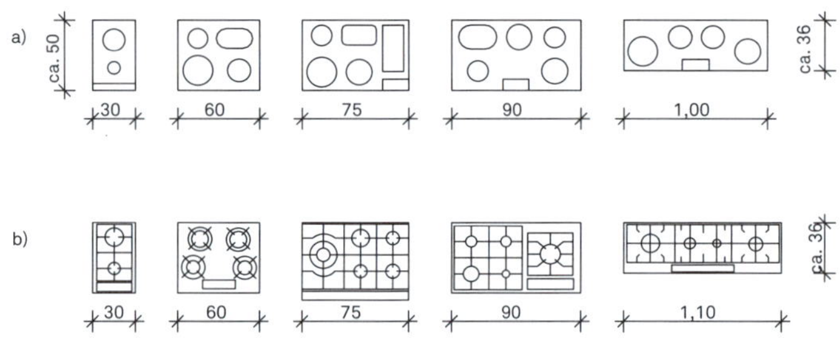

Kochfelder Sonderformen
a) Nierenform
b) Fächerform
c) Ovales Kochfeld

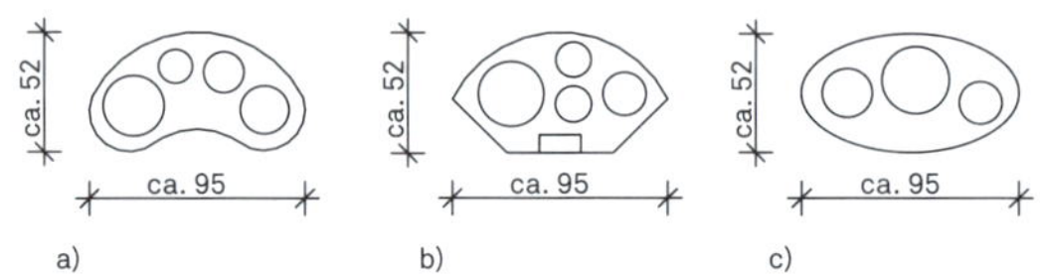

Abb. 6.2 Typische Abmessungen für Spülen und Kochfelder

Einzuhaltende Mindestabstände in Küchen	
Abstand zwischen zwei gegenüberliegenden Küchenzeilen (Stellflächen)	1,20 m
Abstand zwischen Küchenzeile und gegenüberliegender Wand	1,20 m
Abstand zwischen zwei gegenüberliegenden Küchenzeilen, rollstuhlgerecht	1,50 m
Abstand zwischen Küchenzeile und gegenüberliegender Wand, rollstuhlgerecht	1,50 m
Abstand zwischen Küchenzeile und anliegender Wand	3 cm
Abstand zwischen Küchenzeile und Tür-/Fensterlaibungen	10 cm

Tab. 6.1 Mindestabstandsflächen im Küchenbereich

Grundrissmaße von Gastronomiebehältern

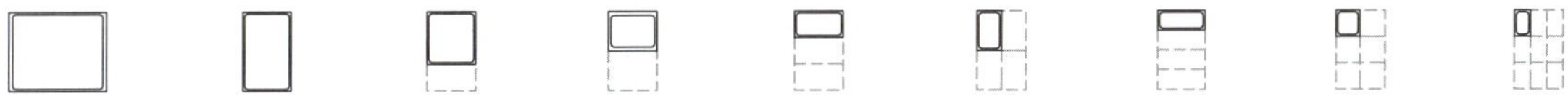

GN 2/1 65 × 530 mm

GN 1/1 325 × 530 mm

GN 2/3 325 × 352 mm

GN 1/2 325 × 265 mm

GN 1/3 325 × 176 mm

GN 1/4 162 × 176 mm

GN 2/8 162 × 265 mm

GN 1/6 162 × 176 mm

GN 1/9 108 × 176 mm

Fritteuse mit 2 Becken à 10 l

Bain-Marie

Elektro-Kochfeld mit 4 Platten

Grillplatte mit seitlichem Spritzschutz

Kochkessel Ø 400 mm

Spülelement

Beispiele für Großküchenelemente im Maß 700 × 700 × 850 mm (b × t × h).
Es sind auch andere Breiten (400, 500, 600, 800, 900 mm) und Tiefen (600, 650, 900, 1100 mm) zu finden.

Abb. 6.3 Typische Abmessungen im Gastronomiebereich

Körpergröße	Optimale und empfohlene Höhen von Arbeitsflächen			Einbauhöhe von Kühl-/Gefrier-geräten	Einbauhöhe von Back-öfen/Mikro-wellen	Stehend erreichbare Fachhöhen vom Boden aus gemessen		
	Arbeits-fläche	Kochfeld	Spüle			Unterschrank-Auszug	Oberschrank	Hochschrank
135	70		80	65–130	60–135	34	140	150
140	80	70	85	65–140	65–135	35	145	155
145	80	70	90	60–150	70–140	36	150	160
150	85	80	90	60–155	75–145	37	155	165
155	90	85	95	55–160	80–150	39	160	170
160	90	85	95	55–165	85–155	40	165	175
165	95	90	100	55–170	90–155	41	170	180
170	100	95	100	55–175	95–165	42	175	185
175	100	95	105	55–180	95–165	43	180	190
180	105	100		55–185	100–170	44	185	195
185	105	100		55–190	105–175	46	190	200

Tab. 6.2 Arbeitsflächen- und Greifhöhen (in cm)

Nach AMK

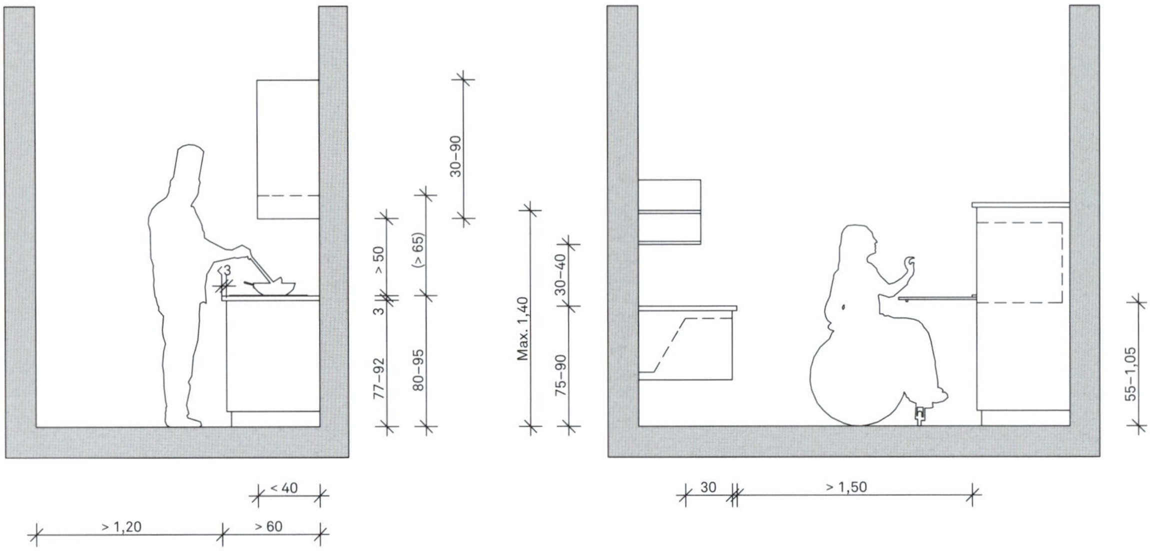

Abb. 6.4 Rollstuhlgerechte Küchengestaltung

Bequemlichkeitsregel: Der Abstand zwischen Arbeitsplatte und Ellenbogenhöhe sollte 10–15 cm betragen.
Maße in Klammern: Der lichte Abstand oberhalb des Kochfelds muss mind. 65 cm betragen.
Dies wird auch für den Raum oberhalb der Spüle empfohlen.

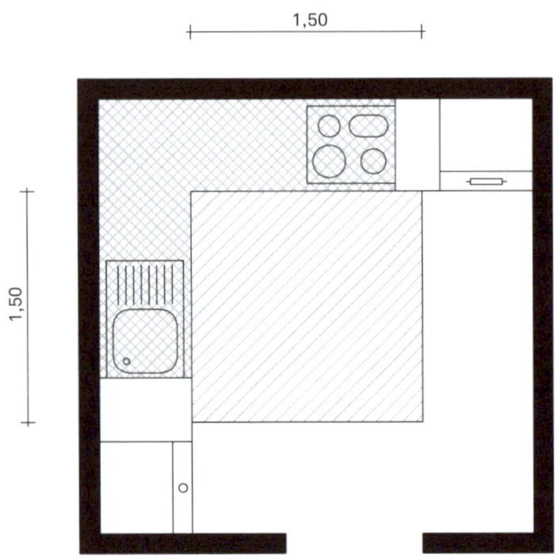

Abb. 6.5 Rollstuhlgerechte Arbeitsbereiche und Höhen im Küchenbereich

6.2 Private Küchen

Küchen im privaten Wohnraum haben sich von der Ablaufoptimierung und Funktionalität zu einem Lebensmittelpunkt von Wohnungen entwickelt. Die Kommunikation zwischen Wohn-, Ess- und Küchenbereichen und die damit verbundenen Aufenthaltsqualitäten sind vielen Menschen wichtig, wobei die Vor- und Nachteile offener und geschlossener Küchenkonzepte individuell sehr unterschiedlich bewertet werden. Auch bei der Planung von individuellen Küchen sollten die Mindeststandards hinsichtlich Abständen und Flächen nicht unterschritten werden. Bei einer rollstuhlgerechten Planung sind erheblich größere Küchenbereiche vorzusehen, da die Unterfahrbarkeit wesentlicher Küchenelemente wie Spüle, Kochstelle und Arbeitsbereich gewährleistet werden muss, die Erreichbarkeit von Oberschränken nicht gegeben ist und somit der Stauraum ergänzend in Greifhöhe bereitgestellt werden muss.

Küchenart	Empfohlene Raumgröße
Kochnische als Bestandteil eines Raums	ca. 5–6 m²
Arbeitsküche	ca. 8–10 m²
Essküche	ca. 8–10 m², davon 5 m² als Essplatz für 4 Personen
Wohnküche	mind. 15 m²

Tab. 6.3 Mindestflächen für private Küchen

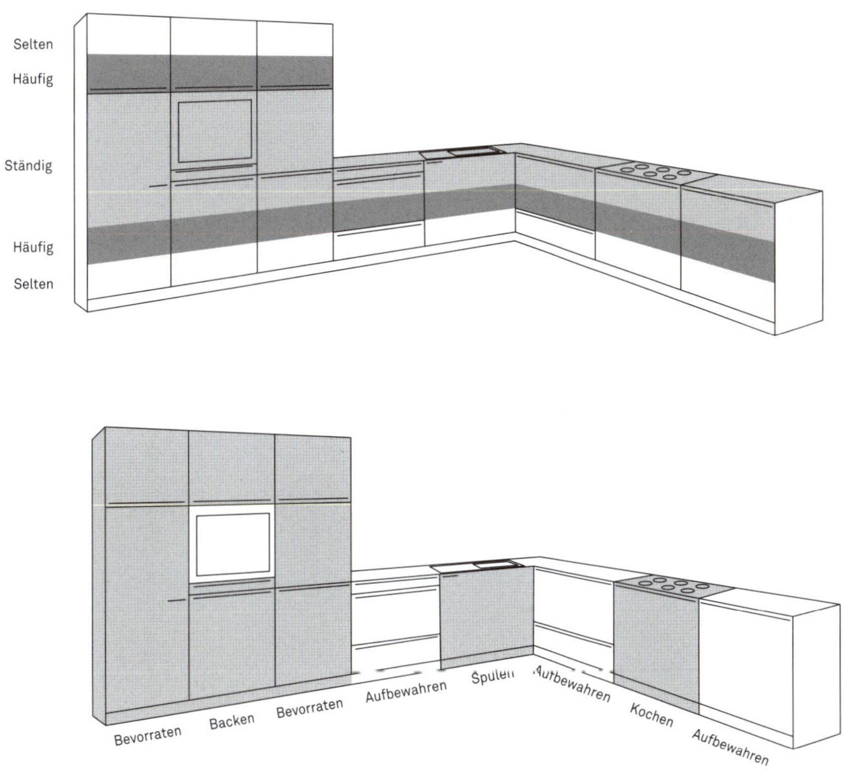

Abb. 6.6 Zonierung von Küchen

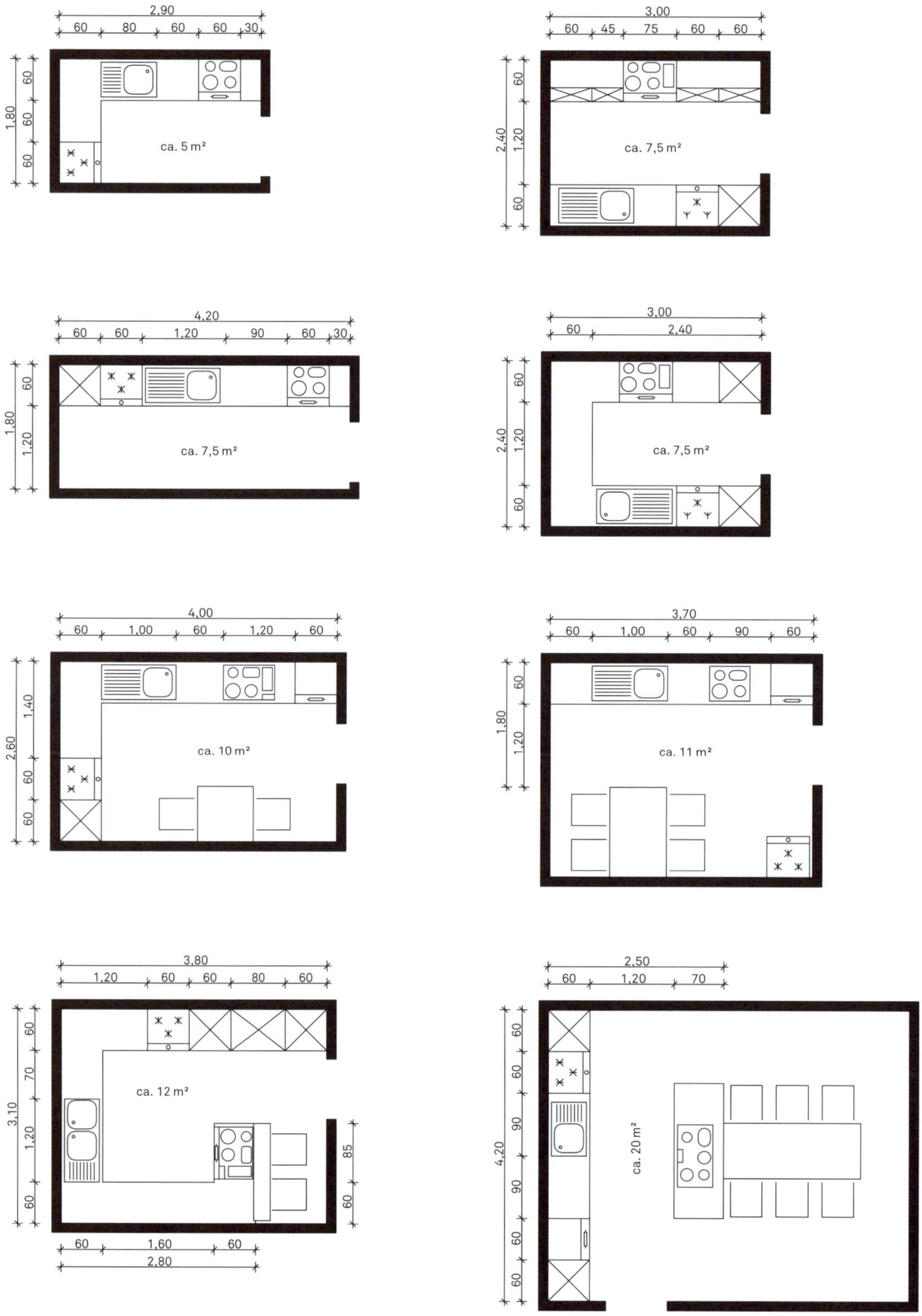

Abb. 6.7 Beispiele zur Organisation privater Küchen

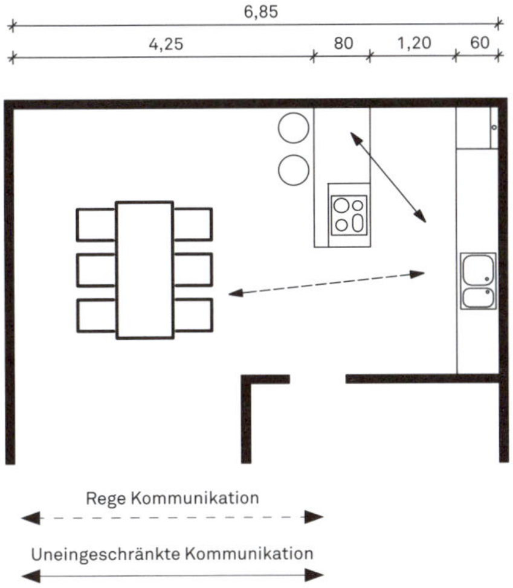

Abb. 6.8 Kombinierter Koch- und Essbereich: L-förmiger Grundriss mit Verknüpfung zum Wohnbereich

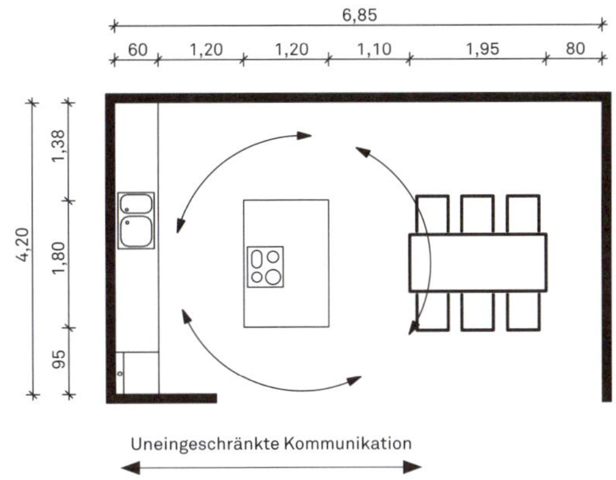

Abb. 6.9 Kombination aus Küchenzeile und frei stehender Kochinsel mit angeschlossenem Essplatz

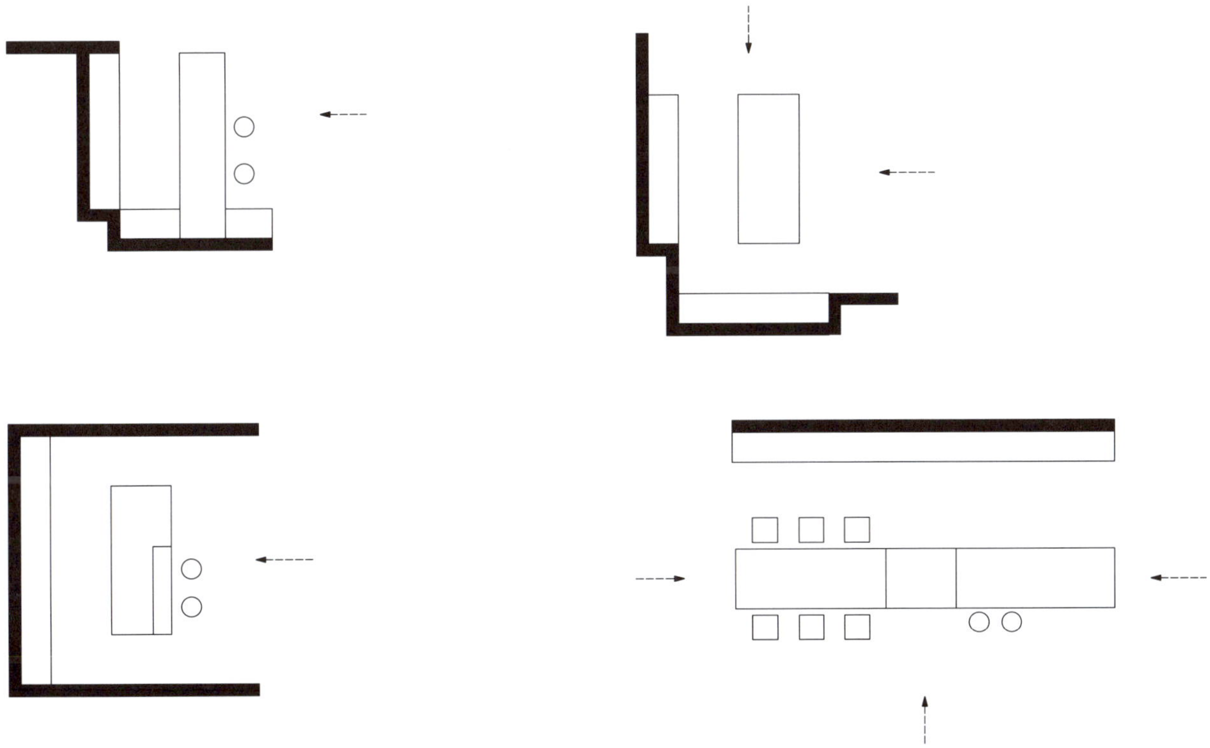

Abb. 6.10 Beispiele für offene Küchen

6.3 Gastronomieküchen

Anforderungen an die Planung von gewerblichen Küchen werden durch das Bauordnungsrecht, die Arbeitssicherheit, die Lebensmittelhygiene, die Normung und die Produktionsweise des Betreibers gestellt. Zentralküchen dienen der Zubereitung von Speisen, die anschließend über Aufbereitungs-/Relaisküchen oder Verteilerküchen ausgegeben werden. Aufbereitungsküchen erhalten die bereits zubereiteten gekühlten oder gefrorenen Speisen zur Regenerierung und Verteilung. Verteilerküchen erhalten bereits warme, zubereitete Speisen, die nur noch zur Ausgabe warm gehalten werden müssen. Weitere Einflussfaktoren sind die anhand der Anzahl zubereiteter Portionen bewertete Küchengröße (Klein-, Mittel-, Großküche).

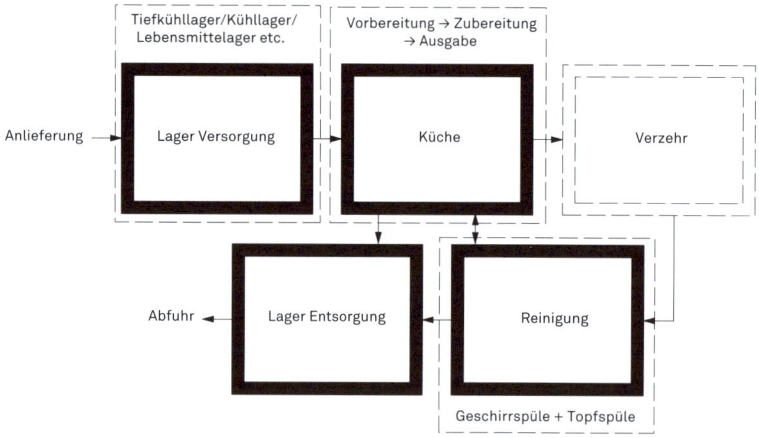

Abb. 6.11 Funktionsbereiche und Abläufe in gewerblichen Küchen

Mögliche Küchentypen	Vollküche	Vollküche o. Catering-Küche + Relaisküche o. + Schnellküche	Catering-Küche + Relaisküche o. + Schnellküche o. + Kleinküche	Catering-Küche + Schnellküche o. + Kleinküche	Vollküche o. Catering-Küche + Relaisküche o. + Schnellküche
Produktionsverfahren	Cook & Serve	Cook & Hold	Cook & Chill	Cook & Freeze	Sous-Vide
	Warenannahme	Warenannahme	Warenannahme	Warenannahme	Warenannahme
	Lagern	Lagern	Lagern	Lagern	Lagern
	Vorbereiten	Vorbereiten	Vorbereiten	Vorbereiten	Vorbereiten
	Garen	Garen	Garen	Garen	Vakuumieren
	Ausgeben	Zeitliche + ggf. örtliche Trennung von Zubereitung und Ausgabe	Schnellkühlen	Schockgefrieren	Garen
		Warmhalten	Zeitlich + thermische + ggf. örtliche Trennung von Zubereitung und Ausgabe	Zeitliche + thermische + ggf. örtliche Trennung von Zubereitung und Ausgabe	Schnellkühlen
		Ausgeben	Kühllagern	Tiefkühllagern	Zeitliche + thermische + ggf. örtliche Trennung von Zubereitung und Ausgabe
			Regenerieren	Regenerieren	Kühllagern
			Ausgeben	Ausgeben	Regenerieren
					Ausgeben

Abb. 6.12 Abläufe verschiedener Produktionsverfahren

Bereich	≤ 100 Gäste	≤ 250 Gäste	> 250 Gäste
Anlieferung und Abfuhr	**0,2 m^2**	**0,2 m^2**	**0,2 m^2**
Warenanlieferung	0,07 m^2	0,06 m^2	0,05 m^2
Lagerverwaltung	0,03 m^2	0,02 m^2	0,04 m^2
Büro Küchenchef	0,05 m^2	0,04 m^2	0,03 m^2
Abfall	0,10 m^2	0,11 m^2	0,12 m^2
Warenlager	**0,35 m^2**	**0,45 m^2**	**0,38 m^2**
Vorkühlraum		0,03 m^2	0,03 m^2
Fleischkühlraum		0,05 m^2	0,04 m^2
Kühlraum für Milchprodukte		0,04 m^2	0,03 m^2
Gemüsekühlraum		0,04 m^2	0,04 m^2
Tiefkühlraum		0,04 m^2	0,04 m^2
Kalte Küche	0,02 m^2	0,02 m^2	
Speisenabfallkühlraum	0,02 m^2	0,02 m^2	
Lebensmittellager	0,02 m^2	0,02 m^2	0,02 m^2
Gemüselager	0,09 m^2	0,07 m^2	0,04 m^2
Getränkelager		0,03 m^2	0,02 m^2
Weinkeller		0,04 m^2	0,03 m^2
Geschirrlager	0,04 m^2	0,03 m^2	0,03 m^2
Küche			
Fleischvorbereitung	0,1 m^2	0,08 m^2	0,05 m^2
Gemüsevorbereitung	0,1 m^2	0,08 m^2	0,06 m^2
Warme Küche	0,3 m^2	0,2 m^2	0,2 m^2
Kalte Küche	0,2 m^2	0,15 m^2	0,2 m^2
Speisenausgabe	0,08 m^2	0,08 m^2	0,07 m^2
Spülküche	0,1 m^2	0,12 m^2	0,1 m^2

Tab. 6.4 Orientierungswerte für Küchen und Küchennebenräume (Platzbedarf je Sitzplatz)

Quelle: Schneider Bautabellen

6.4 Essbereiche

Bei der Planung von Essbereichen ist darauf zu achten, dass Tische und Stühle mit ausreichend Bewegungsraum angeordnet sind, damit die Nutzer sich nicht gegenseitig beim Essen behindern: Zu beachten sind ausreichende Abstände zwischen den einzelnen Stühlen, eine ausreichende Tiefe und Breite des zugehörigen Tischbereichs und die Möglichkeit, hinter sitzenden Personen vorbeizugehen. Bei einer Nutzung mit Rollstühlen sind eine Unterfahrbarkeit des Tisches sowie eine Bewegungsfläche von 1,50 m × 1,50 m zwischen Tisch und begrenzenden Bauteilen oder Möbeln zu gewährleisten.

Maße von Essbereichen	Mindestmaß	Komfortmaß
Achsabstand Sitzplätze	Mind. 0,60–0,65 m	ca. 0,80 m
Tiefe Essbereich auf dem Tisch	Mind. 0,40 m	ca. 0,50–0,60 m
Abstand zwischen Stuhl und Wand	Mind. 0,30 m	ca. 0,50 m
Abstand zwischen Stuhl und Wand, Vorbeigehen möglich	Mind. 0,60 m	ca. 0,90 m
Abstand zwischen Stuhl und Möbel	Mind. 0,70 m	ca. 1,0 m

Tab. 6.5 Abstände hinter Stühlen

Personenzahl und Anordnung	Stellflächenbreite	Stellflächentiefe	Stellfläche
2 Personen, gegenüber	1,80 m	0,80 m	1,44 m²
2 Personen, übereck	1,30 m	1,30 m	1,69 m²
4 Personen, 1 Person je Tischseite	1,80 m	1,80 m	3,24 m²
4 Personen, 2 Personen je Tischseite	1,80 m	1,20 m	2,16 m²
4 Personen, runder Tisch	2,10 m	2,10 m	4,41 m²
5 Personen, 1 Person vor Kopf	1,80 m	1,80 m	3,24 m²
5 Personen, 2 Stühle und Eckbank	1,80 m	1,90 m	3,42 m²
6 Personen, 3 Personen je Tischseite	1,80 m	1,80 m	3,24 m²
6 Personen, 1 Person je Kopfseite	1,80 m	2,30 m	4,14 m²
8 Personen, 4 Personen je Tischseite	1,80 m	2,40 m	4,32 m²
8 Personen, 1 Person je Kopfseite	1,80 m	2,80 m	5,04 m²

Tab. 6.6 Mindeststellflächen für Essbereiche

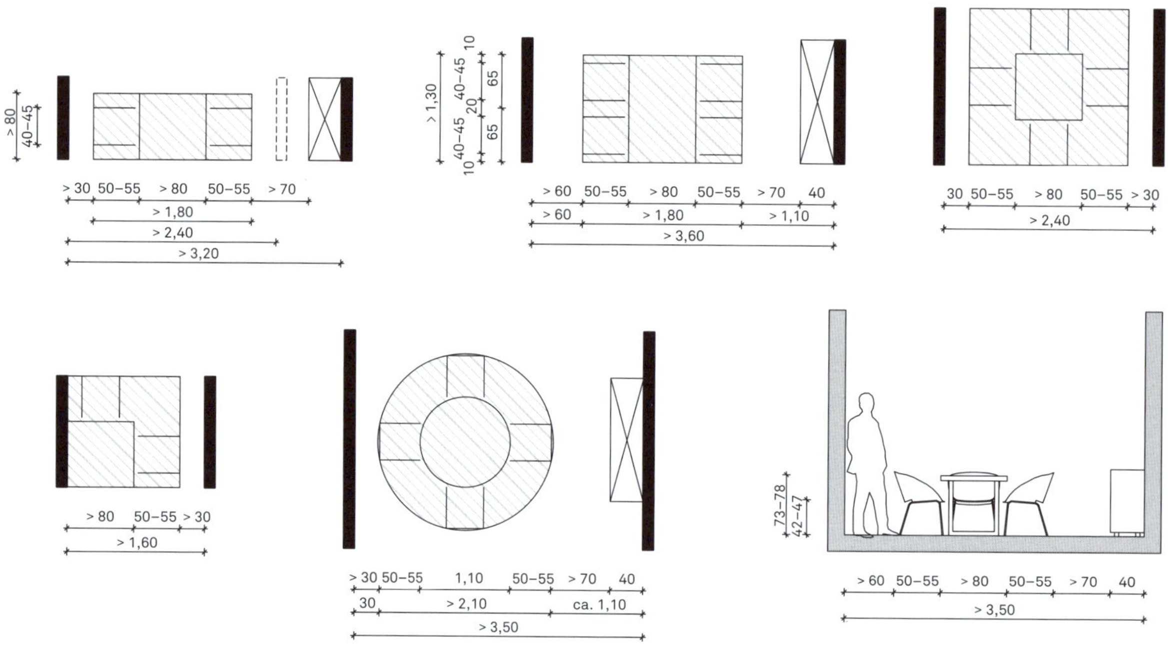

Abb. 6.13 Mindestabstände bei Essbereichen

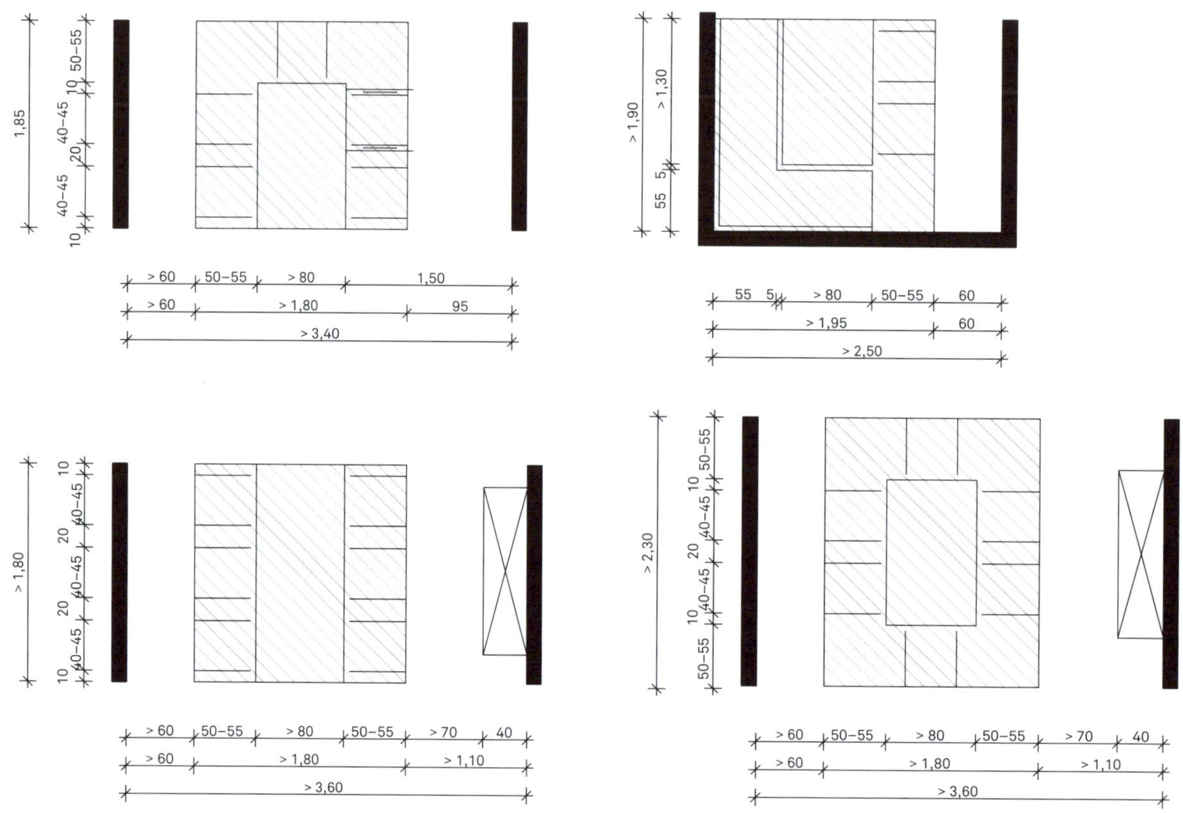

Abb. 6.14 Typische Tischkombinationen

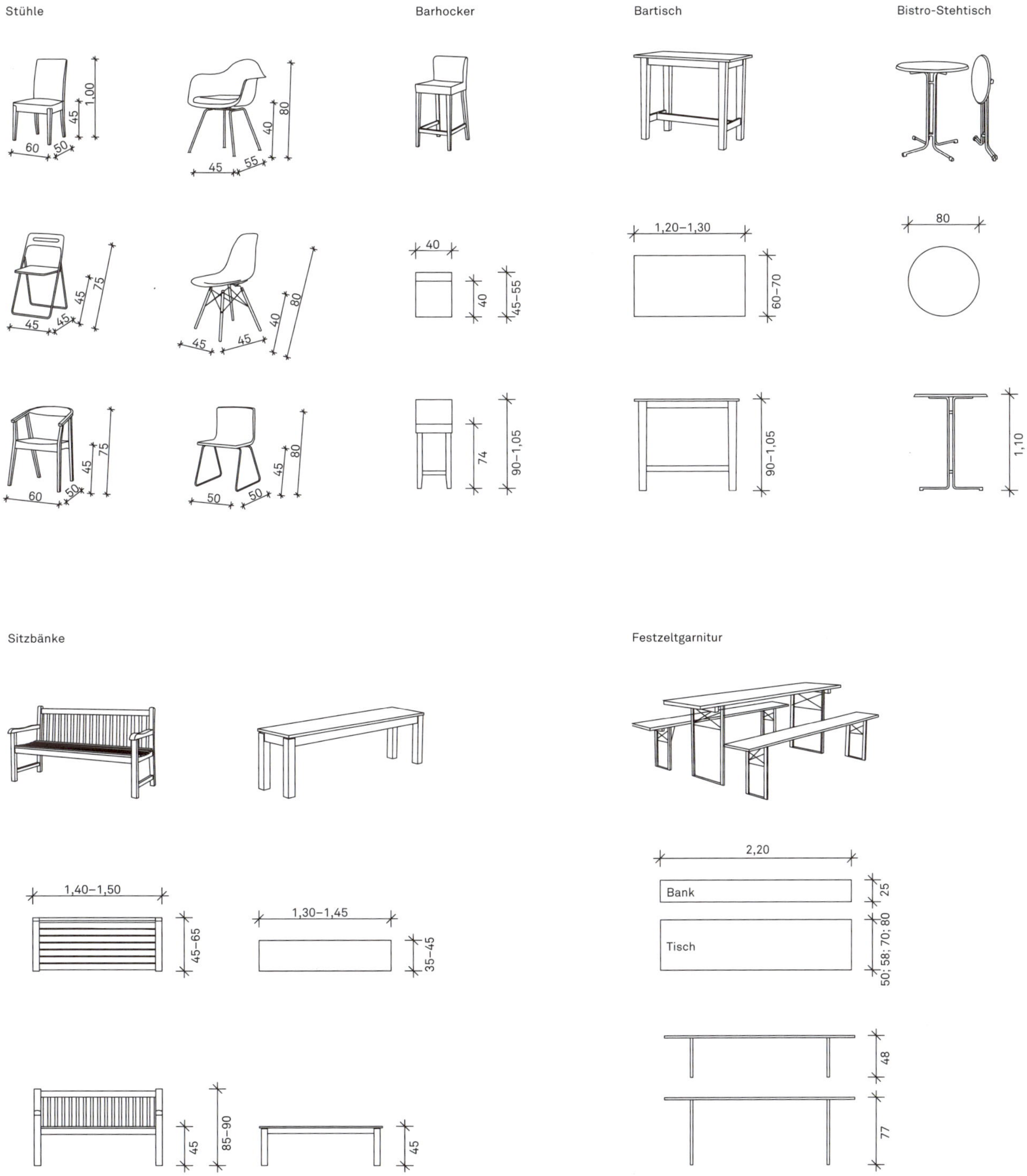

Abb. 6.15 Sitzgelegenheiten und Stehtische

7 Sanitär- und Nebenräume

Bei der Planung von Sanitärbereichen sind deutliche Unterschiede zwischen öffentlichen bzw. gewerblich-betrieblichen Sanitärbereichen und privaten Bädern zu berücksichtigen. Für beide Bereiche gelten zwar Mindestmaße hinsichtlich der Abstände und Bewegungszonen, private Bäder werden jedoch meist auch unter Aspekten der Aufenthaltsqualität entworfen.

Der Planer sollte generell die Belange von Rollstuhlfahrern mit entsprechender Erreichbarkeit der Sanitärgegenstände berücksichtigen. Im öffentlichen Bereich sind dabei Vorgaben zur Sicherheit und Bedienbarkeit vom Rollstuhl aus zu beachten. Hierzu gehören unter anderem: Unterfahrbarkeit von Waschtischen, Spiegel in niedriger Höhe oder mit entsprechender Neigung, stufenlose Duschbereiche, Sitze und Haltegriffe, Abstellflächen für Rollstühle neben Toiletten und Duschen, Toiletten in Höhe eines Rollstuhls mit klappbaren Haltegriffen, Erreichbarkeit aller Bedienelemente (Duscharmatur, Toilettenpapierhalter, Seifenspender etc.), Alarmmelder an allen Sanitärgegenständen, Rutschfestigkeiten der Böden, Türen (nicht nach innen öffnend).

Rollstuhlgerechte WCs müssen im öffentlichen Bereich beidseitig angefahren werden können, bei privaten Bädern reicht in der Regel eine einseitige Bedienung.

7.1 Sanitärgegenstände

Für Sanitärgegenstände müssen typische Breiten, Tiefen, Montagehöhen und Bewegungsflächen berücksichtigt werden. Diese gelten jedoch als Mindestmaße und können entsprechend der Gebäudetypologie und des Nutzungsgrads der Sanitäreinheit vergrößert werden. Gerade bei öffentlichen Gebäuden wie Messehallen, Theatern, Sportstätten etc., in denen mit gleichzeitigen hohen Nutzerzahlen zu rechnen ist, sollten deutlich größere Bewegungszonen eingeplant werden.

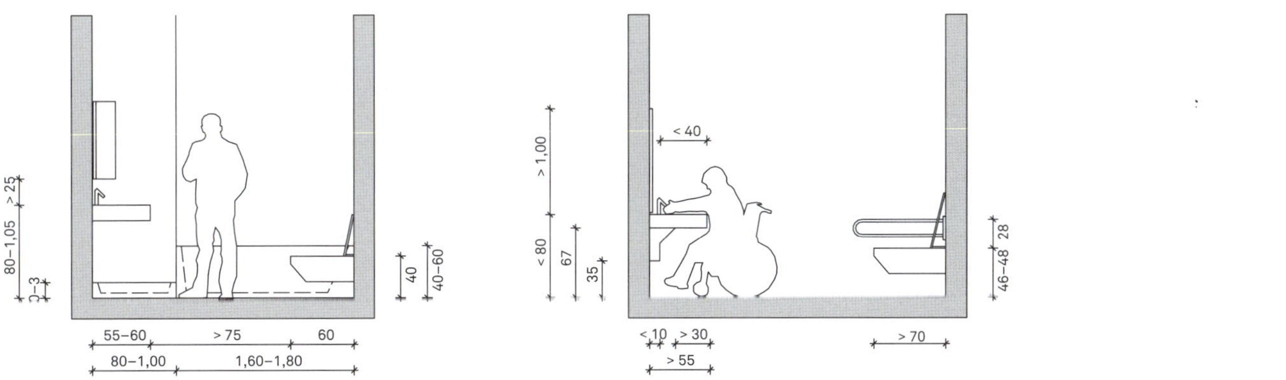

Abb. 7.1 Höhenabwicklung von Sanitärgegenständen

Sanitärgegenstand	Stellfläche B × T (bei Standardgröße)	Bewegungsfläche vor dem Gegenstand B × T (bei gegenüberliegender Anordnung)	Seitlicher Abstand	Höhe über OKF
Einzelwaschtisch	60 × 55 cm	90 × 55 cm (90 × 75 cm)	20 cm	80–95 cm
Doppelwaschtisch	120 × 55 cm	150 × 55 cm (150 × 75 cm)	20 cm	80–95 cm
Handwaschbecken	45 × 35 cm	70 × 45 cm (70 × 75 cm)	20 cm (25 cm bei beidseitigen Wänden)	80–95 cm
WC (Spülkasten in Wand)	40 × 60 cm	80 × 55 cm (80 × 75 cm)	20 cm (25 cm bei beidseitigen Wänden)	40 cm
WC (Spülkasten vor Wand)	40 × 75 cm	80 × 55 cm (80 × 75 cm)	20 cm (25 cm bei beidseitigen Wänden)	40 cm
Urinal	40 × 40 cm	60 × 60 cm (60 × 75 cm)	20 cm (25 cm bei beidseitigen Wänden)	65–70 cm
Duschwanne	80 × 80 cm	80 × 75 cm	20 cm (Abstand zwischen Waschtisch und Duschwanne kann bis auf 0 cm verringert werden)	0–3 cm (je nach Modell und Ausführung)
Badewanne	75 × 170 cm	90 × 75 cm	20 cm (Abstand zwischen Waschtisch und Badewanne kann bis auf 0 cm verringert werden)	40–60 cm (ideal: 59 cm)

Tab. 7.1 Mindestmaße der Sanitärgegenstände und Bewegungszonen

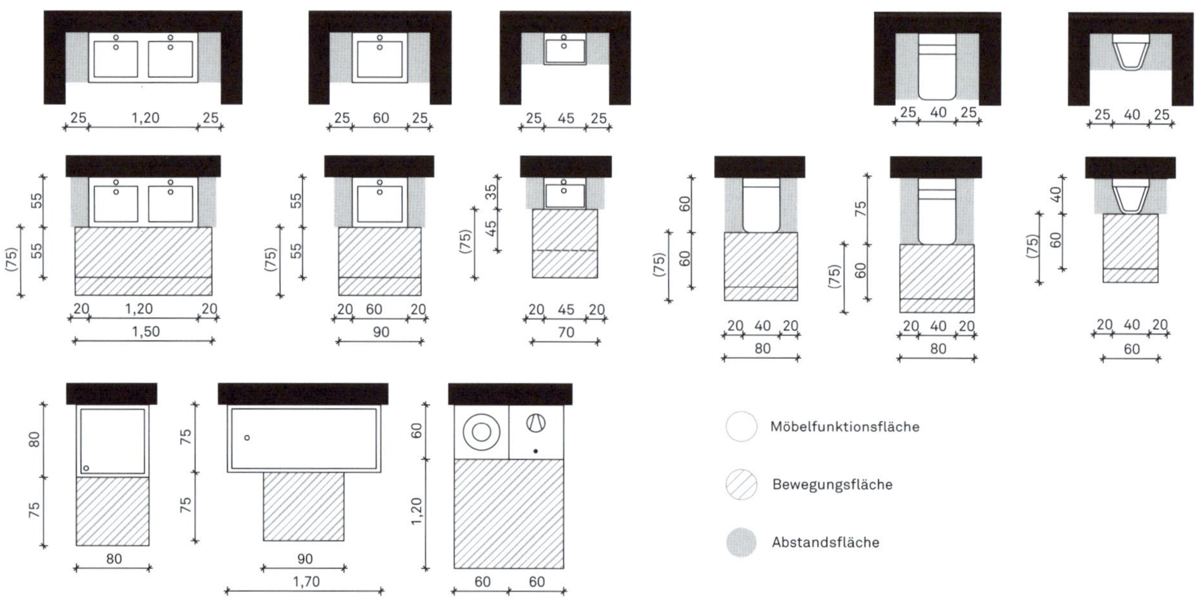

Abb. 7.2 Sanitärgegenstände und Mindestmaße der Bewegungszonen

Bei der Anordnung von Sanitärgegenständen an einer Wand sind größere Abstände vorzusehen, um die Bewegungsfreiheit zu gewährleisten. Bei gegenüberliegender Anordnung von Sanitärobjekten gelten die erweiterten Bewegungsflächen (Werte in Klammern).

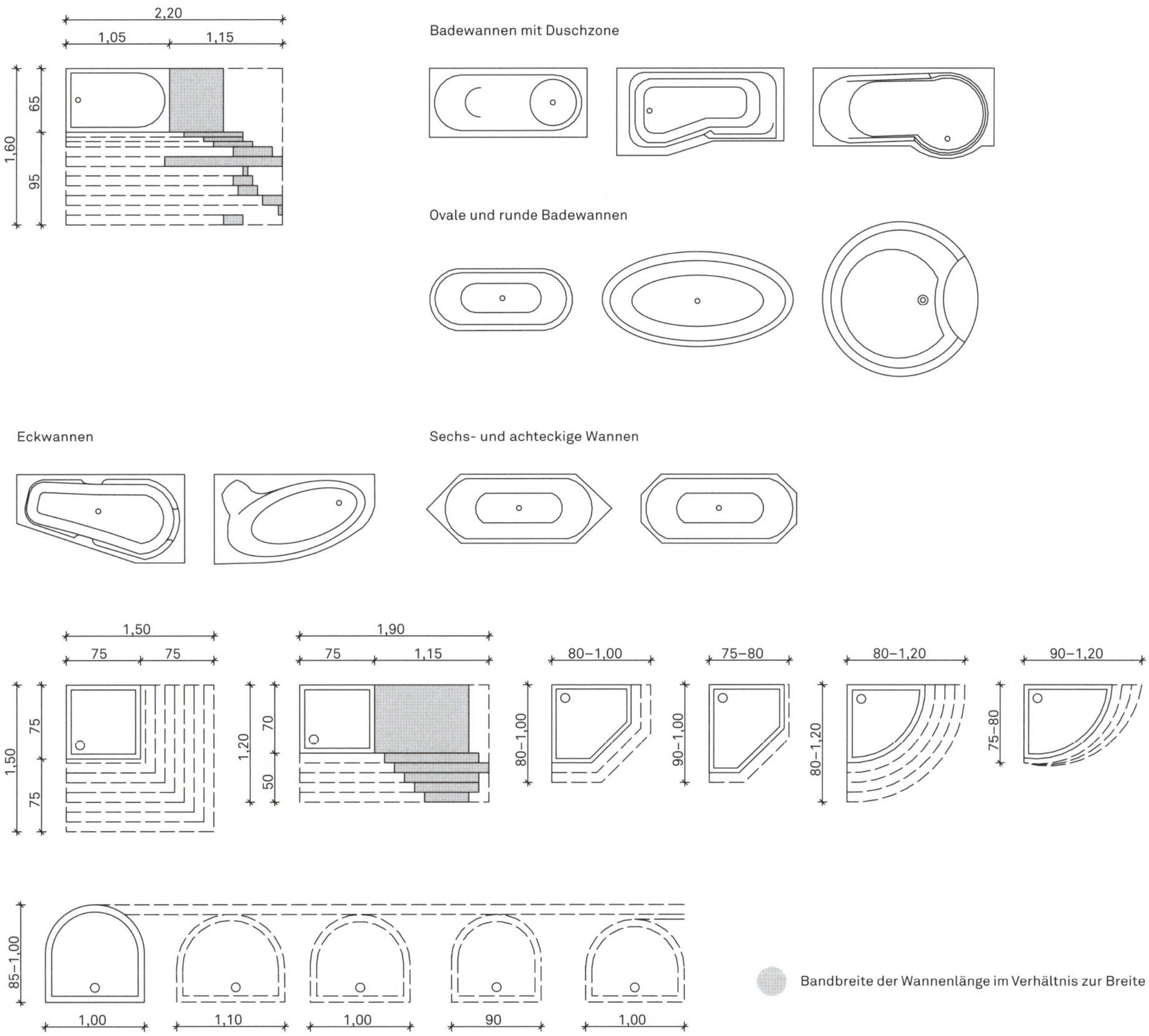

Abb. 7.3 Gängige Formen und Größen von Dusch- und Badewannen

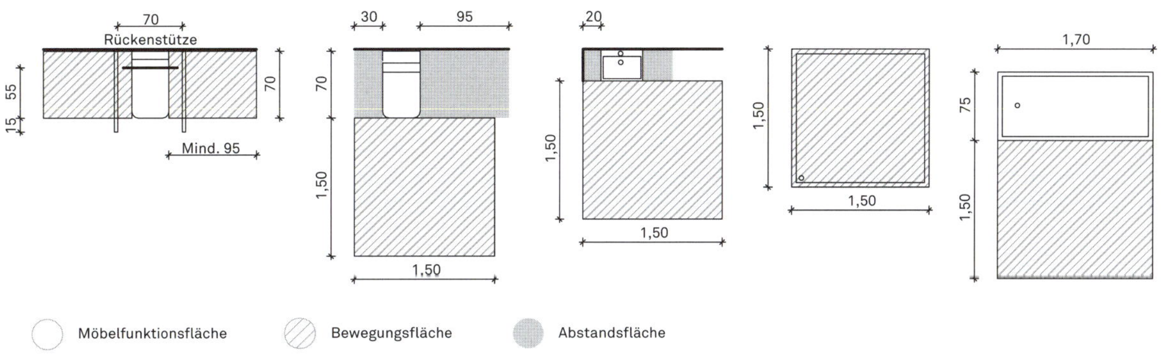

Abb. 7.4 Rollstuhlgerechte Sanitärgegenstände und Mindestmaße der Bewegungszonen

Abb. 7.5 Mindestmaße von Vorwandinstallationen

Abb. 7.6 Anordnung der Installationsebenen und haustechnischen Versorgung

7.2 Bäder/private Sanitärräume

Private Bäder und WCs werden in der Regel nach individuellen Anforderungen der Nutzer gestaltet. Bei der Planung von Mietwohnungen sind gegebenenfalls die Mindestanforderungen an Abstände und Bewegungszonen maßgebend. Häufig wird eine räumliche Trennung zwischen WC und sonstigen Sanitärgegenständen geplant oder einzelne Sanitärgegenstände wie z. B. eine Badewanne als raumbildendes Element inszeniert. Neben den Sanitärgegenständen sollten auch ausreichende Flächen für Schränke und Ablagebereiche eingeplant werden. Gegebenenfalls sind außerdem Waschmaschinen und Trockner zu integrieren, sofern es keine anderen Aufstellflächen in der Wohneinheit gibt.

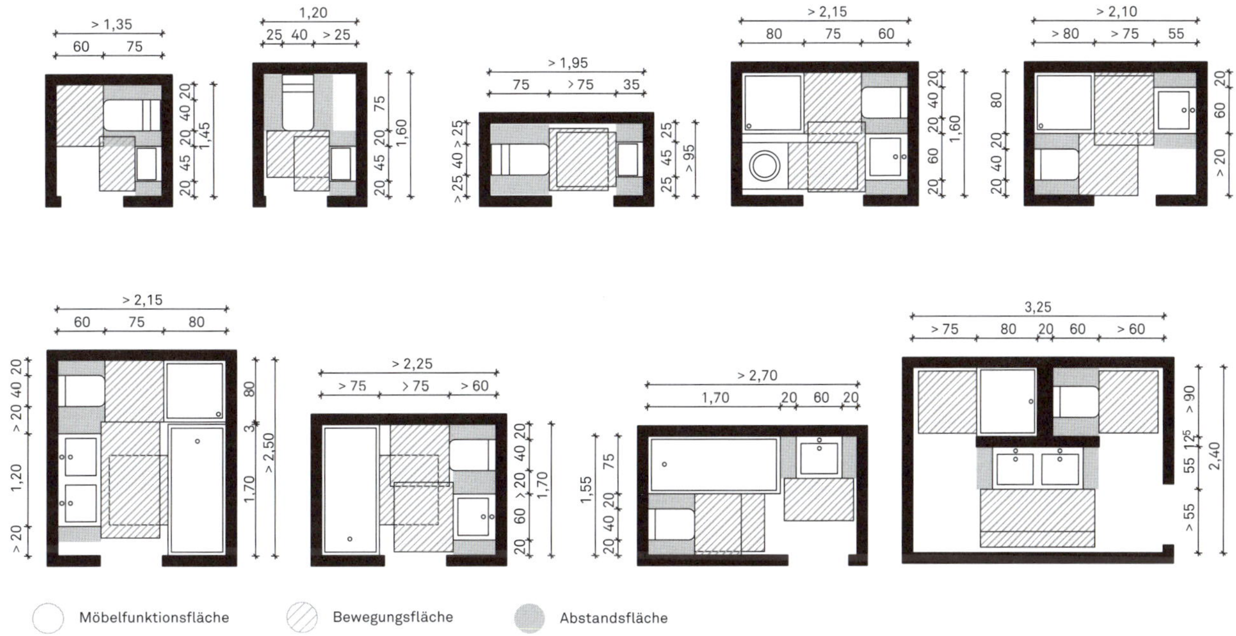

Abb. 7.7 Beispiele für Mindestanforderungen privater WC-Räume und Bäder

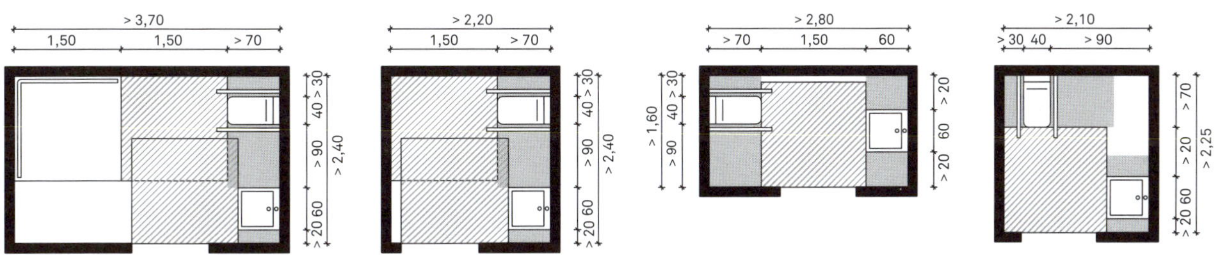

Abb. 7.8 Organisation rollstuhlgerechter WC- und Duschräume

7.3 Öffentliche und gewerbliche Sanitärräume

Öffentliche und gewerblich-betriebliche Sanitärräume müssen in ausreichender Zahl und Entfernung vorgesehen werden. Unter Aspekten der Barrierefreiheit sollten WC-Kerne übersichtlich und hell gestaltet sein und über separate rollstuhlgerechte WCs verfügen. Diese können in einem gesonderten Raum untergebracht werden oder in eine WC-Einheit unter Berücksichtigung der spezifischen Anforderungen integriert werden. Die Anzahl der notwendigen Sanitärgegenstände wird über öffentlich-rechtliche Vorgaben (z. B. Arbeitsschutz) vorgegeben. Oftmals werden in Sanitärkernen Damen-/Herren-WCs, rollstuhlgerechte Behinderten-WCs und/oder Wickelräume sowie gegebenenfalls Putzmittelräume kombiniert. Der Planer muss beachten, dass sich gegebenenfalls mehrere Personen in einem Bereich (z. B. im Durchgang vor den Waschbecken) aufhalten. Ebenso muss die Privatsphäre gewahrt werden, indem z. B. bei geöffneten Türen keine direkte Einsicht vom Flur in die WC-Bereiche erfolgen kann und ein separater Vorraum mit Waschbecken geschaffen wird.

In öffentlichen WC-Kernen sollten immer Wickelbereiche für Kleinkinder in separaten Räumen vorgesehen werden.

Wasch- und Duschbereiche (z. B. in Produktionsstätten, Sportstätten oder technischen Gebäuden) sind je nach Anforderungsprofil mit Einzelzellen inklusive Umkleide als Sammelbereich mit Trennwänden oder als Gruppenbereich zu gestalten. In jedem Fall müssen ausreichend Abstellflächen und Kleiderhaken vorgesehen und Übergangszonen zwischen Nass- und Umkleidebereich geplant werden.

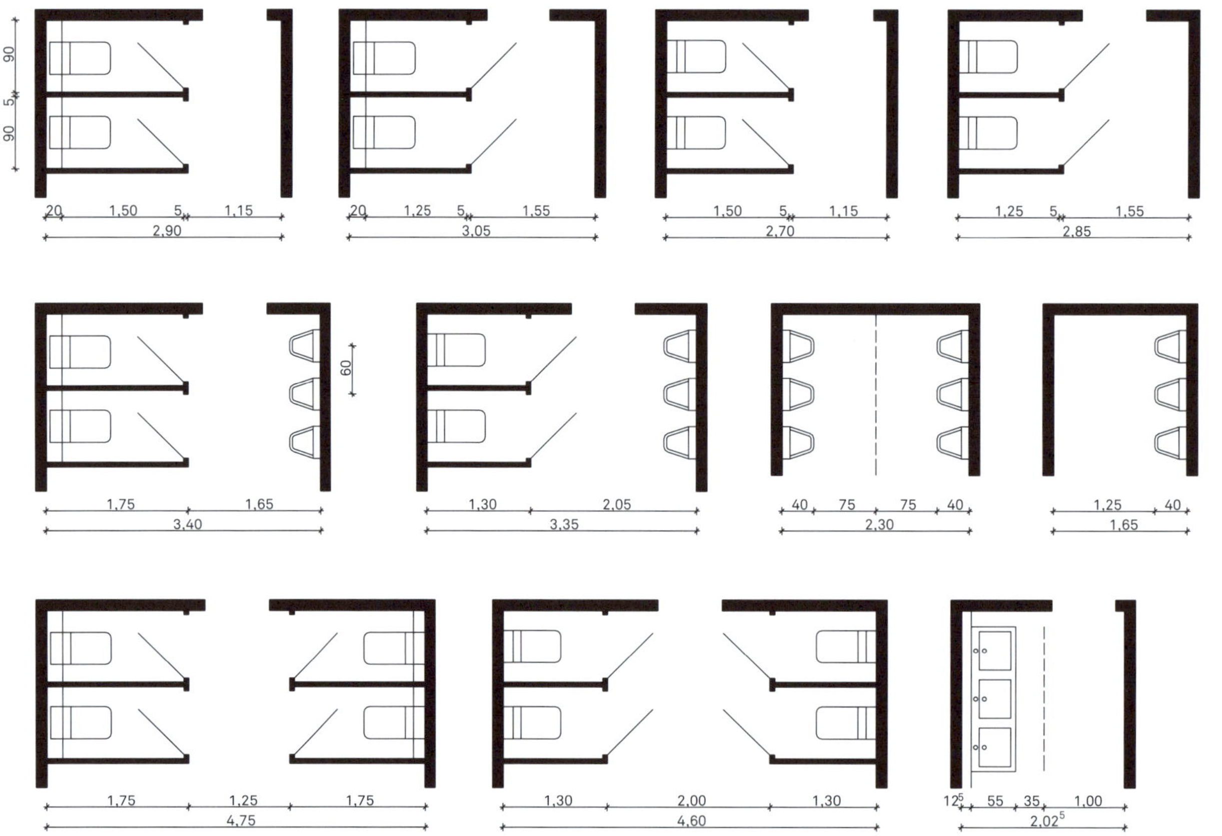

Abb. 7.9 Mindestabstände in WC-Bereichen

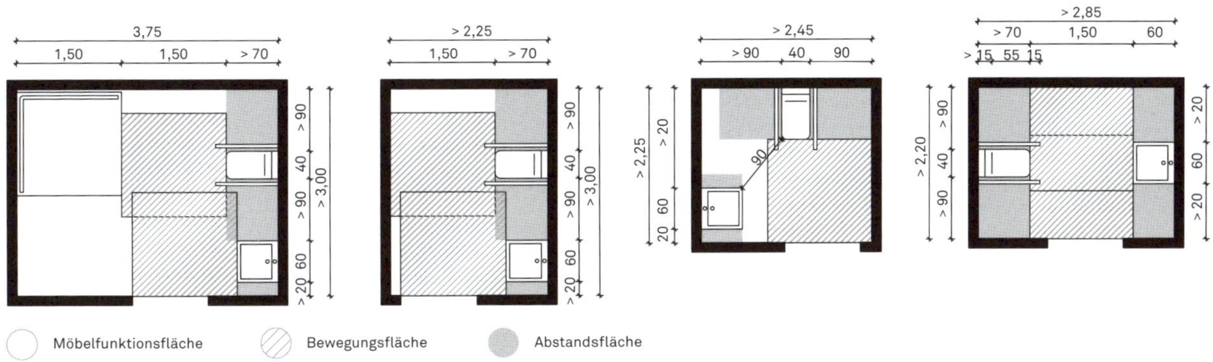

Abb. 7.10 Rollstuhlgerechte WC- und Duschräume (öffentlich zugänglich)

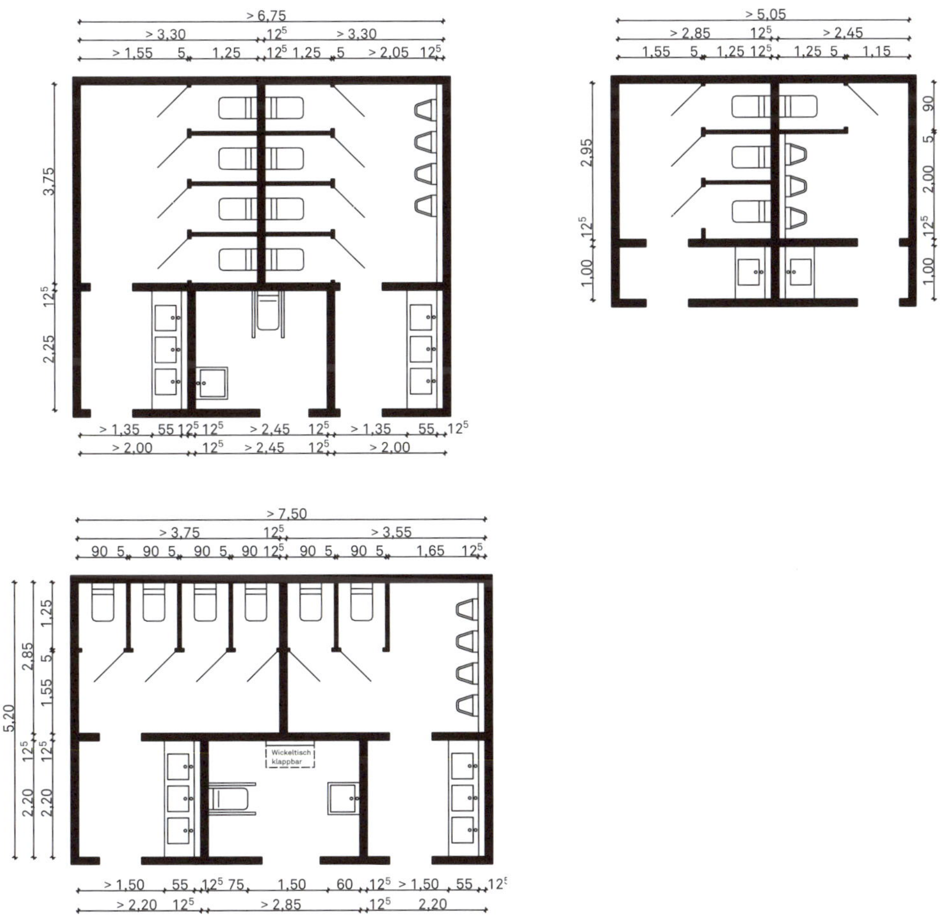

Abb. 7.11 Beispiele für die Organisation von WC-Kernen

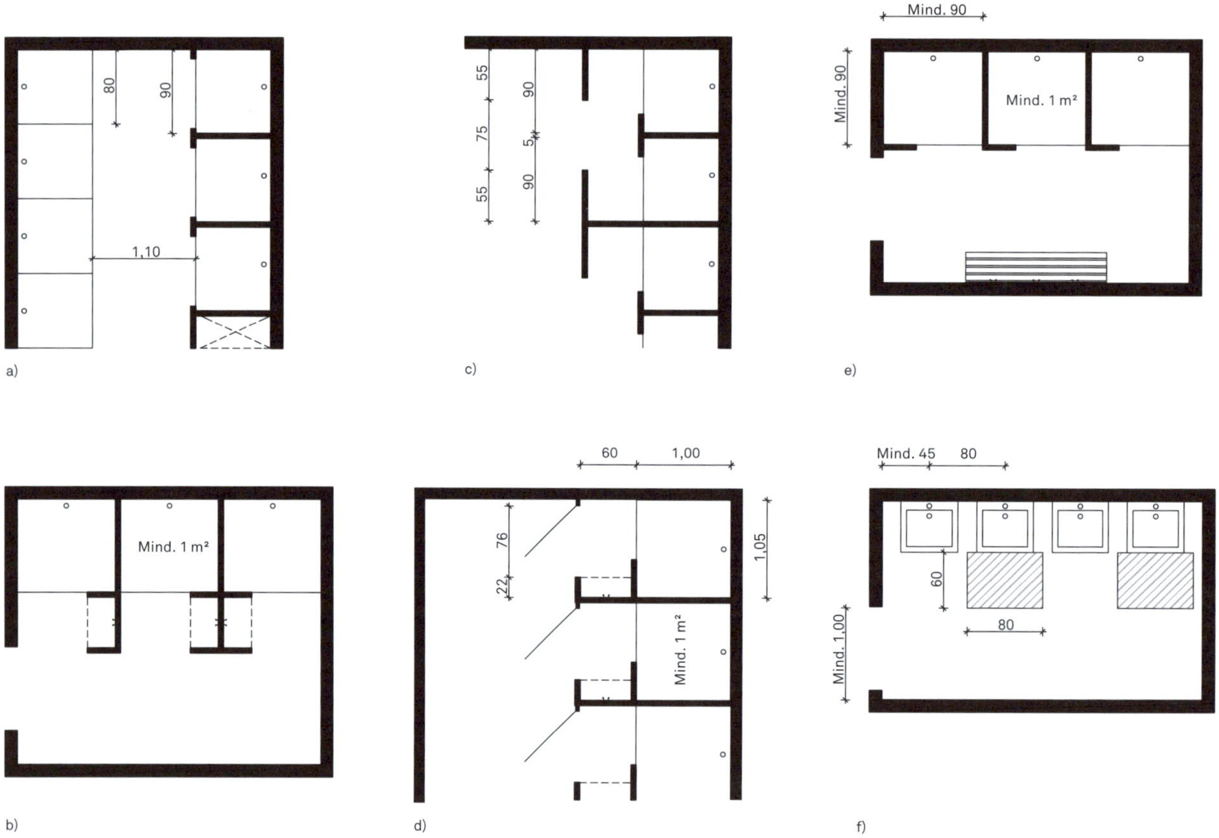

Abb. 7.12 Anforderungen und Organisation von Wasch- und Duschbereichen

In Anlehnung an ASR A4.1
a) Offene Duschreihe
b) Duschreihe mit Sicht-/Spritzschutz
c) Duschreihe mit Sicht-/Spritzschutz in Doppel-T-Form
d) Duschreihe mit Einzelkabinen
e) Duschreihe mit Vorbereich
f) Waschplätze

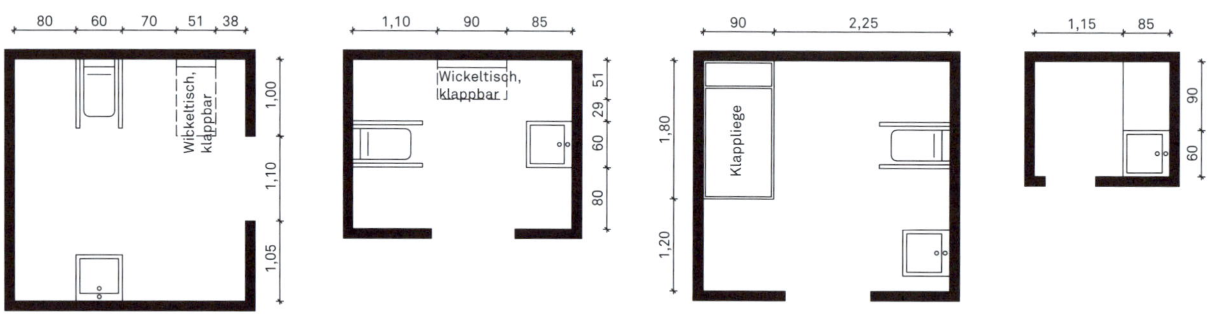

Öffentliches WC mit Wickeltisch (vertikal)

Öffentliches WC mit Wickeltisch (horizontal)

Öffentliches WC mit Pflegeliege

Wickelraum

Abb. 7.13 Wickelbereiche in WC-Einheiten

Arbeitsstätten	**Bezugseinheit (BE)**	**Anzahl an Sanitärgegenständen**				
Anforderungen nach VDI 6000 Blatt 2						
	Anzahl Beschäftigten	WCs Damen	Handwaschbecken	WCs Herren	Urinale	Handwaschbecken
Gesamtanzahl der Beschäftigten ist bekannt	6–10	1	1	1	1	1
	11–20	1	1	1	1	1
	21–50	2	2	1	2	2
	51–75	2	2	2	3	2
	76–100	4	2	2	4	2
	101–150	5	3	2	5	3
	151–200	7	3	3	7	4
	201–250	8	4	4	8	5
	Beschäftigtenanzahl weiblich und männlich	WCs Damen	Handwaschbecken	WCs Herren	Urinale	Handwaschbecken
Anzahl der beschäftigten Damen und Herren ist bekannt	6–10	1	1	1	1	1
	11–20	2	1	1	2	1
	21–50	2	1	2	2	2
	51–75	4	2	2	4	2
	76–100	5	3	2	5	3
	101–150	7	3	3	7	4
	151–200	8	4	4	8	5
	201–250	10	5	5	10	5

Tab. 7.2 Unterschiedliche Mindestanforderungen von Sanitärgegenständen bei Arbeitsstätten

Anforderungen nach ASR A4.1				
Weibliche oder männliche Beschäftigte	Mindestanzahl bei niedriger Gleichzeitigkeit (Werte gelten für Männer und Frauen)		Mindestanzahl bei hoher Gleichzeitigkeit (Werte gelten für Männer und Frauen)	
	WCs/Urinale	Handwaschbecken	WCs/Urinale	Handwaschbecken
bis 5	1 (für männl. Beschäftigte zzgl. 1 Urinal)	1	2	1
6–10	1 (für männl. Beschäftigte zzgl. 1 Urinal)	1	3	1
11–25	2	1	4	2
26–50	3	1	6	2
51–75	5	2	7	3
76–100	6	2	9	3
101–130	7	3	11	4
131–160	8	3	13	4
161–190	9	3	15	5
191–220	10	4	17	6
221–250	11	4	19	7
	Je weitere 30 Beschäftigte + 1	Je weitere 90 Beschäftigte + 1	Je weitere 30 Beschäftigte + 2	Je weitere 90 Beschäftigte + 2

Tab. 7.2 (Fortsetzung) Unterschiedliche Mindestanforderungen von Sanitärgegenständen bei Arbeitsstätten

Besucherplätze	WCs Damen	Handwaschbecken	WCs Herren	Urinale	Handwaschbecken
Niedrige Gleichzeitigkeit					
25	1	1	1	1	1
50/100	2	2	1	2	1/2
300/500	4	2/3	2	4	2/3
700	5	4	3	5	4
1000	6	4	4	6	5
1500	8	6	5	8	6
2000	9	7	6	9	8

- Insgesamt je 1 Toilettenraum für Damen/Herren
- Bis 1000 Besucherplätze je 1 barrierefreie Kabine für Damen/Herren
- Bei über 1000 Besucherplätzen je 2 barrierefreie Kabinen für Damen/Herren

Tab. 7.3 Mindestanzahl von Sanitärgegenständen bei Versammlungsstätten

Nach VDI 6000
Durch gesetzliche Vorgaben wie Versammlungsstättenverordnungen können deutlich höhere Anforderungen gestellt werden. Hier werden Vorgaben von 0,8–1,2 WCs/100 Besucherplätze gemacht, welche je nach Gesamtanzahl reduziert werden können. Die am Projektort geltenden gesetzlichen Vorgaben sind daher in jedem Fall zu prüfen!

Besucherplätze	WCs Damen	Handwaschbecken	WCs Herren	Urinale	Handwaschbecken
Mittlere Gleichzeitigkeit					
25	1	1	1	1	1
50	2	2	1	2	1
100	3	3	1	3	2
300	5	3	2	5	3
500	6	4	3	6	4
700	7	5	4	7	5
1000	9	6	5	9	7
1500	11	8	7	11	9
2000	13	10	9	13	11
• Bis 1000 Besucherplätze je 1 Toilettenraum für Damen/Herren und je 1 barrierefreie Kabine für Damen/Herren • Bei über 1000 Besucherplätzen je 2 Toilettenräume für Damen/Herren und 2 barrierefreie Kabinen für Damen/Herren					
Hohe Gleichzeitigkeit					
25	2	2	2	2	2
50	3	3	2	3	2
100	5	5	2	5	3
300	8	5	3	8	5
500	9	6	5	9	6
700	11	8	6	11	8
1000	14	9	8	14	11
1500	17	12	11	17	14
2000	20	15	14	20	17
• Bis 500 Besucherplätze je 1 Toilettenraum für Damen/Herren • Bei über 500 Besucherplätzen je 2 Toilettenräume für Damen/Herren • Bis 1000 Besucherplätze je 1 barrierefreie Kabine für Damen/Herren • Bei über 1000 Besucherplätzen je 2 barrierefreie Kabinen für Damen/Herren					

Tab. 7.3 (Fortsetzung) Mindestanzahl von Sanitärgegenständen bei Versammlungsstätten

Nach VDI 6000
Durch gesetzliche Vorgaben wie Versammlungsstättenverordnungen können deutlich höhere Anforderungen gestellt werden. Hier werden Vorgaben von 0,8–1,2 WCs/100 Besucherplätze gemacht, welche je nach Gesamtanzahl reduziert werden können. Die am Projektort geltenden gesetzlichen Vorgaben sind daher in jedem Fall zu prüfen!

7.4 Umkleiden/Garderoben

Umkleide- und Garderobenbereiche erfüllen je nach Gebäudetypologie verschiedene Zwecke und sind planerisch somit unterschiedlich auszubilden. Sie können beispielsweise für die Nutzer von Sportanlagen mit einem WC- und Duschbereich gekoppelt sein oder in einem Theater als Vorbereitungsbereich für Schauspieler dienen. In Arbeitsumgebungen sind oftmals aus hygienischen Gründen oder bei verpflichtender Dienstkleidung Umkleidebereiche angeordnet, wobei die Bandbreite von einfachen Spinden im Sozialraumbereich bis hin zu hermetisch getrennten Schwarz-Weiß-Bereichen reicht. Derartige Umkleidebereiche fungieren als Schleusen zwischen Außen- und Arbeitsbereich.

Organisation Umkleide Schwimmbad

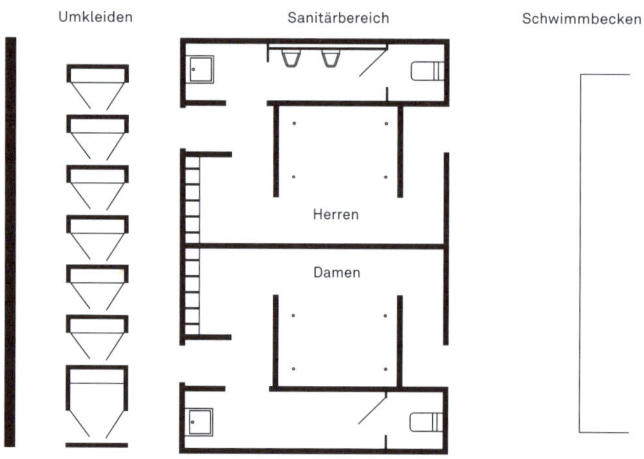

Organisation Umkleide Sporthalle

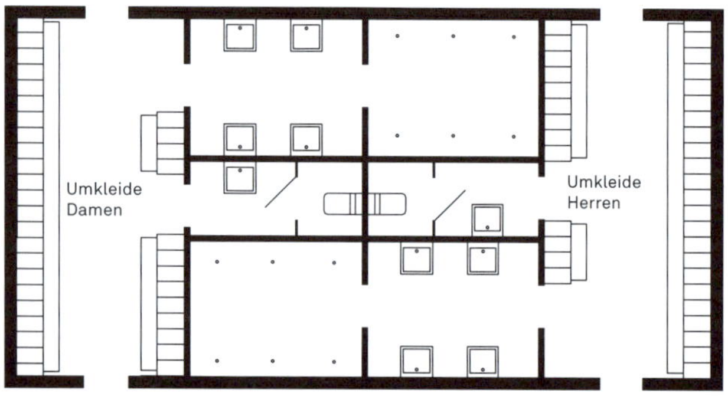

Abb. 7.14 Umkleidebereiche mit Schleusenfunktion

Organisation Umkleide Schwarz-Weiß

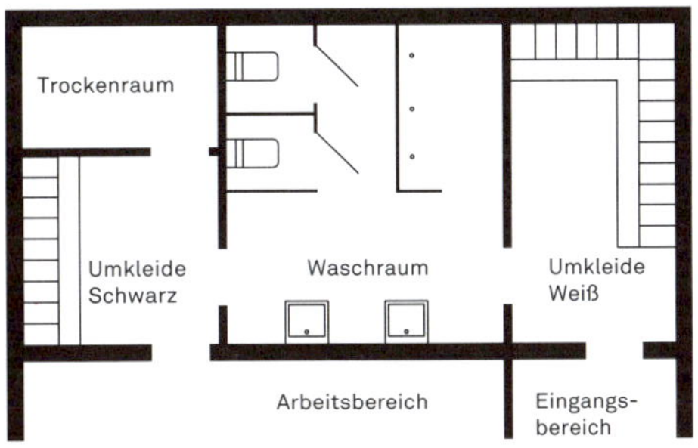

Abb. 7.15 Personalumkleidebereiche

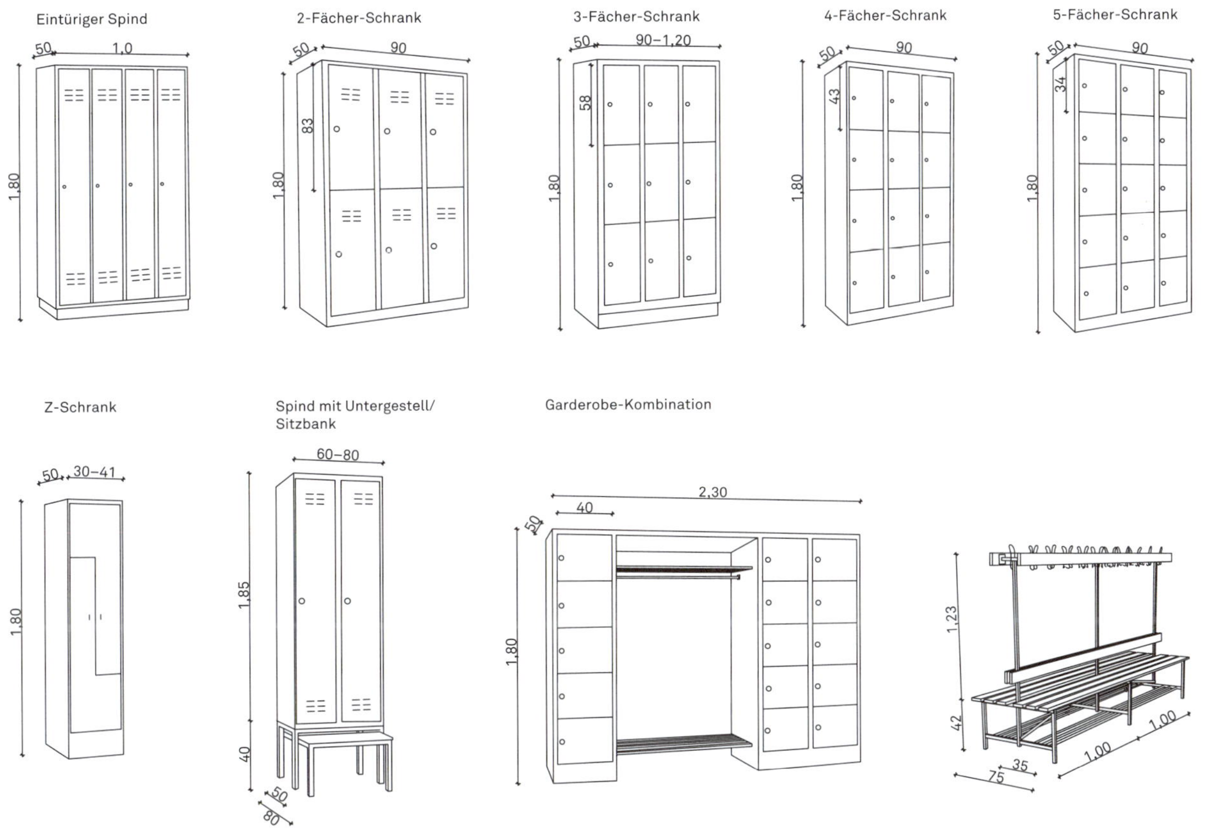

Abb. 7.16 Verschiedene Spindsysteme

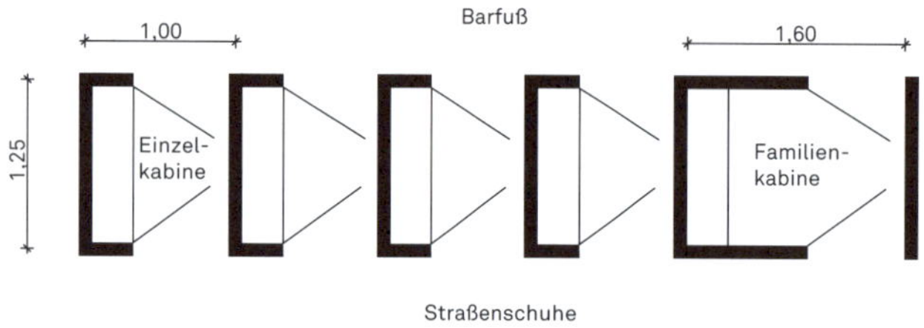

Abb. 7.17 Prinzip von Wechselkabinen (z. B. in Schwimmbädern)

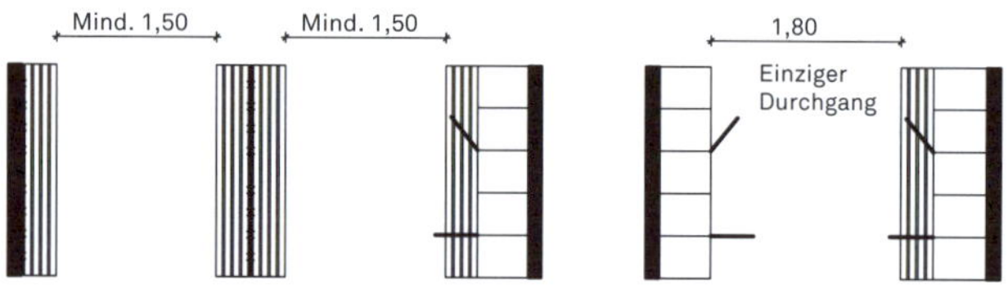

Abb. 7.18 Bewegungszonen in Umkleiden

Für Umkleideplätze ist eine Sitzbankfläche von mind. 40 cm Breite und 30 cm Tiefe vorzusehen. Für Rollstuhlfahrer sind zusätzlich Umsteigeplätze anzuordnen. Die Verkehrsfläche zwischen Sitzbänken muss mind. 1,50 m betragen; wenn der Weg als einziger Durchgang dient, vergrößert sich dieser Abstand auf 1,80 m.

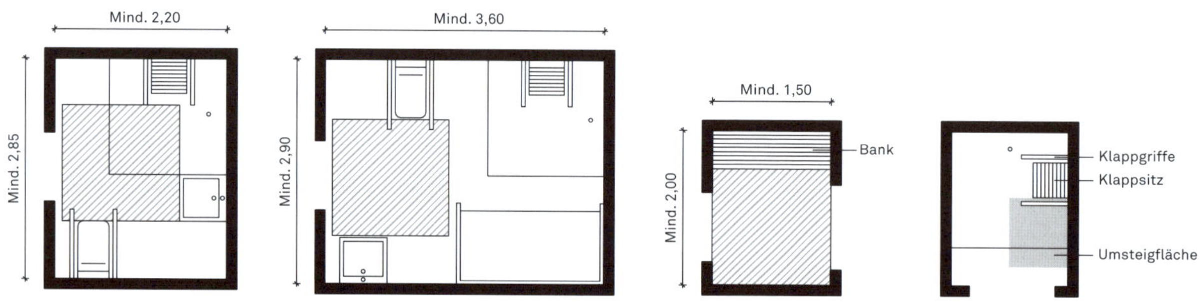

Abb. 7.19 Umkleidebereiche für Rollstuhlfahrer

Für Menschen mit Behinderungen sind entsprechend des Bedarfs barrierefreie Einzelkabinen mit mind. 1,50 × 2,00 m vorzusehen. Einschließlich WC, Dusche, Klappsitz und Waschtisch sind ohne Liege mind. 2,20 × 2,85 m, mit Liege mind. 2,90 × 3,60 m einzuplanen.

Umkleideanlagen mit Schränken

Schränke ohne Sitzbank

Schränke mit Sitzbank

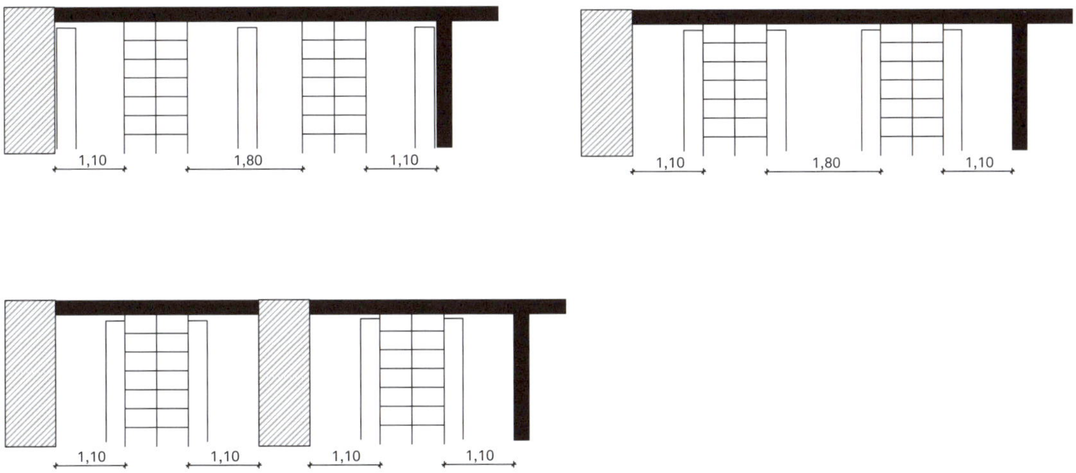

Schränke mit Trittleiste

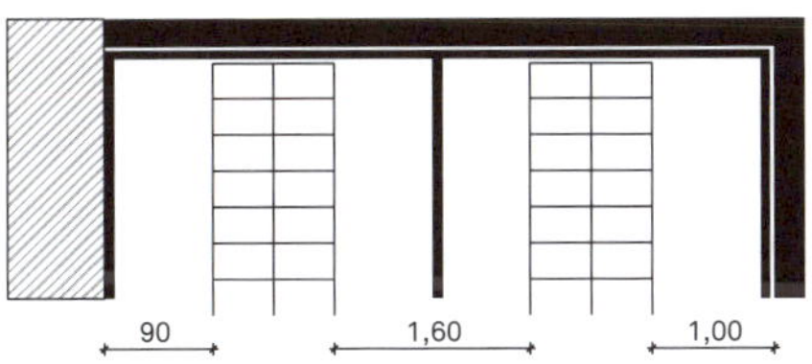

Schränke mit einschiebbarem Hocker

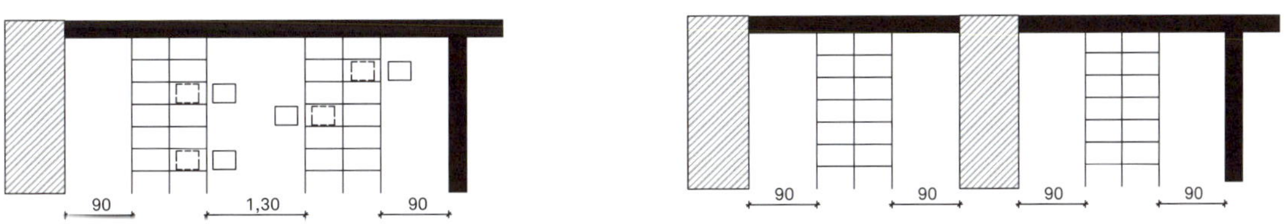

Abb. 7.20 Organisation von Umkleide- und Spindbereichen
In Anlehnung an Arbeitsstättenverordnung § 34

Umkleideanlagen mit Gestellen

Einfache Hakengestelle

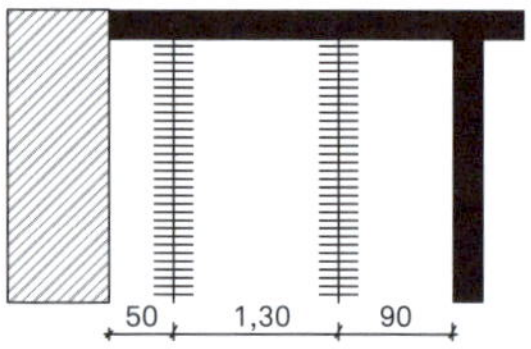

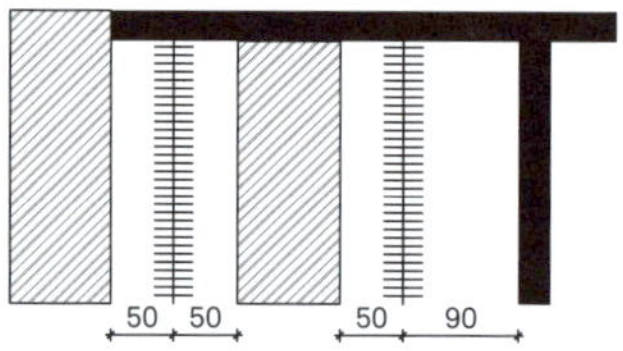

Bügelgestelle

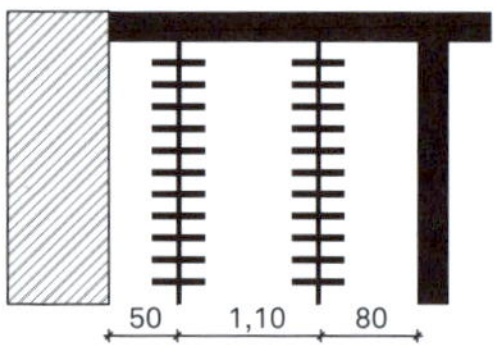

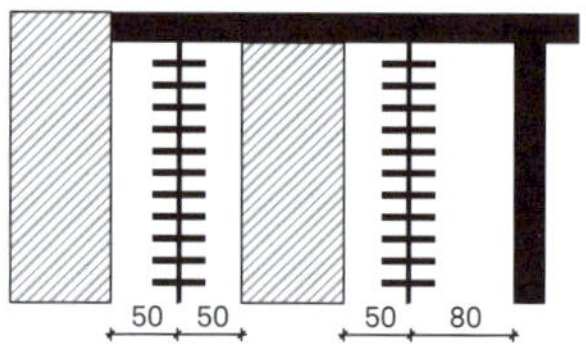

Bügelgestelle mit Trittleiste

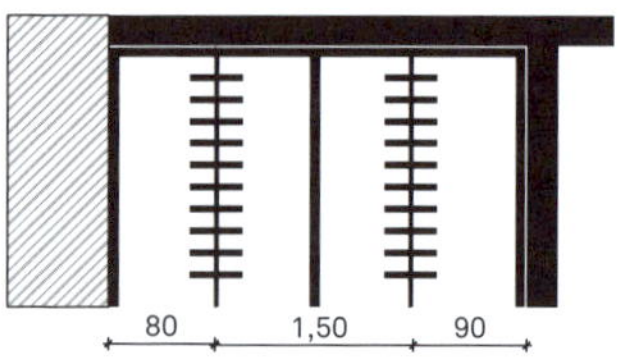

Umkleideanlagen mit Abgabegarderoben (Theatergarderoben)

Abgabegarderobe, einbündig mit Hakengestell

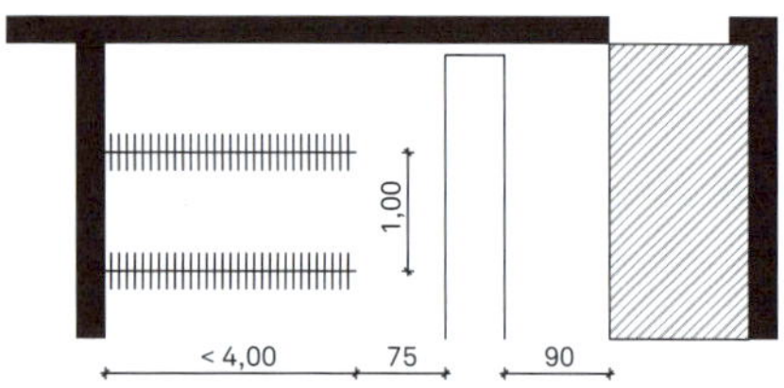

Abgabegarderobe, zweibündig mit Bügelgestell

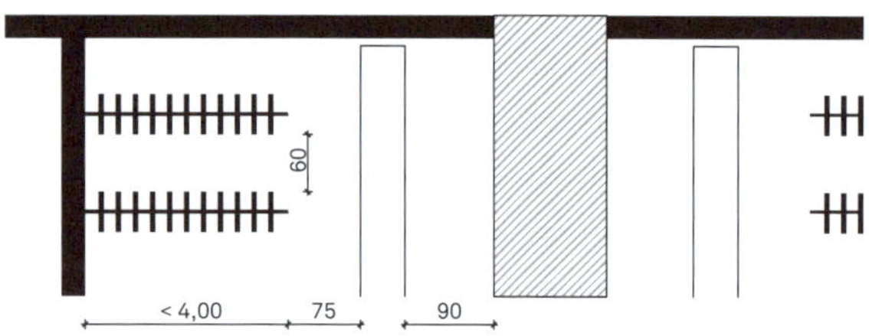

Umkleidebänke in Abgabegarderoben

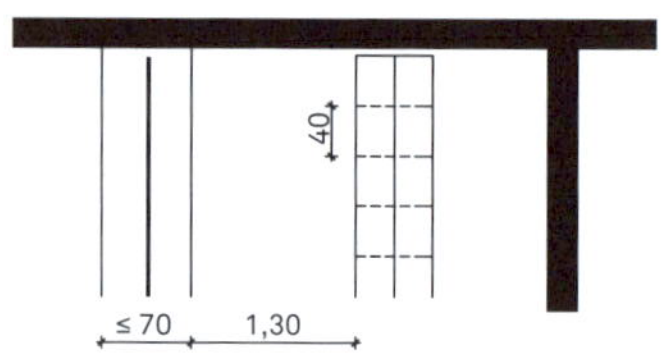

Abb. 7.21 Organisation von Garderobenbereichen
In Anlehnung an Arbeitsstättenverordnung § 34

7.5 Sanitäts- und Erste-Hilfe-Räume

Sanitätsräume sind Räume, in denen bei einem Unfall Erste Hilfe geleistet werden kann, bis gegebenenfalls der Rettungsdienst eintrifft. Sie sollten zentral im Erdgeschoss angeordnet werden, um die schnelle Erreichbarkeit auch mit Krankentragen zu ermöglichen. Sanitätsräume müssen mindestens 20 m² groß sein und eine lichte Höhe von 2,50 m besitzen. Die Mindestausstattung besteht aus: Liege, Verbandstisch, Waschbecken mit Kalt- und Warmwasser, Spiegel, Seifen-/Desinfektionsspender, Notleuchte, Telefon, Schreibtisch, Krankentrage sowie diversem Erste-Hilfe-Material. Im direkten Zugang vom Sanitätsraum bzw. in unmittelbarer Nähe müssen eine Dusche sowie ein WC vorhanden sein.

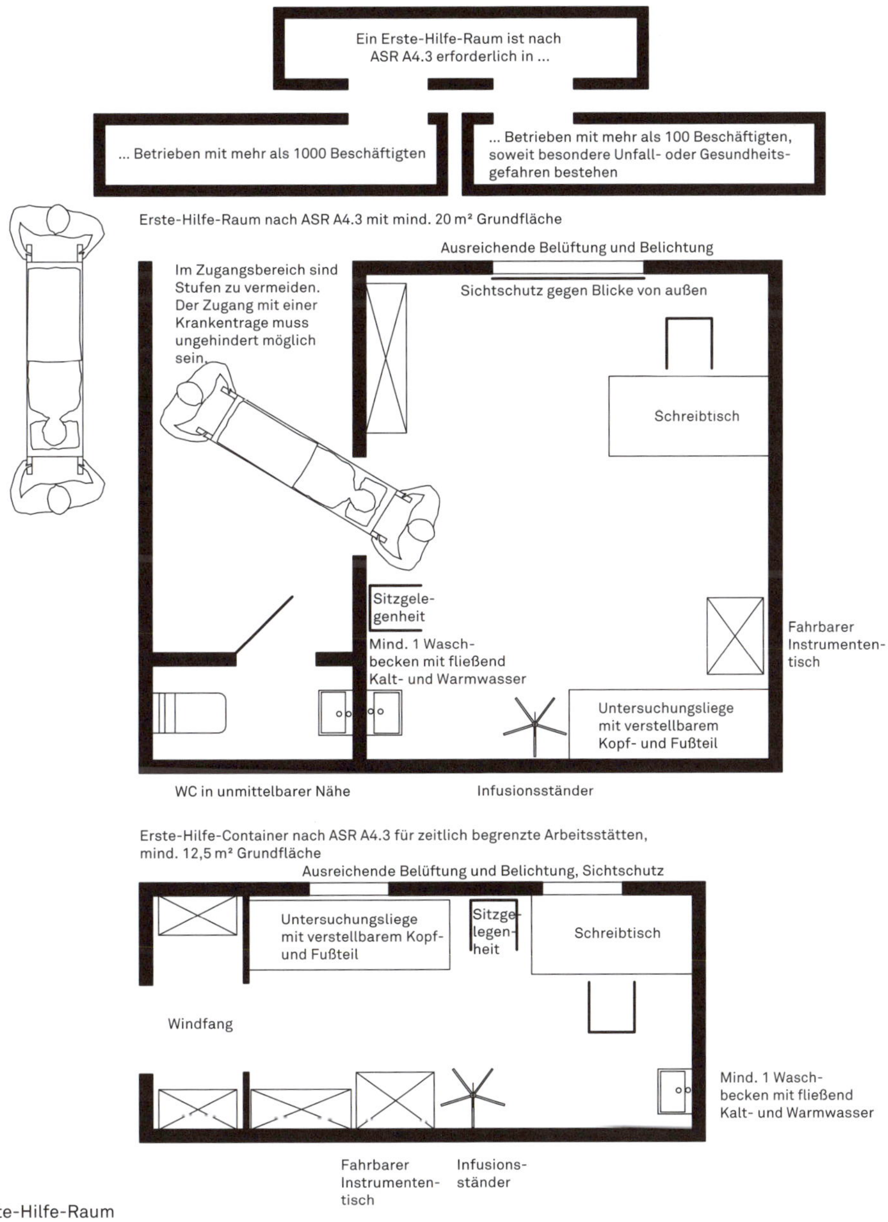

Abb. 7.22 Erste-Hilfe-Raum

In Anlehnung an ASR A 4.3

8 Arbeitsbereiche

Arbeits- und Produktionsräume unterliegen maßgeblich den Vorschriften des Arbeitsschutzes, welcher international zunehmend standardisiert wird und alle Facetten der Berufstätigkeit umfasst. Auf die baulichen Belange bezogen werden von den Arbeitsschutzvorschriften vielfältige Anforderungen an Räume, Materialien, Sicherheitseinrichtungen sowie die physikalischen Bedingungen des Arbeitsplatzes gestellt.

8.1 Arbeitsplätze

Neben dem Schutz vor Arbeitsunfällen und dem Schutz der Gesundheit spielt die Arbeitsumgebung eine wichtige Rolle für das Wohlbefinden und die Produktivität der arbeitenden Menschen. Die Beanspruchungen bei der Arbeitstätigkeit sind sehr vielfältig, die Arbeit kann sitzend, stehend oder in Bewegung verrichtet werden, gegebenenfalls ist diese von der Körperhaltung eintönig oder körperlich anstrengend, sie kann handwerklich geprägt, einer rhythmisierten Produktion unterworfen oder als Dienstleistung mit überwiegender EDV-Tätigkeit ausgeführt werden. Für jede spezifische Arbeitsweise ist eine möglichst optimale Umgebung hinsichtlich anthropometrischer Anforderungen, Raumtemperatur, Belichtung etc. zu gewährleisten. Sehr spezifisch sind hierbei die Anforderungen an Computerarbeitsplätze.

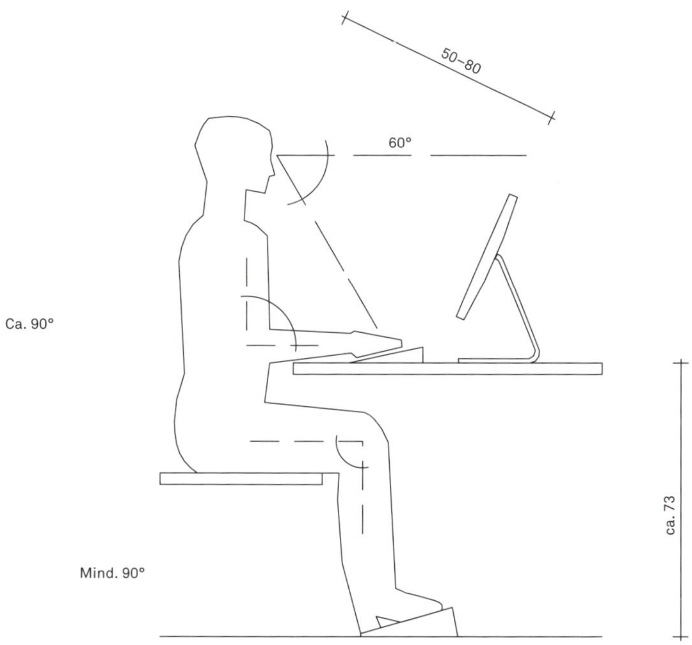

Abb. 8.1 Ergonomische Anforderungen an Computerarbeitsplätze

Mindestraumhöhe für Arbeitsräume	
Grundfläche	Lichte Raumhöhe
< 50 m²	2,50 m
50–100 m²	2,75 m
> 100 m²	3,00 m
> 2000 m²	3,25 m

Tab. 8.1 Mindestraumhöhen für Arbeitsräume

In Anlehnung an ASR A1.2

Arbeits- und Tischhöhen bei unterschiedlichen Arten stehender Arbeit		
Art der Arbeit	Arbeitshöhe	Tischhöhe
Feine Arbeit	120–150 cm	120–150 cm
Leichte Arbeit	95–120 cm	90–115 cm
Schwere Arbeit	90–115 cm	75–105 cm

Tab. 8.2 Arbeits- und Tischhöhen

In Anlehnung an DGUV

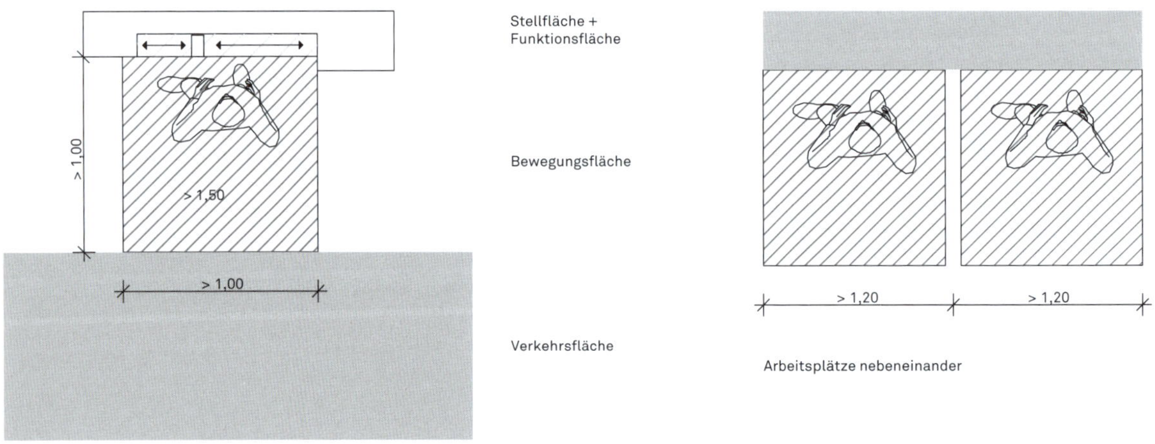

Abb. 8.2 Notwendige Bewegungsflächen

In Anlehnung an ASR A1.8 Verkehrsflächen und M-IndBauRL

8.2 Büroräume

Grundsätzlich ist zwischen folgenden Grundrisskonzepten für Büroräume zu unterscheiden: Zellenbüros, Gruppenbüros, Großraumbüros sowie Kombibüros. Andere Konzepte versuchen die genannten Typologien zu vermischen, um abwechslungsreiche Bürolandschaften zu gestalten. Gerade bei Nutzungen durch hoch qualifiziertes Personal ist die Gestaltung von Arbeitsräumen darauf ausgelegt, dass die Mitarbeiter sich an ihrem Arbeitsplatz wohlfühlen und ihre Umgebung entsprechend ihrer Neigung oder aktuellen Tätigkeit flexibel wählen können.

Eigenschaften	Zellenbüros	Gruppenbüros	Kombibüros	Großraumbüros
Anzahl Arbeitsplätze	1–4 Personen	Meist 8–12, Kleingruppe 5–8, max. 2–25 Personen	Flexible Gestaltung → Zellen-/Gruppenbüros	ab 25 Personen, weit über 100 Personen keine Seltenheit
Raumtiefen	ca. 5,00–6,00 m	ca. 5,00–10,00 m	→ Zellen-/Gruppenbüros + ca. 5,00–7,00 m für die Kombizone	Beliebig, meist ca. 15,00–30,00 m
Raumbreiten	ca. 2,60–5,00 m	ca. 7,00–30,00 m	Flexible Gestaltung → Zellen-/Gruppenbüros	Beliebig, meist bis ca. 40,00 m
Einsatzgebiet	Verwaltungs- und Sachbearbeiterbüros, Servicebereiche mit externen Kunden, leitende Angestellte, Geschäftsführung	Sinnvoll für teamorientiertes und vernetztes Arbeiten in kleinen Gruppen	Aufgrund der vielfältigen Bereiche flexibel für unterschiedliche Mitarbeiterstrukturen zu gestalten	Verwaltungs- und Sachbearbeiter, Callcenter, IT-Services
Arbeitsatmosphäre	Ruhig, individuell, unkommunikativ	Teamorientiert, kommunikativ, ggf. akustische Störungen	Gemeinschaftliches Arbeiten und Besprechungen in der Kombizone, Variabilität aus Zellen, Gruppen- und Großraumbüros, ebenso zurückgezogenes konzentriertes Arbeiten	Gute Kommunikation, jedoch in der Regel akustische und visuelle Störungen, unpersönliche Arbeitsumgebung
Persönliche Arbeitsplatzgestaltung	Individuell gestaltbar	Begrenzt am eigenen Schreibtischarbeitsplatz	→ Zellen-/Gruppenbüros	Begrenzt am eigenen Schreibtischarbeitsplatz
Technische Installationen	Über Trennwände bzw. Wandkanäle möglich	Über Bodenkanäle, Doppel-/Hohlböden und Bodentanks, ggf. Abhangdecken	Über Bodenkanäle, Doppel-/Hohlböden und Bodentanks, ggf. Abhangdecken	Hohe Installationsdichte in Abhangdecken und Doppelböden
Belichtung	Natürlich/künstlich, individuell steuerbar	Natürlich/künstlich, gruppenweise steuerbar	An der Fassade ggf. natürlich/im Innenbereich zwingend künstlich	Zwingend künstlich
Belüftung	Natürlich/künstlich, individuell steuerbar	Natürlich (bei Kleingruppen), sonst künstlich, gruppenweise steuerbar	An der Fassade ggf. natürlich/im Innenbereich zwingend künstlich	Zwingend künstlich

Tab. 8.3 Gegenüberstellung der Eigenschaften verschiedener Bürotypen

Arbeitsraum für eine Person	≥ 8 m²
Arbeitsraum für zwei Personen	≥ 13 m²
Arbeitsraum für drei Personen	≥ 18 m²
Jeder weitere Arbeitsplatz	+ ≥ 5 m²

Tab. 8.4 Grobe Mindestwerte für Raumgrößen

Freie Bewegungsfläche	1,50 m²
Mindesttiefe persönlich zugewiesener Arbeitsplatz	1,00 m
Mindesttiefe sonstige Arbeitsplätze	0,80 m
Mindesttiefe Besucher-/Besprechungsplätze	0,80 m

Tab. 8.5 Benutzerflächen im Bereich des Schreibtisches
Nach ArbStättV

Grundrisstypologie		Personen	Raumtiefe	Raumhöhe
Zellenbüro		1 bis 4	5 bis 7 m	≥ 2,50 m
Gruppenbüro		5 bis 25	5 bis 10 m	≥ 2,50 m bis ≥ 3,00 m
	Kleingruppen	5 bis 8	5 bis 7,5 m	≥ 2,50 m bis ≥ 2,75 m
	Großgruppen	8 bis 25	7,5 bis 10 m	≥ 2,75 m bis ≥ 3,00 m
Kombibüro (Zellen- und Gruppenbüros)		1 bis 25	5 bis 10 m	≥ 2,75 m bis ≥ 3,00 m
Großraumbüro		25 bis > 100	15 bis 30 m	≥ 3,00 m bis ≥ 3,25 m

Tab. 8.6 Planungswerte verschiedener Grundrisstypologien

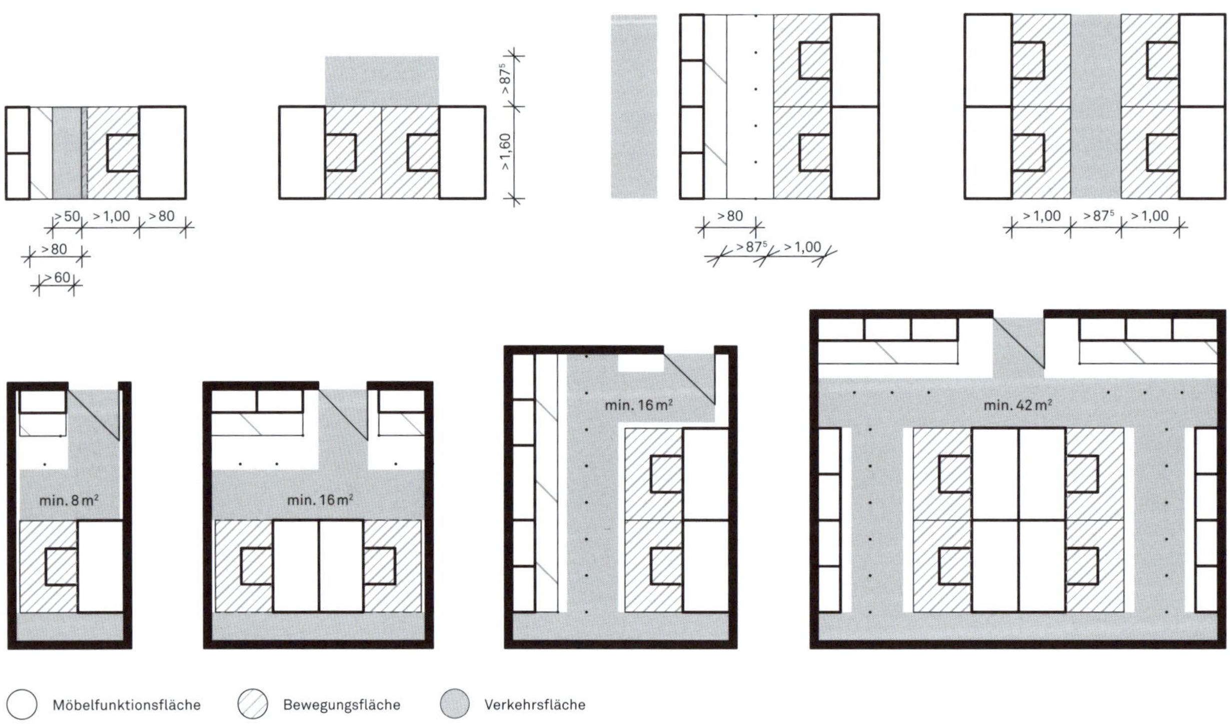

Abb. 8.3 Mindestflächen von Arbeitsplätzen

8.3 Pausenräume

Pausenräume bzw. Pausenbereiche dienen der Aufenthaltsmöglichkeit von Arbeitnehmern während der Arbeitspausen. Zuzüglich der Verkehrsflächen und festen Einbaumöbeln sind pro Mitarbeiter mindestens 1 m² Fläche vorzusehen, wobei die Raumgröße 6 m² nicht unterschreiten darf. Jeder Pausenraum muss eine Sichtbeziehung nach außen haben und über ausreichend Tageslicht verfügen. Wenn es keine Betriebskantine o. Ä. gibt, sollten die Mitarbeiter im Pausenraum die Möglichkeit erhalten, selbst Speisen zuzubereiten bzw. zu erwärmen.

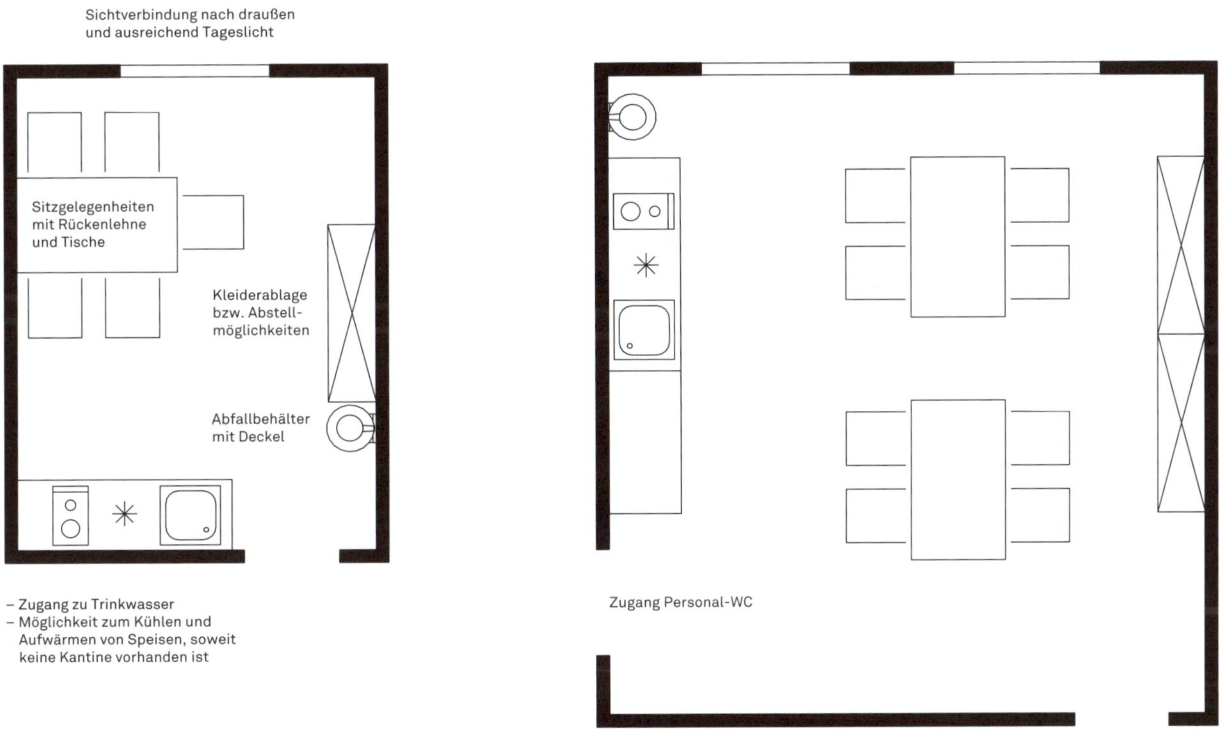

Abb. 8.4 Pausenräume

In Anlehnung an ASR A4.2
Grundfläche mind. 6 m²
1 m²/Nutzer (inkl. Tisch und Stuhl) + Zugänge
+ Verkehrsflächen
+ andere Einrichtungen

9 Kommunikations- und Bildungsräume

Der Bereich Kommunikations- und Bildungsräume umfasst eine Vielzahl verschiedener Tätigkeiten und typologischer Besonderheiten im Bildungs-, Berufs- und Freizeitbereich. Bei Kommunikationsbereichen ist es wesentlich, die implementierten bzw. gewünschten Begegnungs- und Interaktionskulturen gestalterisch umzusetzen, um diese auch ortsfremden Nutzern intuitiv zu vermitteln. So hat die Bestuhlung eines Seminar- oder Besprechungsraums wesentlichen Anteil daran, wie leicht sich eine freie und offene Diskussion entwickeln kann. Ebenso hat die Gestaltung von Wartebereichen einen deutlichen Einfluss darauf, wie lange eine Wartezeit als angemessen empfunden wird.

9.1 Vortrags-, Seminar- und Besprechungsräume

Der Flächenbedarf von Vortrags-, Lehr-, Seminar- und Besprechungsräumen steht in direkter Abhängigkeit zur Kommunikationsmethode. Je nach Typologie bzw. Geschäftsfeld werden unterschiedlichste Begriffe zu Lehr- und Kommunikationsmethoden wie Vortragsstil (z. B. Frontalunterricht), Gruppenarbeit, Podiumsdiskussion, gelenkte Diskussion, freier Meinungsaustausch etc. genutzt. Für die Planung ist wesentlich, wie gelenkt bzw. frei oder „basisdemokratisch“ Kommunikationsprozesse ablaufen und welche Möblierungsvarianten hierfür bereitgestellt werden sollen. Besprechungsräume für bis zu drei Personen kommen ohne besondere technische Ausstattung aus. Die Ausstattung von Besprechungsräumen für bis zu zwölf Personen kann neben Tischen und Stühlen eine Leinwand oder einen Monitor sowie entsprechende Computeranschlüsse zur Vernetzung umfassen. Räume mit Leinwänden oder Bildschirmen sollten grundsätzlich abdunkelbar sein. Teilbare Räume benötigen separate Zugänge zum Flur. Weiterhin sollten beide Raumteile mit Medien und Einrichtungsgegenständen autark versorgt sein.

Personenanzahl	Fläche [m²]
50	60–70
100	90–110
120	120–130
150	150–200
200	≥200
300	≥350
400	≥400
500	≥500
700	≥700
1200	≥800

Tab. 9.1 Größe eines Hörsaals in Abhängigkeit von der Personenanzahl (ca.)

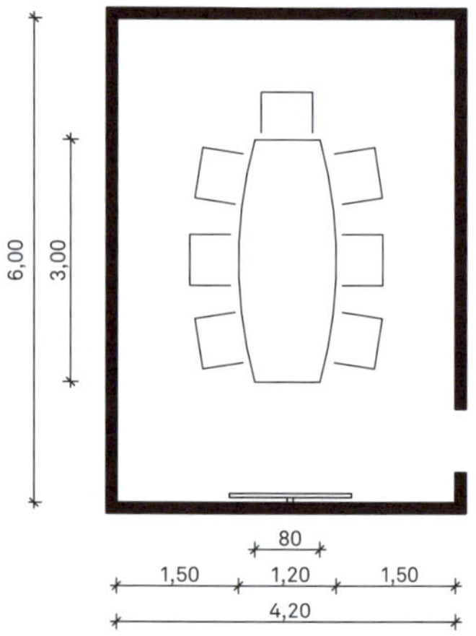

Abb. 9.1 Möblierungsbeispiel für einen kleinen Besprechungsraum

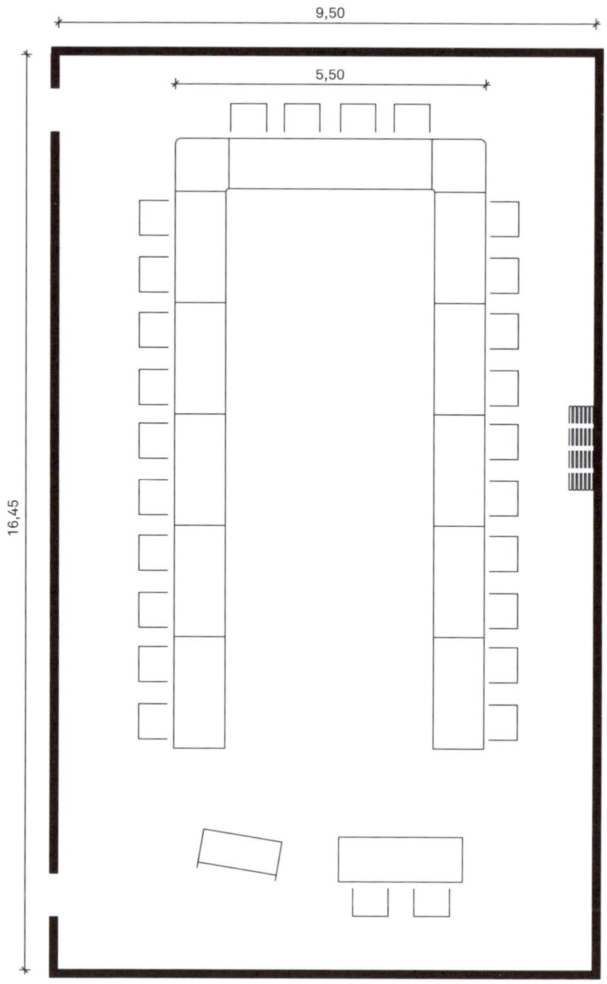

Abb. 9.2 Möblierungsbeispiel für einen kleinen Konferenzraum, U-Form

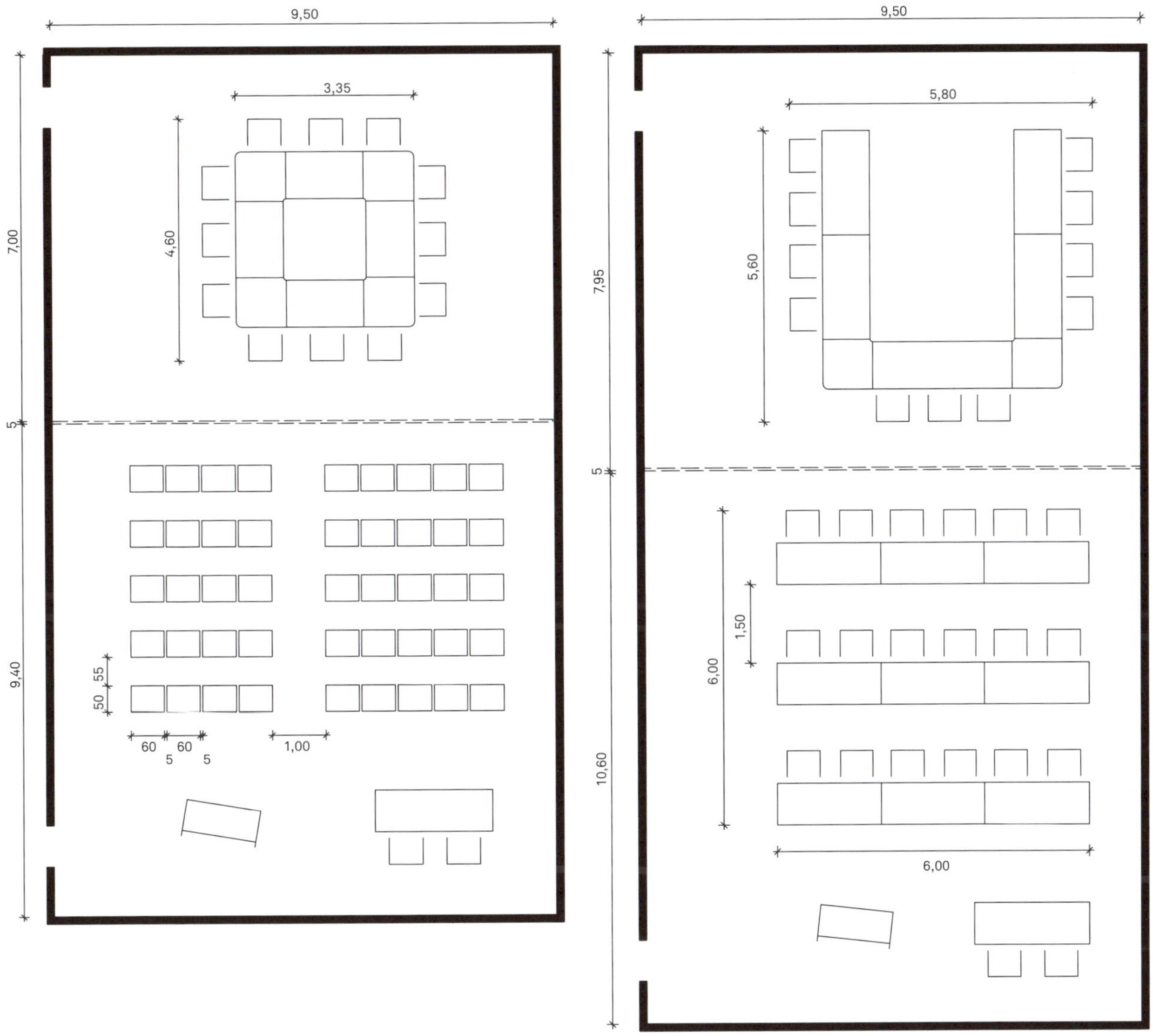

Abb. 9.3 Möblierungsbeispiele für unterteilbare Besprechungs-/ Konferenzräume

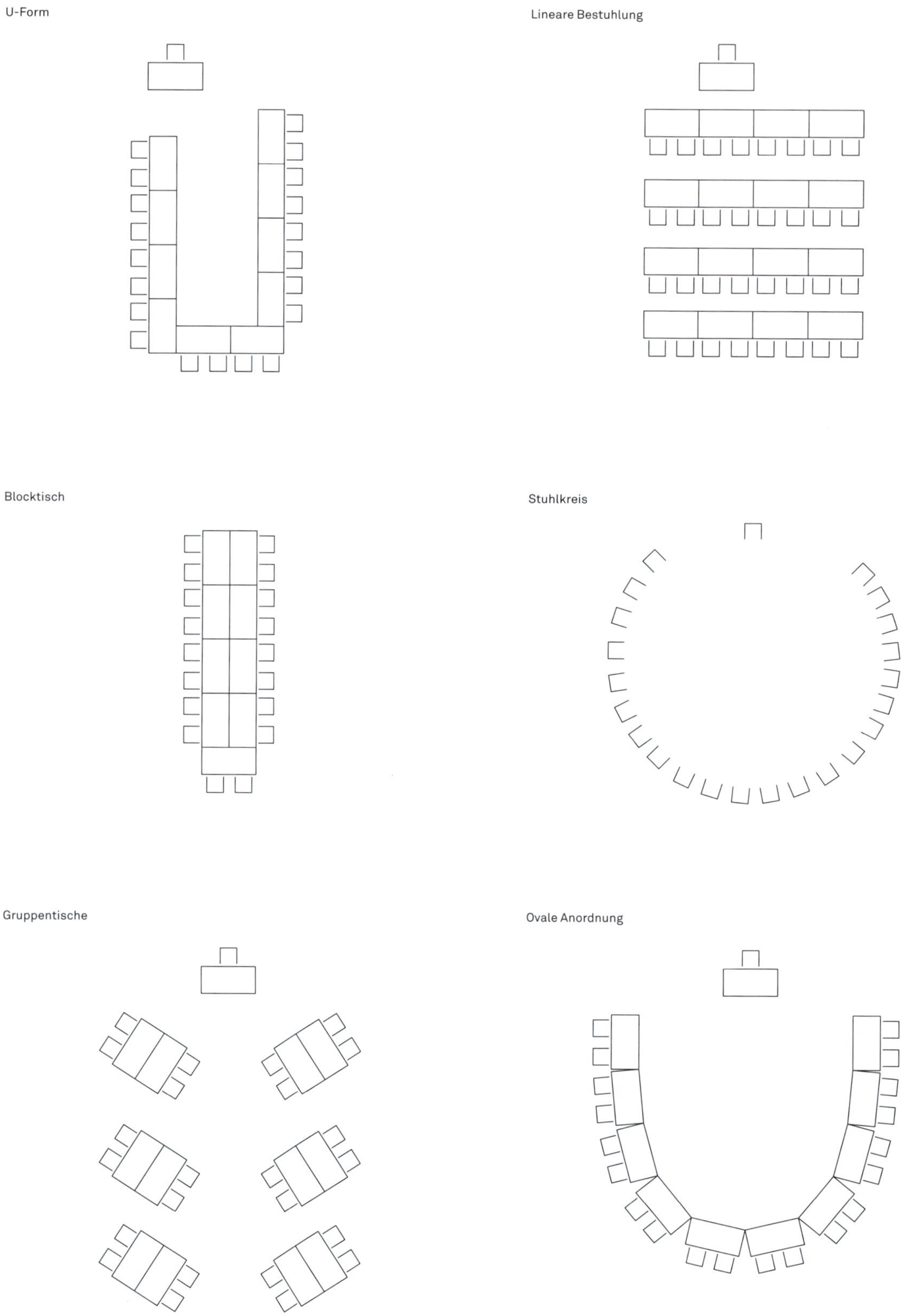

Abb. 9.4 Seminar- und Konferenzbestuhlung

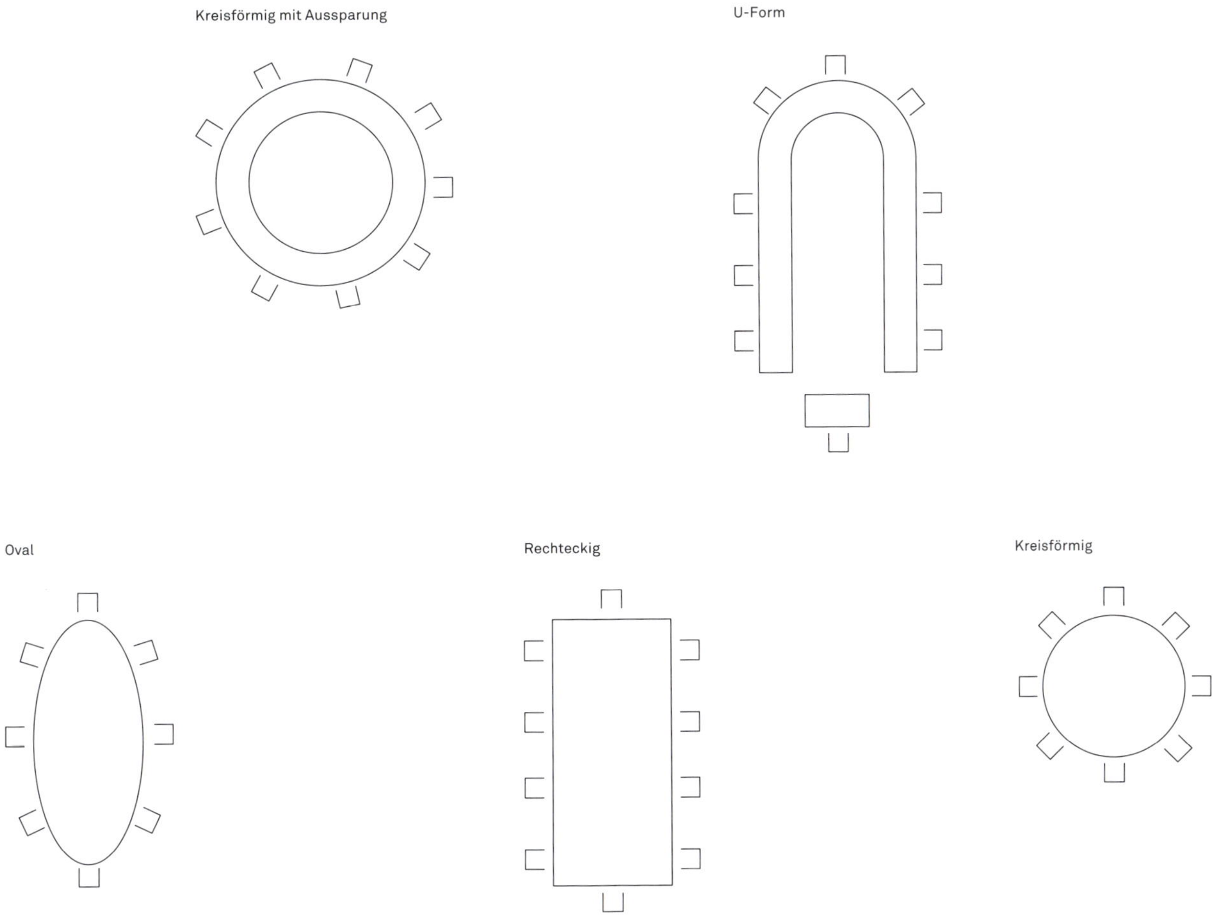

Abb. 9.5 Tischanordnungen in Besprechungsräumen

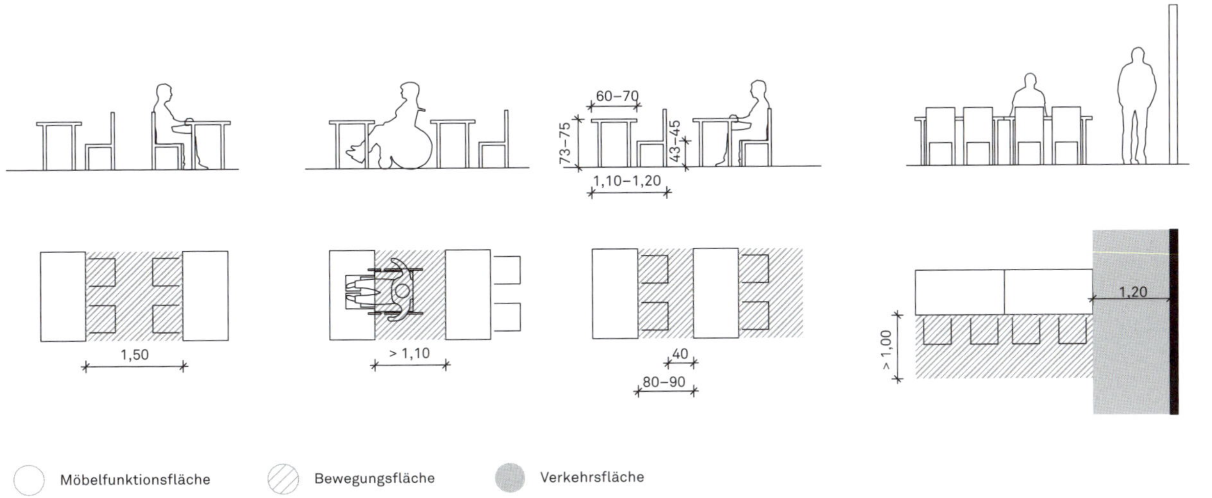

Abb. 9.6 Bewegungsflächen an Besprechungs- und Seminartischen

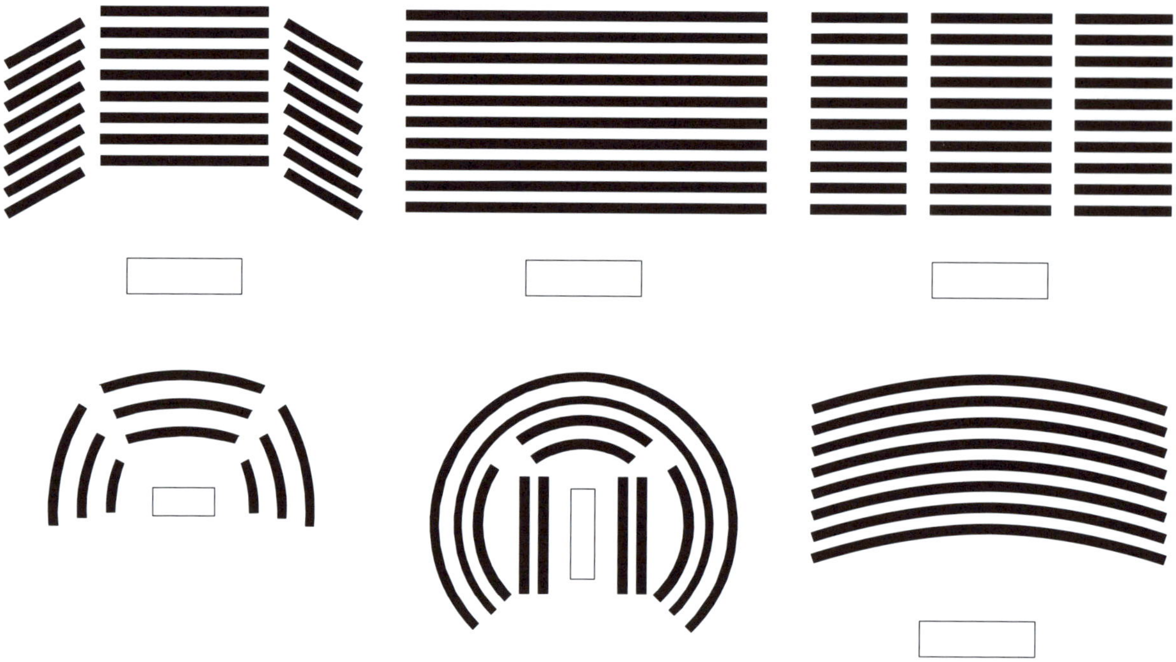

Abb. 9.7 Anordnung von Sitzreihen in Hörsälen und Vortragsräumen

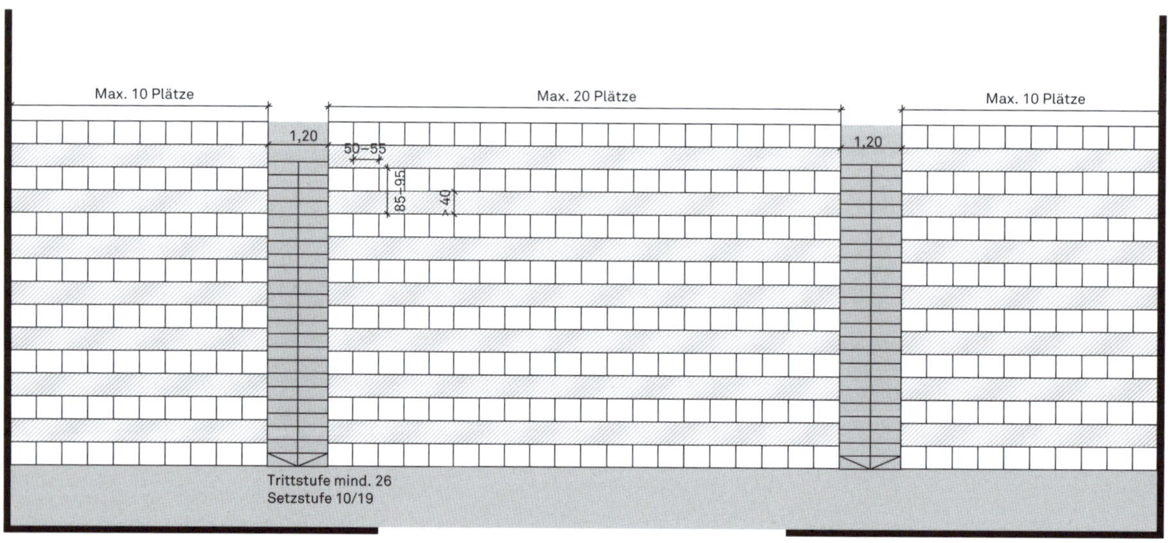

Abb. 9.8 Zuwegung von Sitzreihen

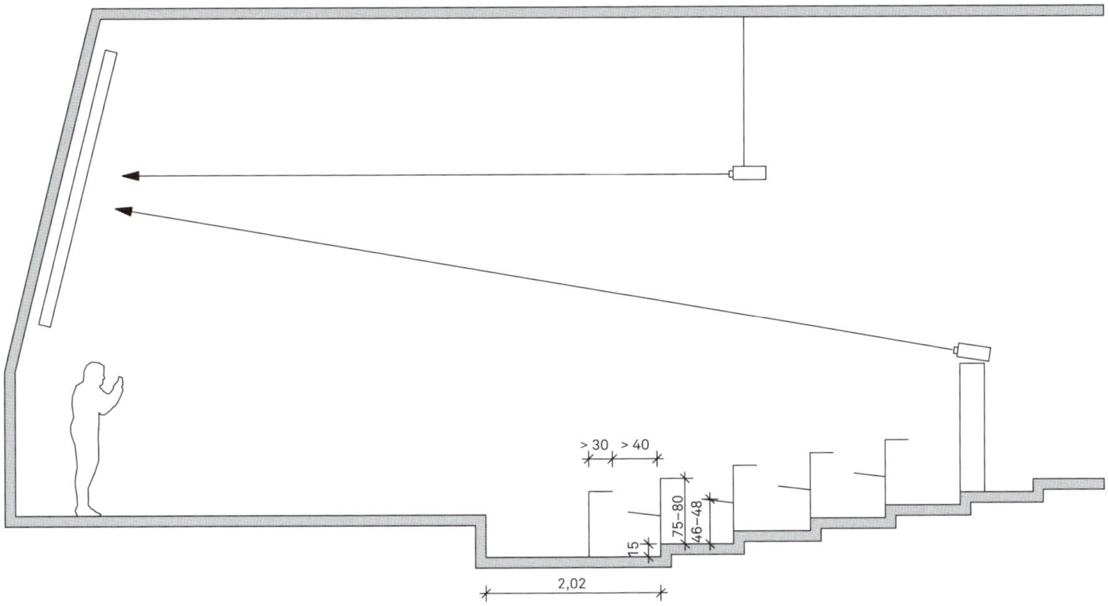

Abb. 9.9 Ansteigende Bestuhlung von Hörsälen und Vortragsräumen

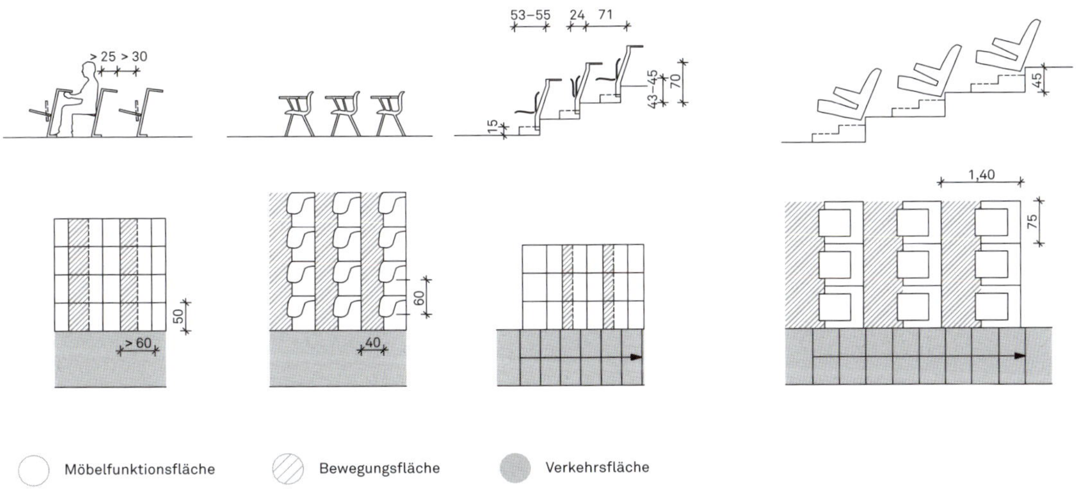

Abb. 9.10 Sitzmöbel in Hörsälen und Vortragsräumen

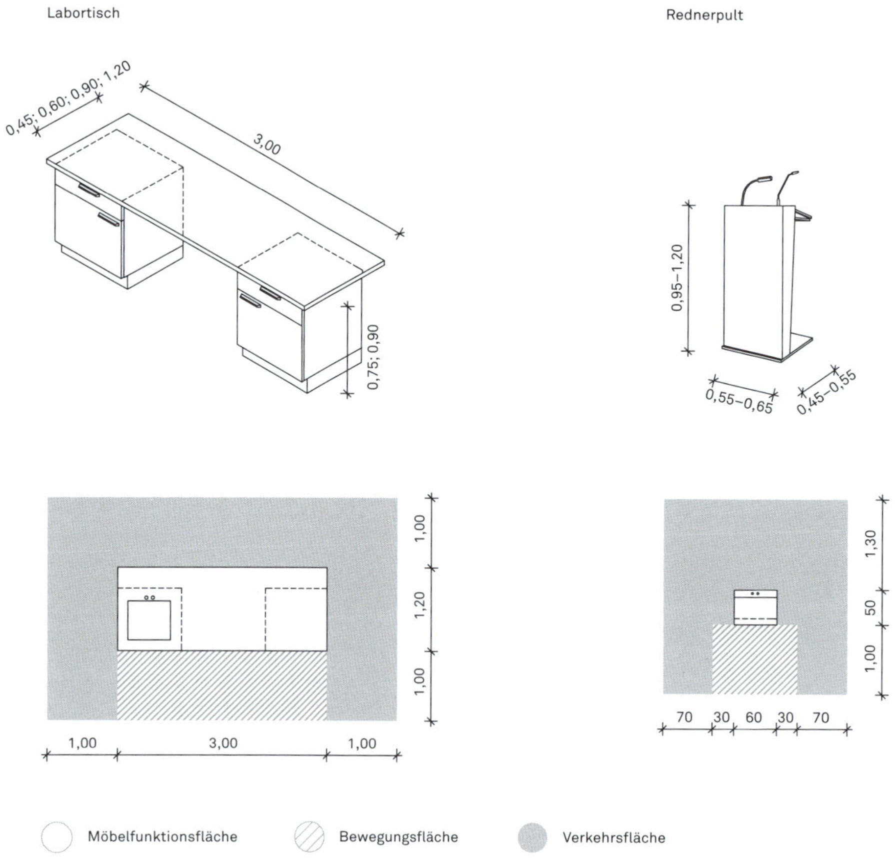

Abb. 9.11 Rednerpulte und Labortische in Hörsälen und Vortragsräumen

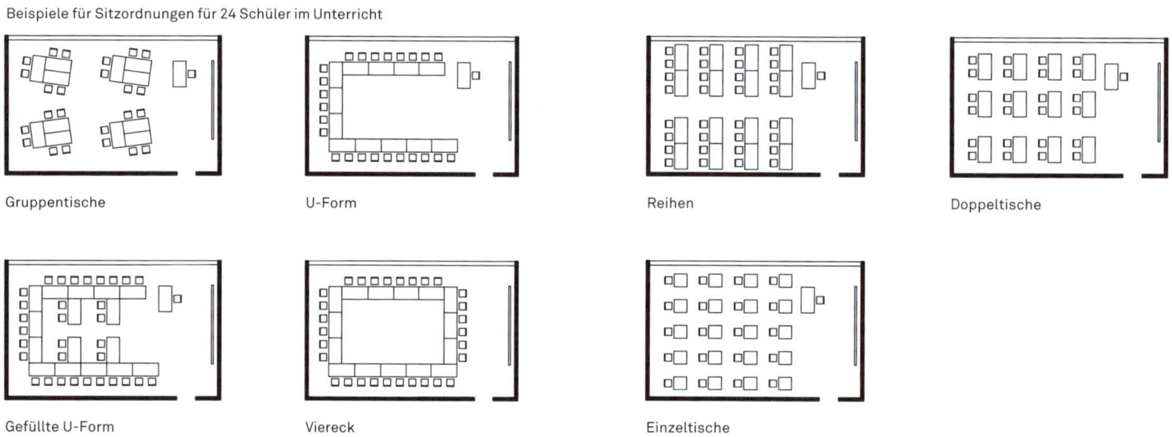

Abb. 9.12 Möblierungsbeispiele für Unterrichtsräume

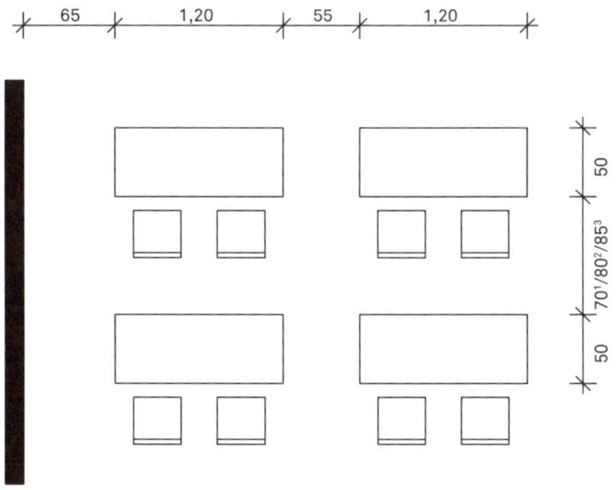

Abb. 9.13 Mindestmaße bei der Tischanordnung in Unterrichtsräumen

1 Bei max. 2 Plätzen nebeneinander und 6- bis 10-jährigen Schülern
2 Bei max. 2 Plätzen nebeneinander und 10- bis 19-jährigen oder bei mehr als 2 Plätzen nebeneinander und 6- bis 10-jährigen Schülern
3 Bei mehr als zwei Plätzen nebeneinander und 10- bis 19-jährigen Schülern

Klassenstufe	1	1–4	2–7	5–13	7–13	9–13
Sitzhöhe[1]	31 cm	35 cm	38 cm	43 cm	46 cm	51 cm
Effektive Sitztiefe[2]	27 cm	30 cm	34 cm	36 cm	38 cm	40 cm
Sitzbreite[3]	28 cm	32 cm	34 cm	36 cm	38 cm	40 cm
Höhe bis Tischplatte[2]	53 cm	59 cm	64 cm	71 cm	76 cm	82 cm
Mindesttiefe der Tischplatte	50 cm[5]	50 cm[5]	50 cm	50 cm	50 cm	50 cm
Mindestlänge der Tischplatte[4]	60 cm[6]	60 cm[6]	60 cm[6]	60 cm	60 cm	60 cm

Tab. 9.2 Größenklassen von Tischen und Stühlen in Bildungseinrichtungen

1 ± 1 cm für Stühle mit einer Sitzflächenneigung zwischen – 5° und + 5°
2 ± 1 cm für Tische zur Verwendung mit Stühlen mit einer Sitzflächenneigung zwischen – 5° und + 5°
3 Mindestens
4 Je Benutzer
5 Kann bis auf 40 cm reduziert werden (nur wenn aufgrund der Schulraumbedingungen erforderlich)
6 Kann bis auf 55 cm reduziert werden (nur wenn aufgrund der Schulraumbedingungen erforderlich)

9.2 Warte- und Sitzbereiche

Aufenthalts- und Sitzbereiche sollten hinsichtlich der Dichte und Größe der jeweiligen Personenanzahl und der Erwartungshaltung bezogen auf die Typologie entsprechen. So unterscheiden sich Sitzbereiche in privaten Wohnungen stark von Wartezonen bei Behörden, Infrastrukturgebäuden wie Bahnhöfen oder Flughäfen, medizinischen Einrichtungen oder von Pausenbereichen in Kultur- und Freizeitbauten. In Stoßzeiten (z.B. vor oder nach Theateraufführungen) oder bei kurzfristig hohem Personenaufkommen (z.B. am Flughafengate) sollten Sitz- und Warteschlangenbereiche mit ausreichend differenzierter Fläche versehen werden. Bei Kultur- und Freizeitgebäuden ist zudem die Kombination von Aufenthalts- und Sitzbereichen mit gastronomischen Serviceangeboten sinnvoll.

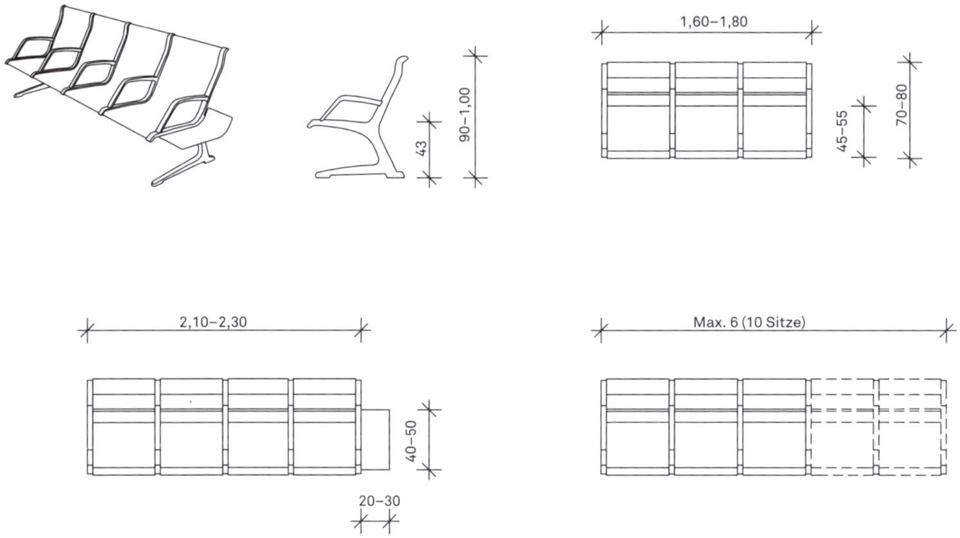

Abb. 9.14 Platzbedarf von Sitzreihen

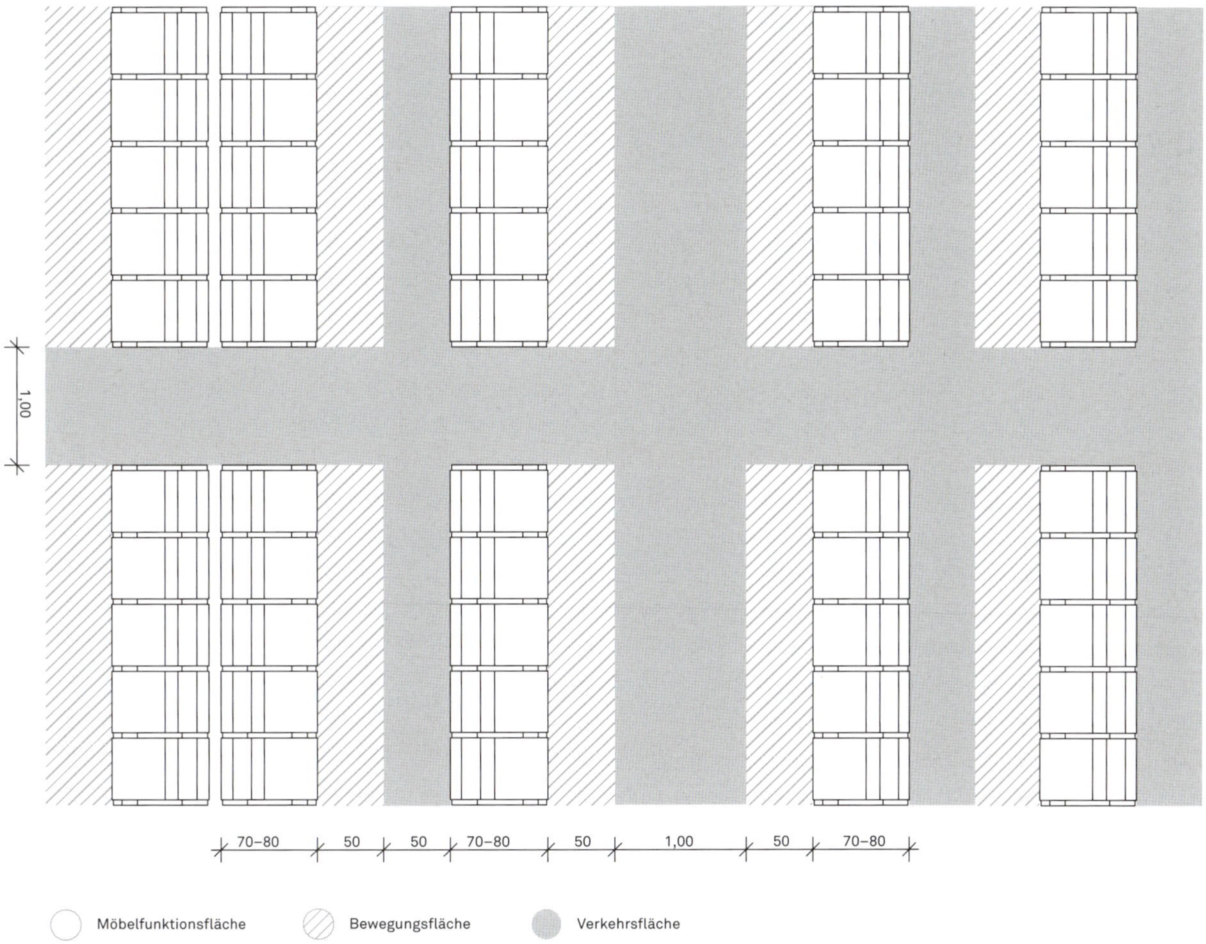

Abb. 9.15 Platzbedarf von Wartebereichen

10 Sport- und Freizeiträume

Gebäude für den Sport- und Freizeitsektor orientieren sich in Kubatur und Gestaltung stark an den vorgesehenen Nutzungen. Sie können spezifisch für eine bestimmte Sportart oder multifunktional und flexibel geplant werden. Die Bandbreite reicht von Vereinsheimen, Sport- und Schwimmhallen bis zu Großprojekten wie multifunktionalen Fußballstadien.

10.1 Sport

Ausgangspunkt beim Entwerfen von Sportgebäuden sind die benötigten Flächen der spezifischen Nutzungen. In der Regel sind Abmessungen und Raumhöhen der eigentlichen Sportflächen (z. B. Spielfeld oder Bahngröße) durch Verbände oder normative Festlegungen vorgegeben und werden durch Auslaufzonen und Bewegungsbereiche ergänzt.

Die Anordnung der notwendigen Nebenflächen wie Umkleiden, Gerätelager oder Technikflächen muss so erfolgen, dass möglichst kurze Wege und klar abgrenzbare Zonierungen entstehen. Sind Zuschauerbereiche vorgesehen, so müssen neben Tribünen am Spielfeld auch weitere Nutzungen wie separate Sanitärräume, Gastronomie, separate Zugänge mit Zugangskontrollen, Kassen etc. eingeplant werden.

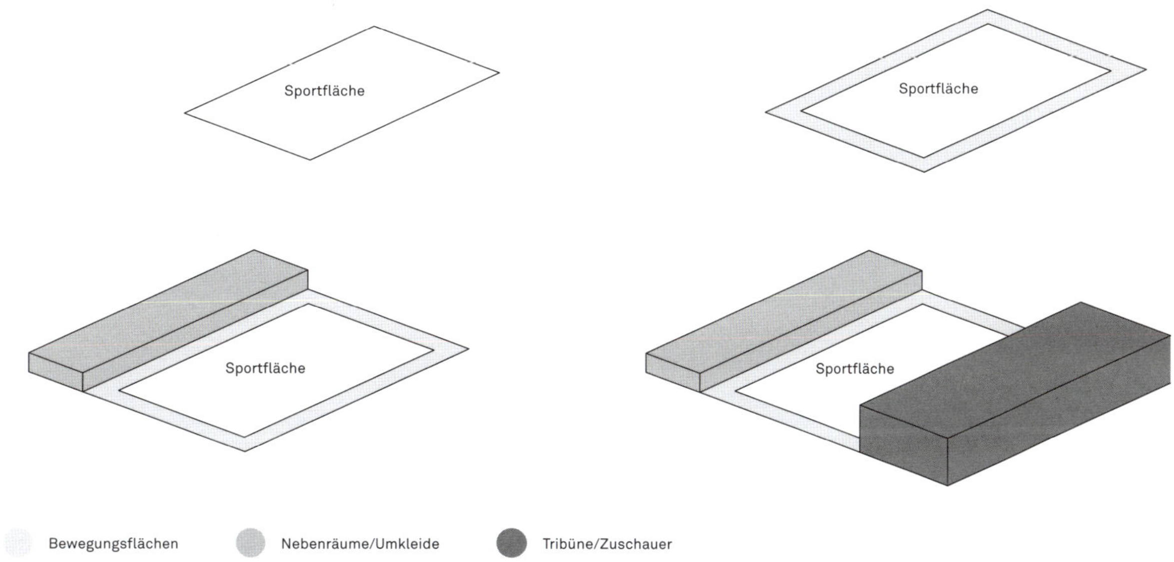

Abb. 10.1 Systematisierung des Flächenbedarfs

Sportart	Spiel-/Sportfläche bzw. Bahngröße			Umgrenzter Raum inkl. Abständen			Lichte Höhe	Bemerkungen
	Länge	Breite	Fläche	Länge	Breite	Fläche		
American Football	109,72 m	48,76 m	5350 m²	113,75 m	50,80 m	5779 m²		
Badminton	13,40 m	6,10 m	82 m²	15,50 m	6,70 m	122 m²	9,00 (7,00) m	Für nationale Veranstaltungen 7 m ausreichend
Baseball	27,43 m	27,43 m	753 m²	121,92 m	121,92 m	14 864 m²		Spielrichtung diagonal
Basketball	28,00 m	15,00 m	420 m²	32,00 m	19,00 m	608 m²	7,00 m	
Beachvolleyball	16,00 m	8,00 m	128 m²	22,00 m	14,00 m	308 m²		
Bogenschießen	30,00–90,00 m	4,00–5,00 m	120–450 m²	280,00–340,00 m	4,00–5,00 m	1120 m² – 1700 m²		
Boule	27,50 m	2,50–4,00 m	69–110 m²	27,50 m	2,50–4,00 m	69–110 m²		
Bowling	19,20 m	1,06 m	20 m²	23,73 m	1,04 m	25 m²		
Boxen	4,90–6,10 m	4,90–6,10 m	24–38 m²	5,90–7,10 m	5,90–7,10 m	35–51 m²	4,00 m	
Casting	100,00 m	50,00 m	5000 m²	100,00 m	50,00 m	5000 m²		
Cricket	20,12 m	2,05 m	62 m²	150,00 m	90,00 m	13 500 m²		Ellipsenform des Feldes
Curling	45,72 m	5,02 m	230 m²	46,00 m	6,25 m	269 m²	4,00–7,00 m	Pro Anlage mind. 3 Curlingbahnen
Darts	2,37 m	1,00 m	2,37 m²					Seitlicher Abstand Scheibenmitte zur Wand mind. 0,90 m, zwischen 2 Scheiben mind. 1,80 m
Dressurreiten	20,00 m	40,00–60,00 m	800–1200 m²	20,00 m	40,00–60,00 m	800–1200 m²		Normiertes Dressurviereck
Eishockey	60,00 m	26,00–30,00 m	1560–1800 m²	59,00–64,00 m	30,50–4,50 m	1800–2208 m²		3 m Sicherheitsabstand im Zugangsbereich
Faustspiel	50,00 m	20,00 m	1000 m²	66,00 m	32,00 m	2112 m²		
Fechten	14,00 m	1,50–2,00 m	21–48 m²	19,00–30,00 m	7,80–8,00 m	148–240 m²	4,00 m	
Fußball (FIFA-Norm)	105,00 m	68,00 m	7140 m²	120,00 m	80,00 m	9600 m²	5,50 m	
Fußball allgemein	90,00–120,00 m	45,00–90,00 m	4050–10 800 m²	94,00–124,00 m	47,00–92,00 m	4418–11 408 m²	5,50 m	
Fußballtennis	12,80–18,00 m	8,20 m	105–148 m²	19,80–25,00 m	14,20 m	282–355 m²		
Futsal (Hallenfußball)	38,00–42,00 m	20,00–25,00 m	760–1050 m²	39,00–46,00 m	21,00–26,00 m	819–1196 m²		
Geräteturnen	29,00 m	16,00 m	464 m²	36,00 m	16,00 m	576 m²	7,00 m	Für nationale und internationale Veranstaltungen 1 m an den Längsseiten und 3 m an den Stirnseiten erforderlich

Tab. 10.1 Spielfeldgrößen bei verschiedenen Sportarten

Sportart	Spiel-/Sportfläche bzw. Bahngröße			Umgrenzter Raum inkl. Abständen			Lichte Höhe	Bemerkungen
	Länge	Breite	Fläche	Länge	Breite	Fläche		
Gewichtheben	4,00 m	4,00 m	16 m²	10,00 m	10,00 m	100 m²	4,00 m	
Handball	40,00 m	20,00 m	800 m²	44,00 m	22,00 m	968 m²	7,00 m	
Hockey (Feld)	91,40 m	55,00 m	5027 m²	101,40 m	63,00 m	6389 m²	5,50 m	
Hockey (Halle)	36,00–44,00 m	18,00–22,00 m	648–968 m²	40,00–48,00 m	19,00–23,00 m	760–1104 m²	5,50 m	
Judo	8,00–10,00 m	8,00–10,00 m	64–100 m²	14,00–16,00 m	14,00–16,00 m	196–256 m²	4,00 m	
Kegeln	19,50 m	1,50 m	30 m²	25,00 m	1,50 m	38 m²		
Korbball (Halle)	30,00 m	15,00 m	450 m²	32,00 m	17,00 m	544 m²	5,50 m	
Sportakrobatik	12,00 m	12,00 m	144 m²	14,00 m	14,00 m	196 m²	5,50 m	
Lacrosse	102,00m	55,00 m	5610 m²	115,00 m	60,00 m	6900 m²		
Polo	274,00 m	146,00 m	40004 m²	274,00 m	146,00 m	40004 m²		
Radball/Radpolo	14,00 m	11,00 m	154 m²	16,00–18,00 m	11,00–13,00 m	176–234 m²	4,00 m	
Kunstradfahren	14,00 m	11,00 m	154 m²	16,00–18,00 m	11,00–13,00 m	176–234 m²	4,00 m	
Reiten	16,00–25,00 m	20,00–65,00 m	320–1625 m²	18,00–27,00 m	22,00–67,00 m	396–1809 m²	4,40 m	
Ringen	9,00–12,00 m	9,00–12,00 m	81–144 m²	13,00–16,00 m	13,00–16,00 m	169–256 m²	4,00 m	
Rhönradturnen	23,00 m	3,00 m	69 m²	27,00 m	15,00 m	405 m²	4,00 m	
Rhythmische Sportgymnastik	13,00 m	13,00 m	169 m²	14,00 m	14,00 m	196 m²	8,00 m	
Rugby	120,00 m	68,00 m	8160 m²	125,00 m	73,00 m	9125 m²		
Schlagball	70,00 m	25,00 m	1750 m²	80,00 m	45,00 m	3600 m²		
Squash	9,75 m	6,40 m	63 m²	9,75 m	6,40 m	63 m²	2,13–4,57 m	
Tennis	23,77 m	8,23–10,97 m	196–261 m²	36,57 m	18,27 m	669 m²	7,00 m	
Tischtennis	2,74 m	1,525 m	4,20 m²	14,00 m	7,00 m	98 m²	5,00 m	
Trampolinturnen	7,57 m	3,03 m	23 m²	15,57 m	11,03 m	172 m²	8,00 m	
Ultimate Frisbee	109,73 m	36,58 m	4014 m²	112,00 m	39,00 m	4368 m²		
Volleyball	18,00 m	9,00 m	162 m²	24,00 m	15,00 m	360 m²	7,00 m	
Wasserball	20,00–30,00 m	10,00–20,00 m	200–600 m²	30,00 m	20,00 m	600 m²		

Tab. 10.1 (Fortsetzung) Spielfeldgrößen bei verschiedenen Sportarten

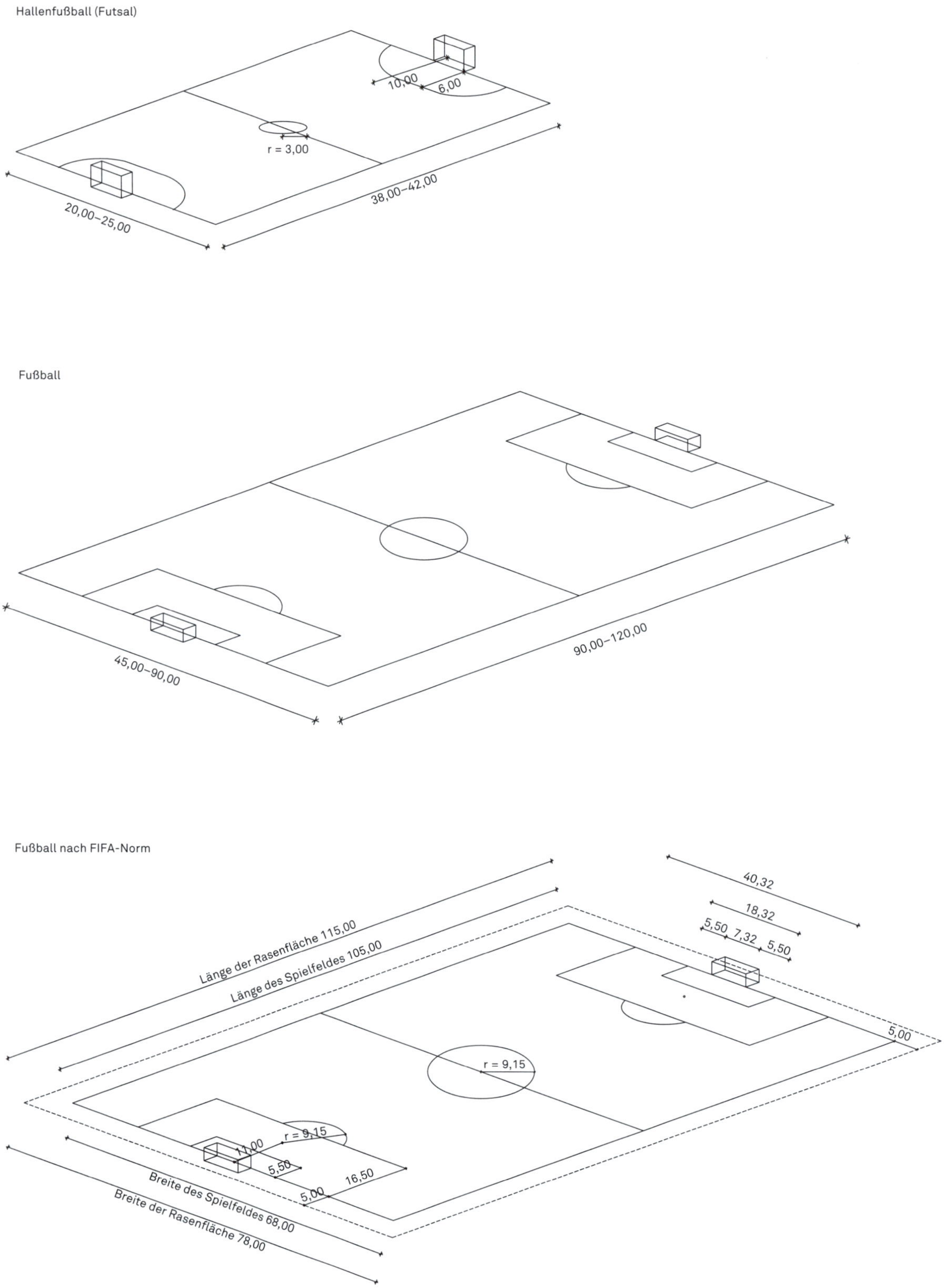

Abb. 10.2 Spielfeldabmessungen Fußball

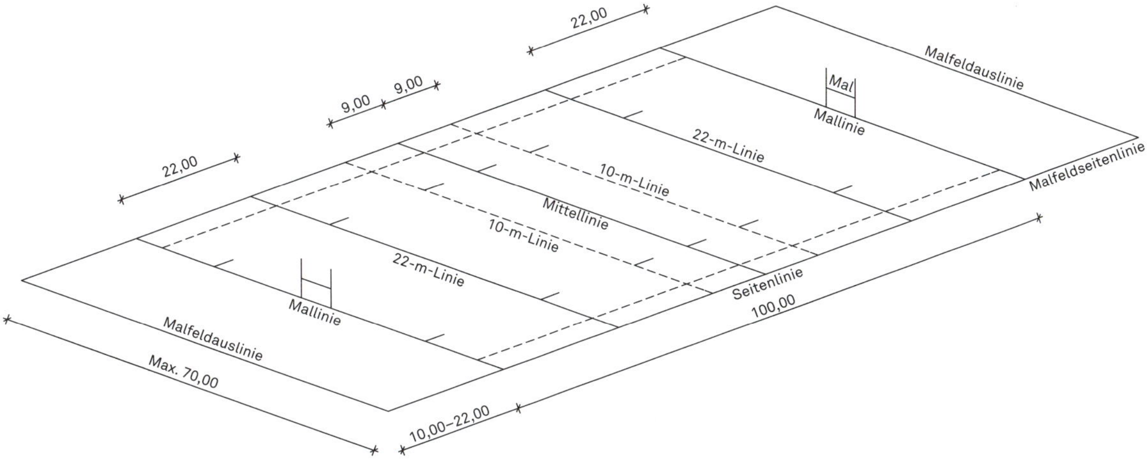

Abb. 10.3 Spielfeldabmessungen Rugby

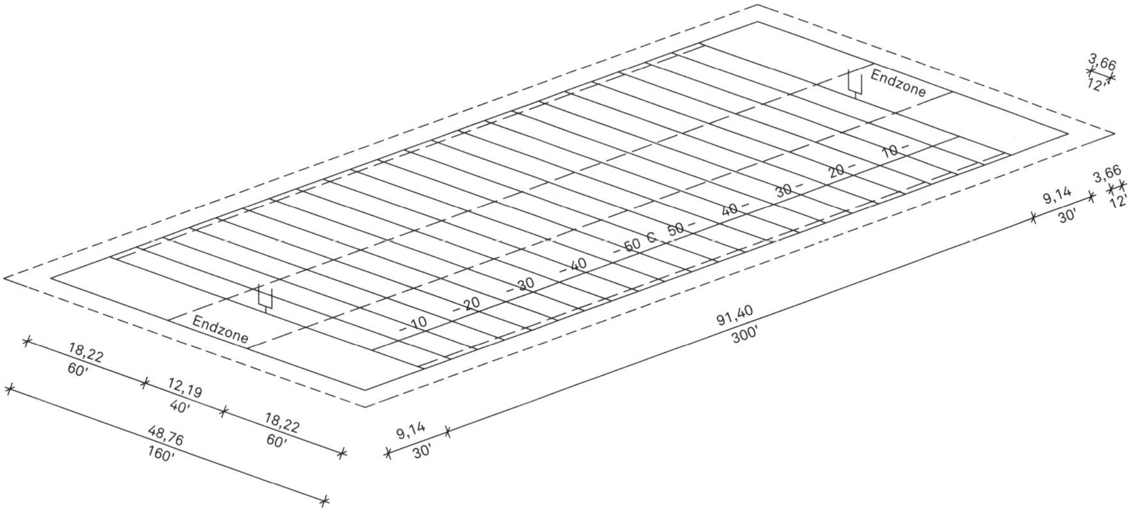

Abb. 10.4 Spielfeldabmessungen American Football

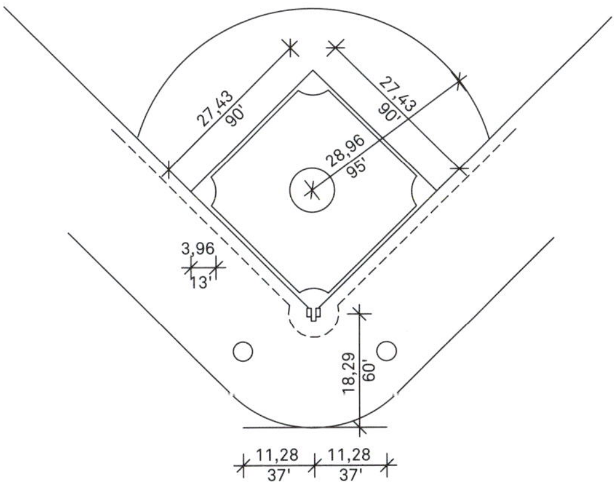

Abb. 10.5 Abschlagpunkt Baseball

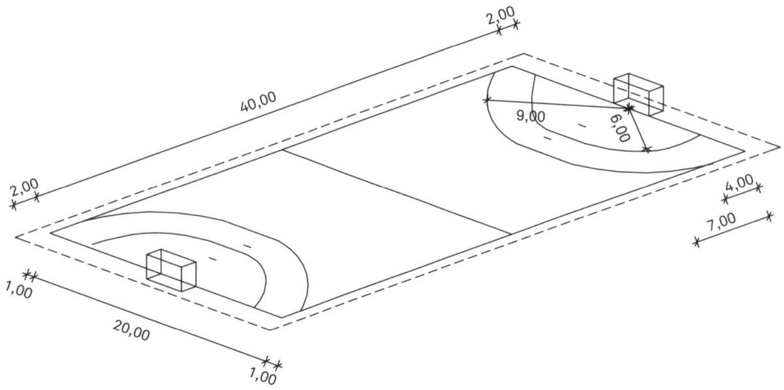

Abb. 10.6 Spielfeldabmessungen Handball

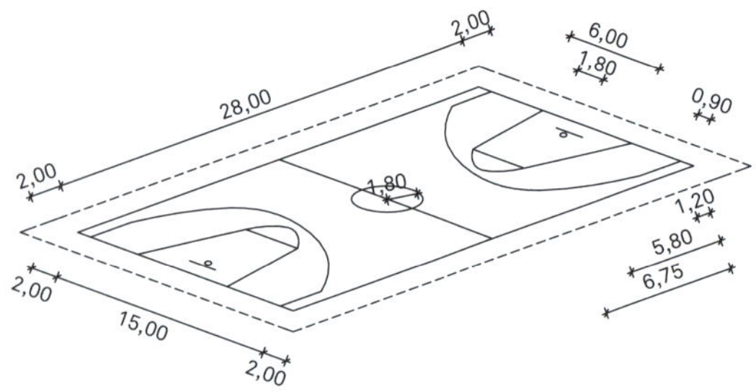

Abb. 10.7 Spielfeldabmessungen Basketball

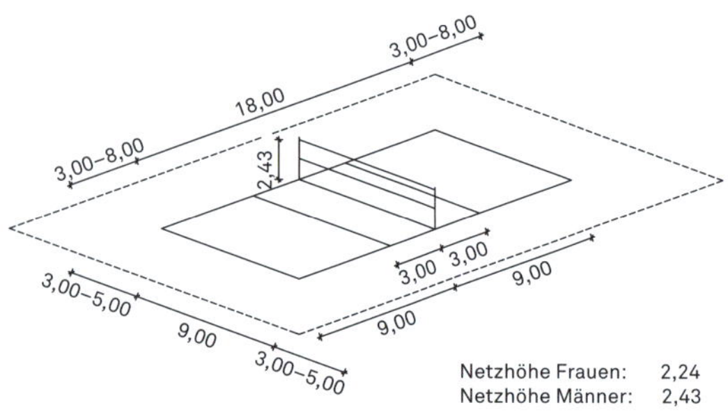

Abb. 10.8 Spielfeldabmessungen Volleyball

Bert Bielefeld (Hrsg.)

Architektur planen
Dimensionen, Räume, Typologien

2016 I 568 Seiten I 1 200 Abbildungen I 30,0 × 24,0 cm

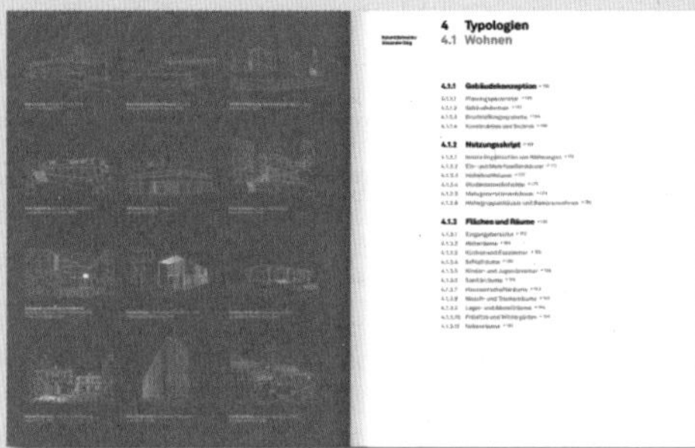

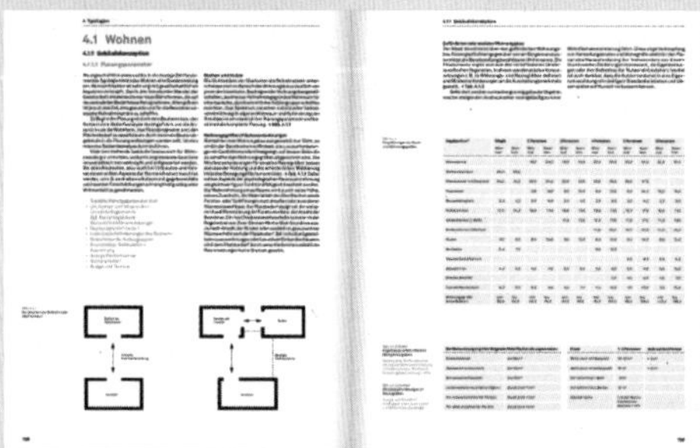

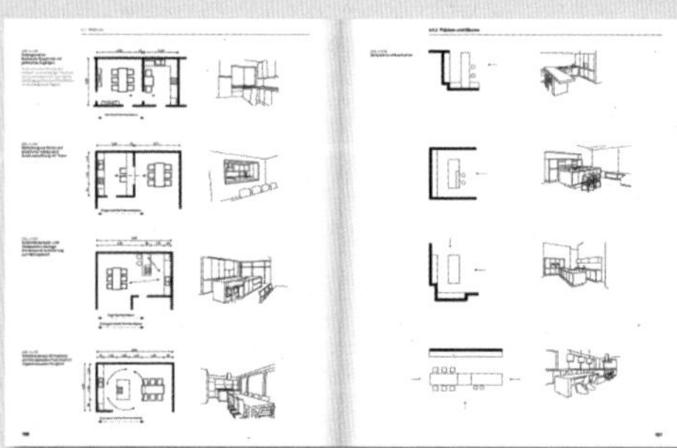

Konsequent gibt *Architektur planen* dem Architekten und Studierenden ein durchdachtes Planungsinstrument an die Hand, in dem sich zwei Hauptteile ergänzen: die „Räume" und die „Typologien", zwischen denen der Planer je nach Betrachtungsmaßstab flexibel hin und her wechseln kann. Alle planungsrelevanten Informationen werden hierfür detailliert, übersichtlich und im Zusammenhang präsentiert.

Bert Bielefeld, Professor für Bauökonomie und Baumanagement, Universität Siegen; Inhaber bertbielefeld&partner, Dortmund

Alle wichtigen Planungsinformationen schnell auffindbar und in übersichtlicher Form

Unverzichtbar auf jedem Architekten-Schreibtisch

Entwickelt von einem professionellen Autorenteam und dem Herausgeber der erfolgreichen Studentenreihe BASICS

Broschur EUR 69,95 [D]
ISBN 978-3-0356-0320-0
Gebunden EUR 119,95 [D]
ISBN 978-3-0356-0318-7

Bestellen Sie bei Ihrer Buchhandlung oder direkt in unserem Webshop: www.birkhauser.com

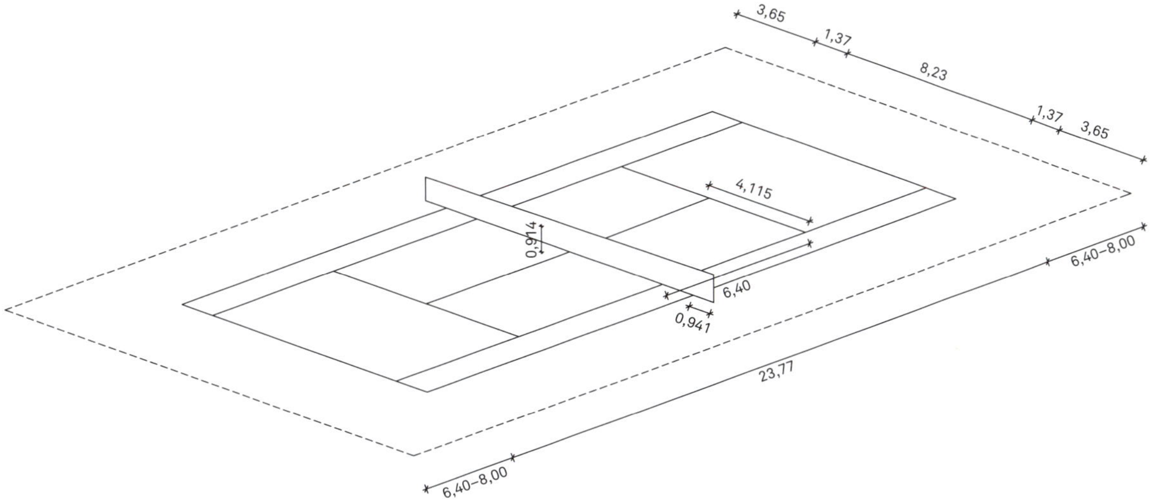

Abb. 10.9 Spielfeldabmessungen Tennis

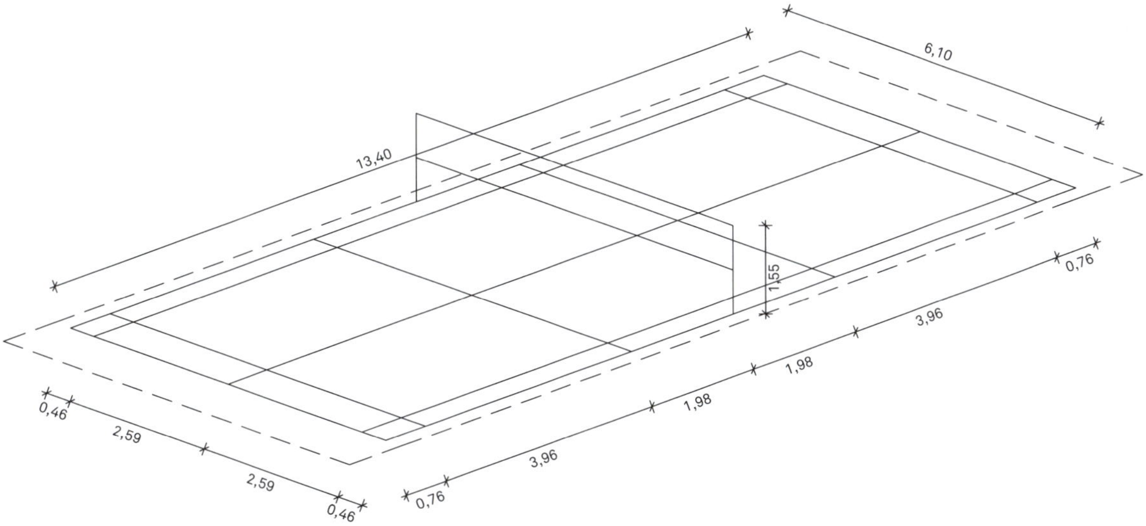

Abb. 10.10 Spielfeldabmessungen Badminton

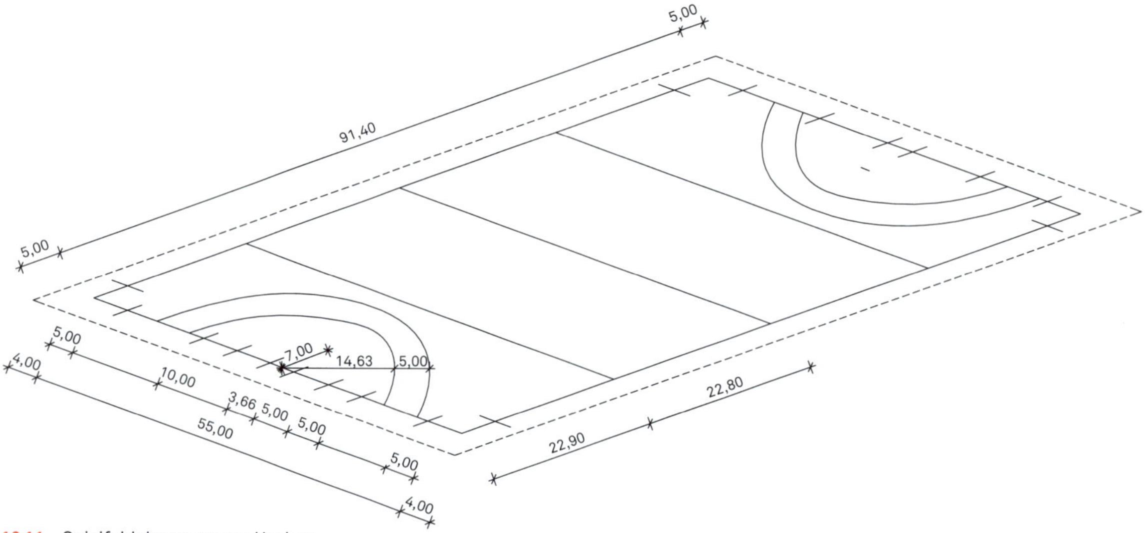

Abb. 10.11 Spielfeldabmessungen Hockey

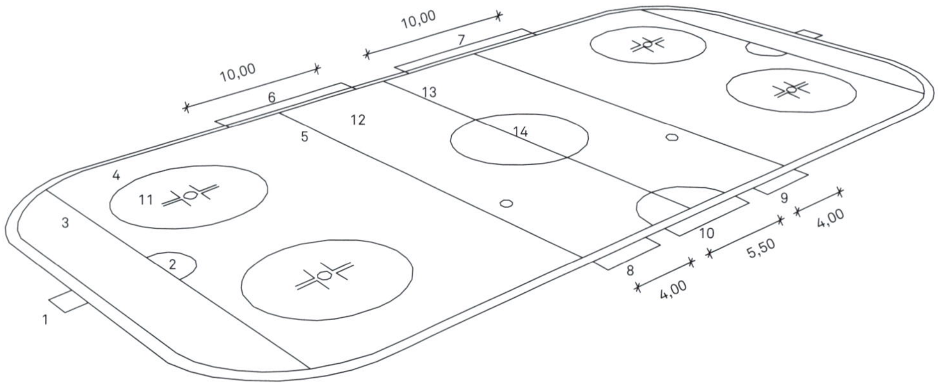

Abb. 10.12 Eishockey-Spielfeld

1 Torrichterkabine
2 Tormarkierung
3 Torlinie, rot, 0,05 m breit
4 Radius, 7,00–8,00 m
5 Blaue Linie, 0,30 m breit
6 Spielerbank, Team A
7 Spielerbank, Team B
8 Strafbank, Team A
9 Strafbank, Team B
10 Punktrichterbank
11 Anspielung und Anspielkreis Endzone
12 Anspielpunkt neutrale Zone
13 Mittellinie, rot, 0,30 m breit
14 Anspielpunkt und -kreis Spielfeldmitte

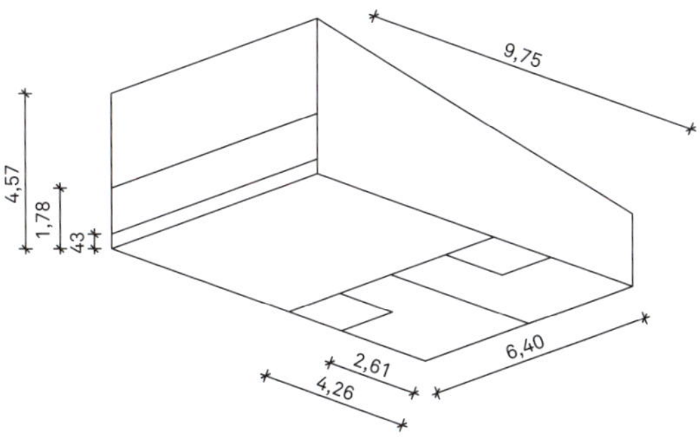

Abb. 10.13 Spielfeldabmessungen Squash

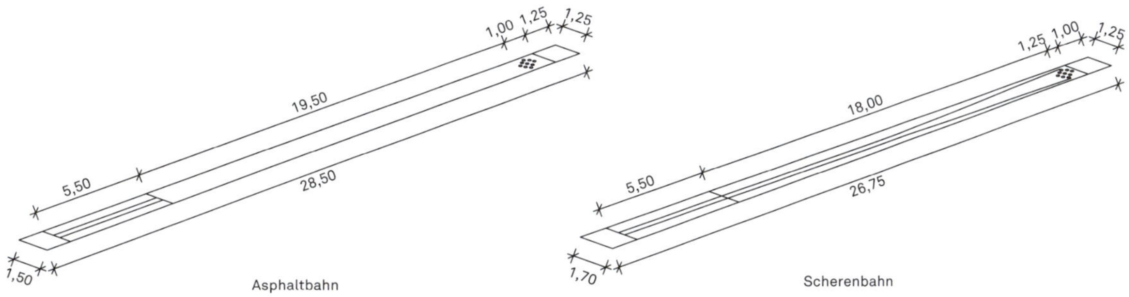

Abb. 10.14 Bahnabmessungen Bowling/Kegeln

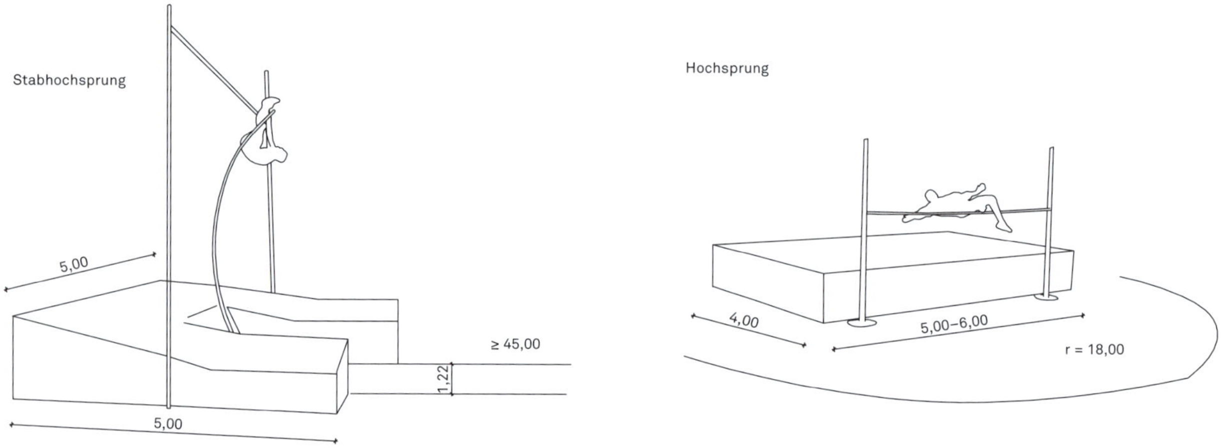

Abb. 10.15 Abmessungen Hochsprung und Stabhochsprung

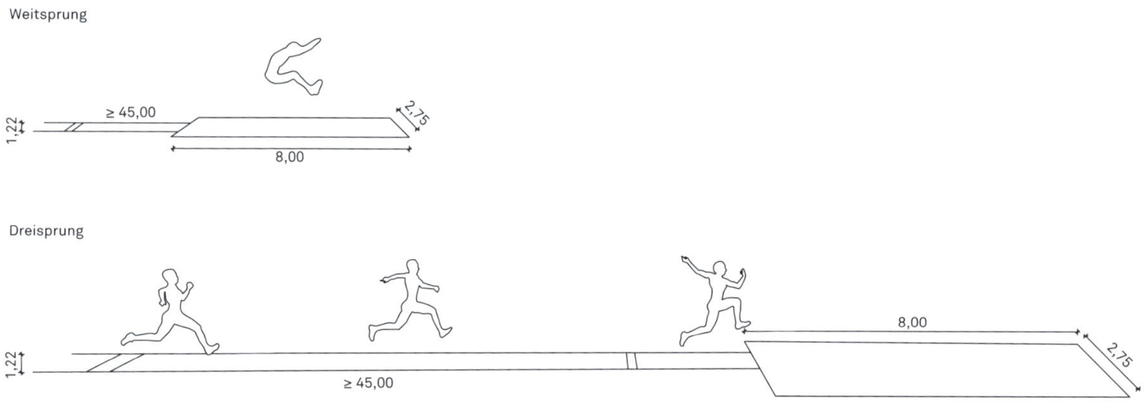

Abb. 10.16 Abmessungen Weitsprung und Dreisprung

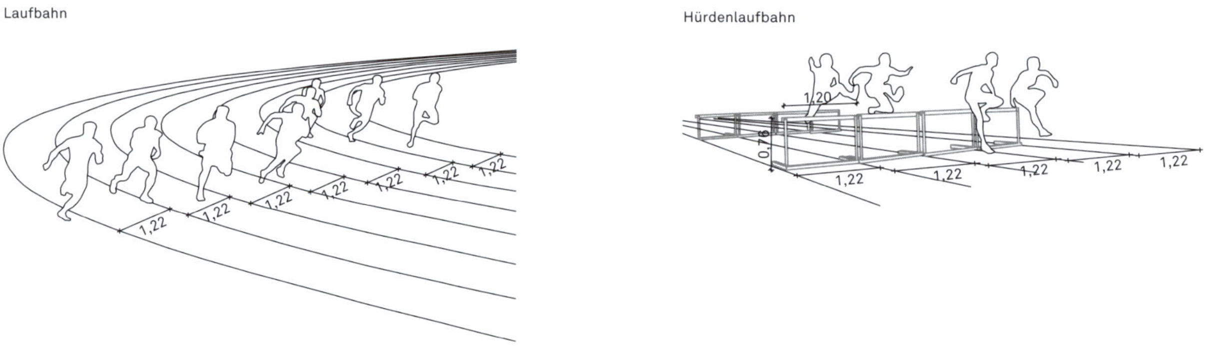

Abb. 10.17 Abmessungen Laufbahnen und Hürdenlaufbahnen

Beckenart	Wassertiefe
Planschbecken	Max. 0,50/0,60 m
Nichtschwimmerbecken	Max. 1,35 m
Schwimmerbecken	Mind. 1,35 m, empfohlen 1,80 m
Wasserballbecken	Mind. 1,80 m, empfohlen 2,00 m
Olympische Schwimmbecken	Mind. 2,00 m, empfohlen 3,00 m
Sprungbecken	Mind. 3,20 m, je nach Turm bis 4,50 m
Variobecken	Höhenverstellbar

Tab. 10.2 Wassertiefe von Schwimmbecken

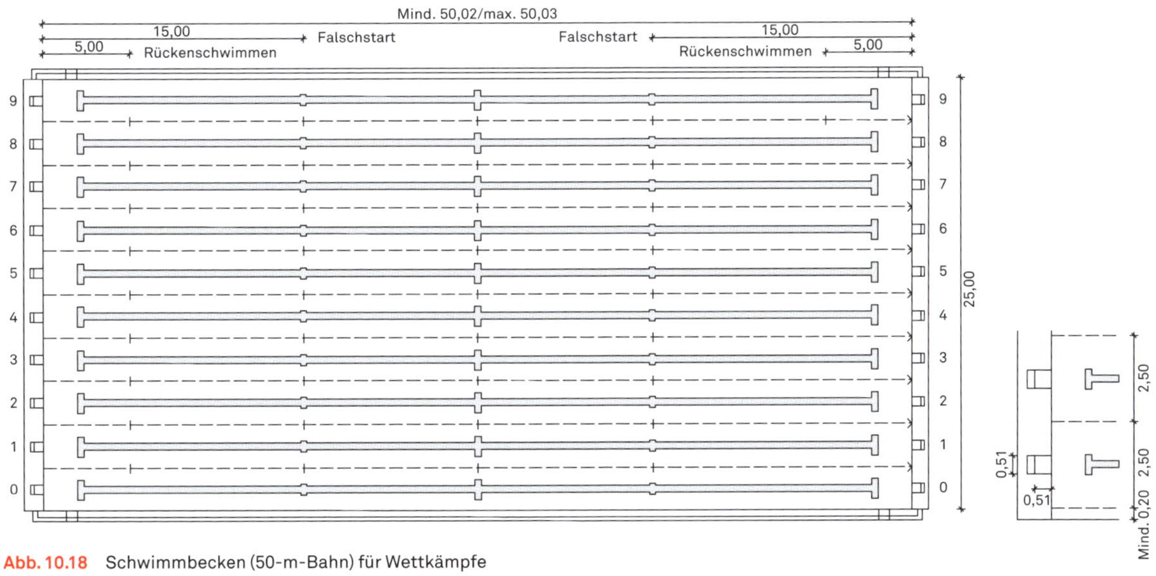

Abb. 10.18 Schwimmbecken (50-m-Bahn) für Wettkämpfe
Quelle: FINA

Mattenwagen

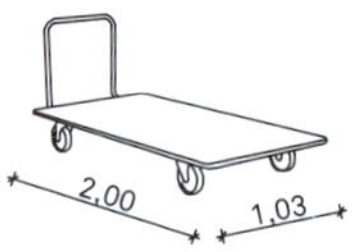

Sitzbank, einseitig

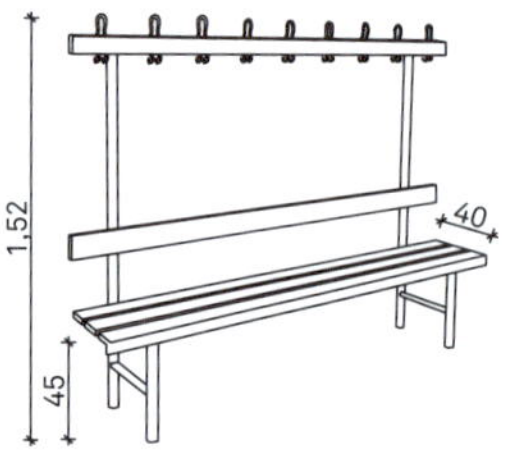

Sitzbank, zweiseitig

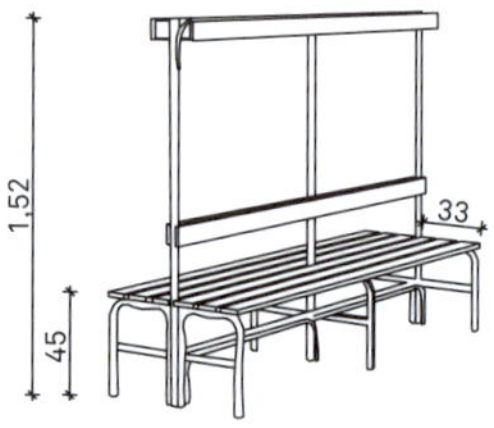

Sprungtisch

Turnpferd

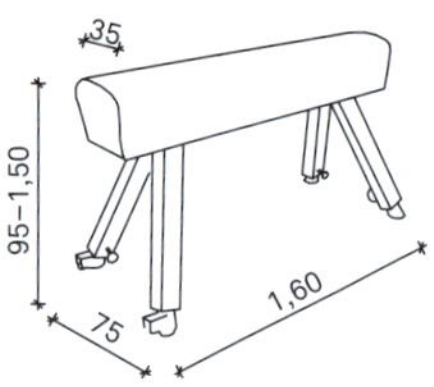

Pauschenbock

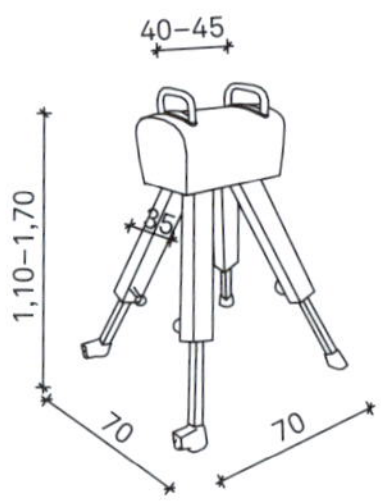

Pauschenpferd

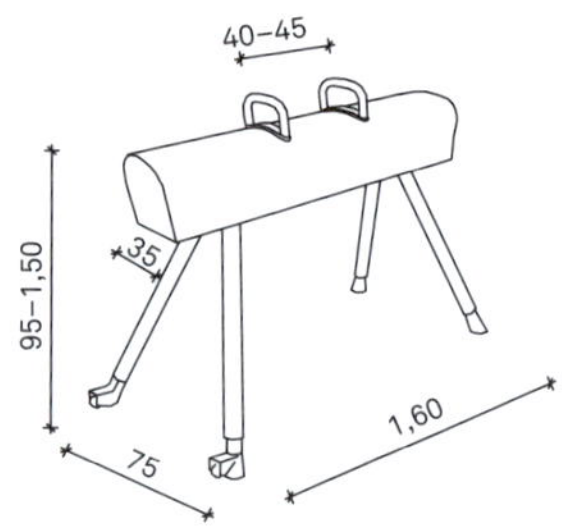

Turnkasten

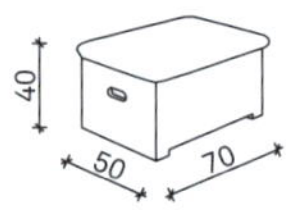

Sprungbrett

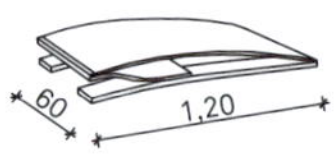

Turnbank

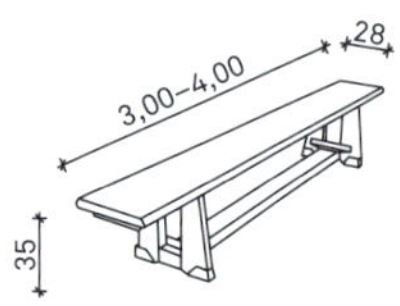

Sprossenwand

Schwebebalken

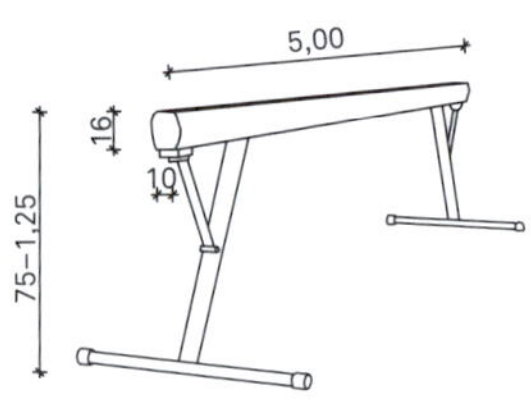

Barren

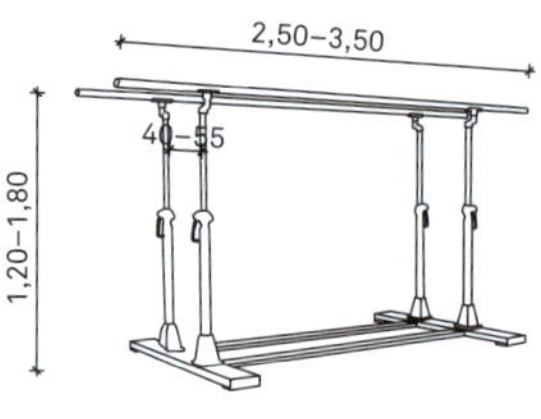

Turnkasten

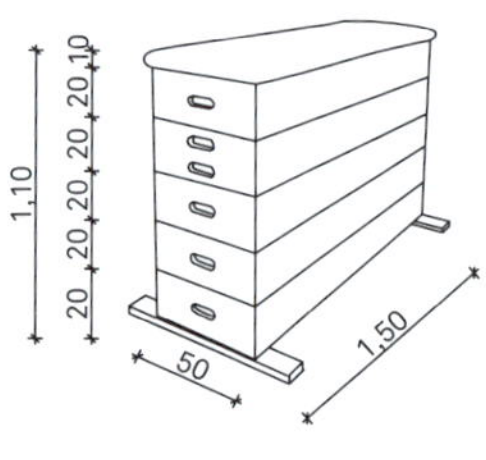

Abb. 10.19 Platzbedarf von mobilen Turngeräten

Gerät	Hindernisfreier Bereich				Sicherheitsabstand				Gesamtfläche
	Länge	Breite	Höhe	Fläche	Seitlich	Vorwärts	Rückwärts	Nebeneinander	
Bodenturnfläche	14,00 m	14,00 m	4,50 m	196 m²					196 m²
Pauschenpferd	4,00 m	4,00 m	4,50 m	16 m²					16 m²
Sprungpferd	36,00 m	2,00 m	5,50 m	72 m²					72 m²
Stillhängende Ringe	8,00 m	6,00 m	5,50 m	64 m²					64 m²
Barren	6,00 m	9,50 m	4,50 m	57 m²	2,00 m	4,00 m	3,00 m	4,50 m	176 m²
Spannreck	12,00 m	6,00 m	7,00 m	72 m²	1,50 m	6,00 m	6,00 m		216 m²
Spannstufenbarren	12,00 m	6,00 m	5,50 m	72 m²	1,50 m	6,00 m	6,00 m		216 m²
Schwebebalken	12,00 m	6,00 m	4,50 m	72 m²					72 m²
Schaukelringe	18,00 m	4,00 m	5,50 m	72 m²	1,50 m	10,50 m	7,50 m	1,50 m	252 m²
Klettertaue					1,50 m	4,50 m	4,50 m	1,00 m	27 m²
Sprossenwände ausgestellt						4,00 m	4,00 m	2,00 m	

Tab. 10.3 Platzbedarf von Turngeräten

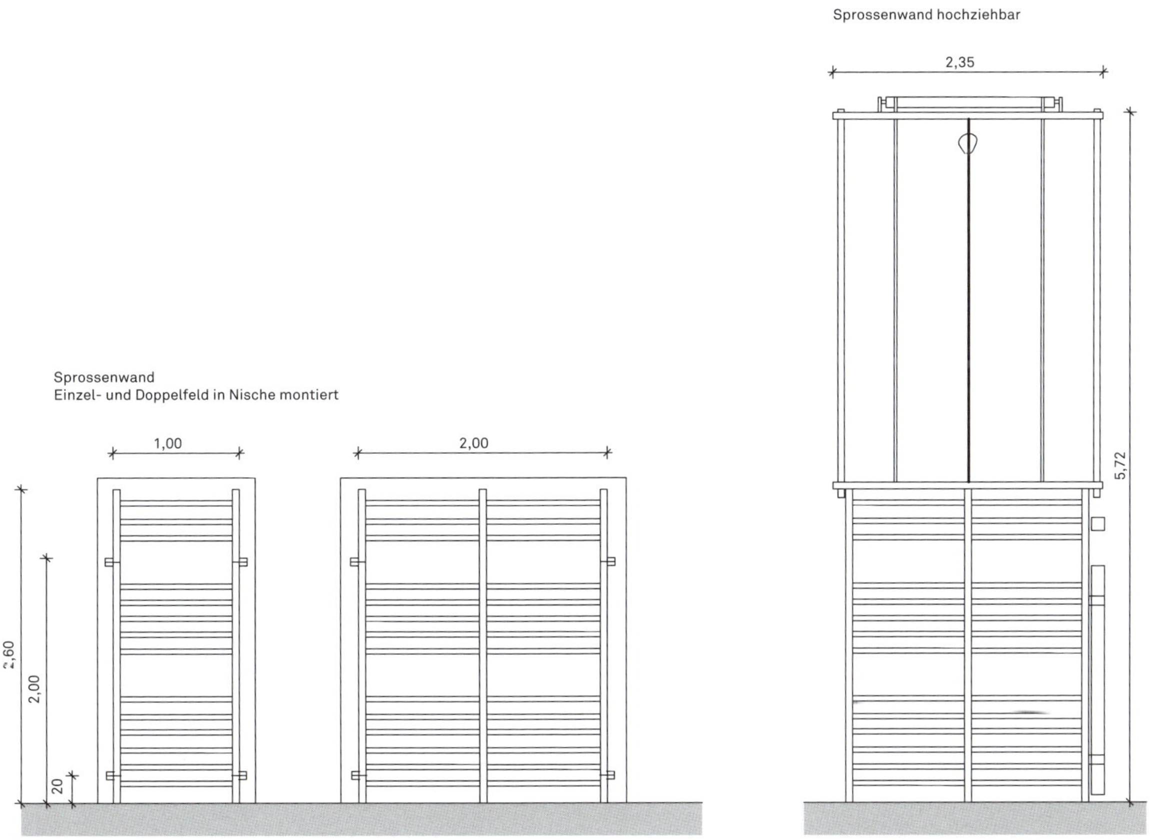

Abb. 10.20 Platzbedarf von Sprossenwänden

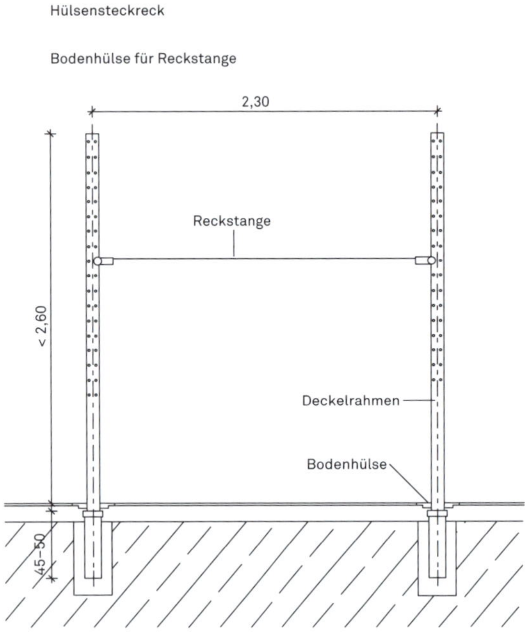

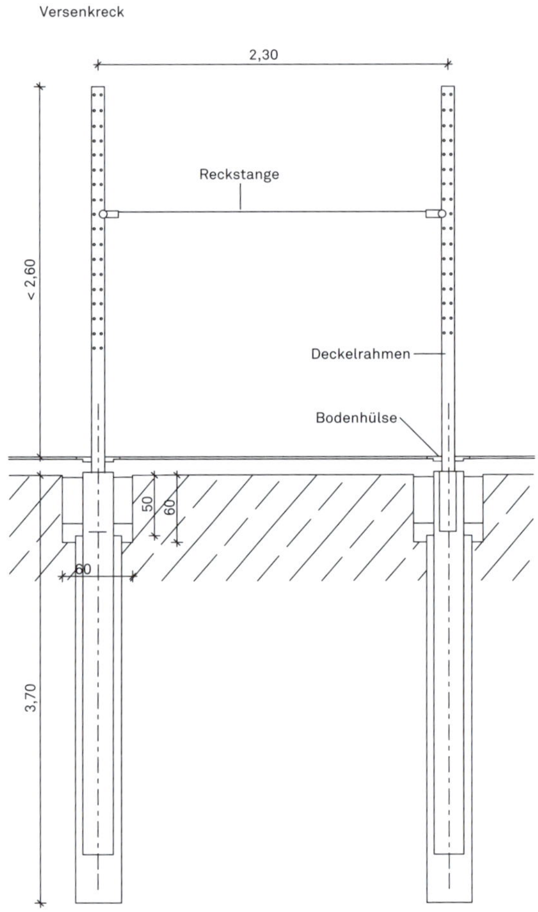

Abb. 10.21 Platzbedarf von Hülsen- und Versenkreck

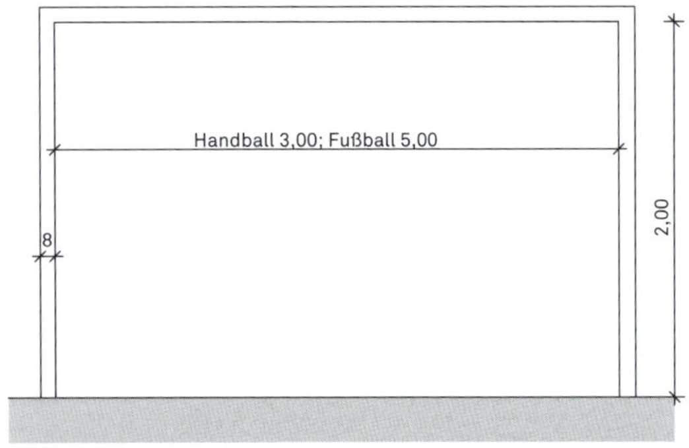

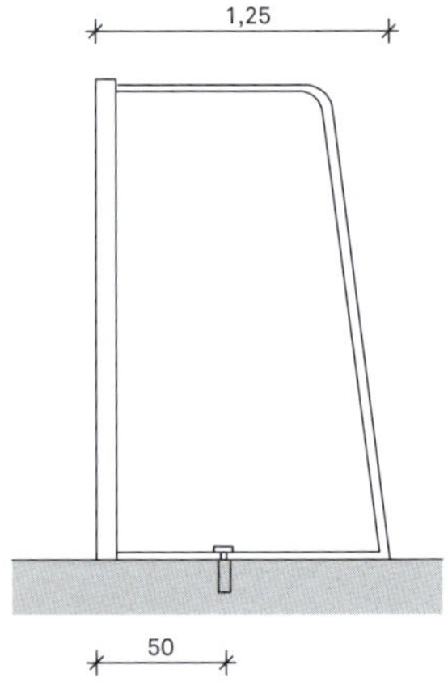

Abb. 10.22 Hallenhandball-/Hallenfußballtor mit Verankerung

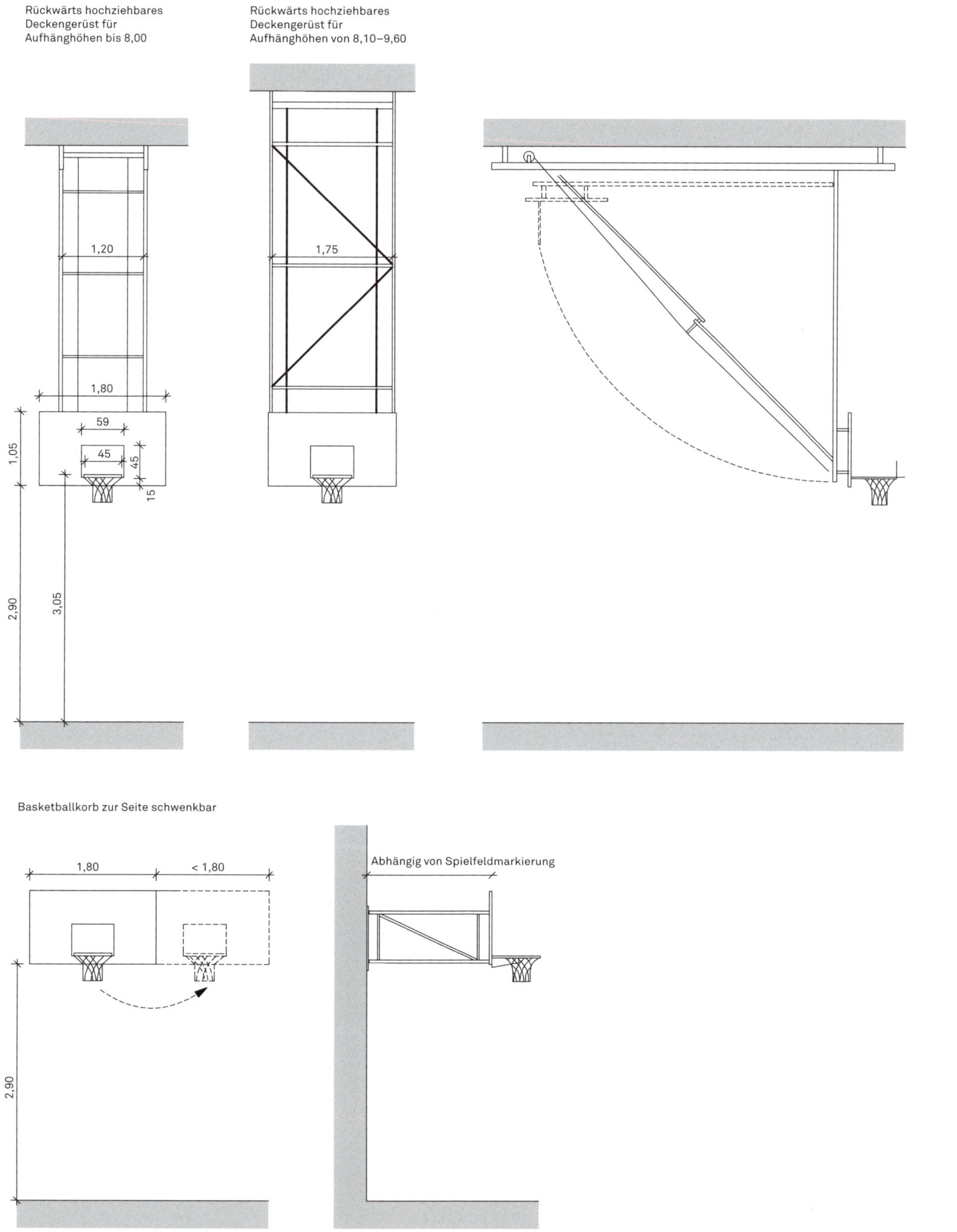

Abb. 10.23 Decken- und Wandmontage von Basketballkörben

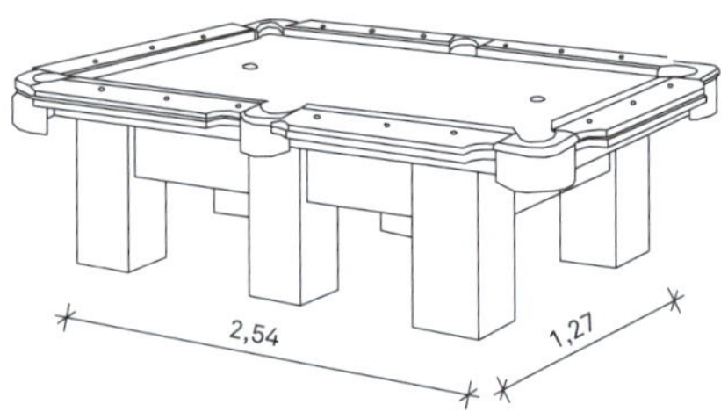

Billardtisch

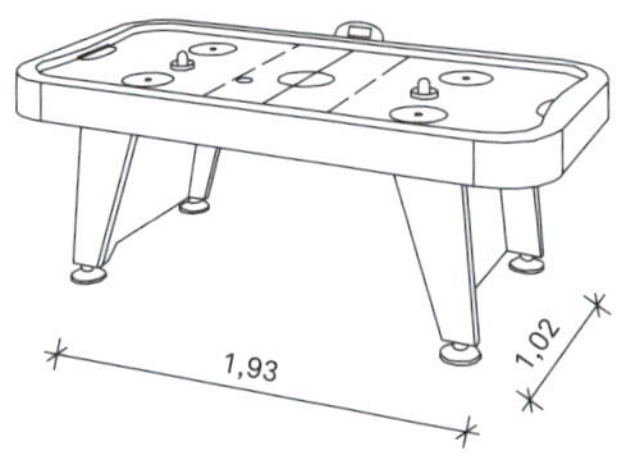

Airhockeytisch

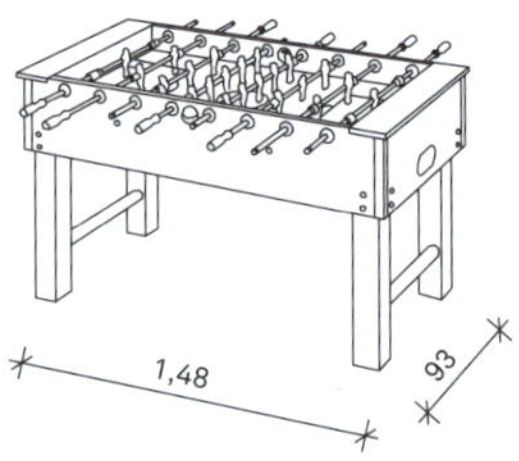

Kickertisch

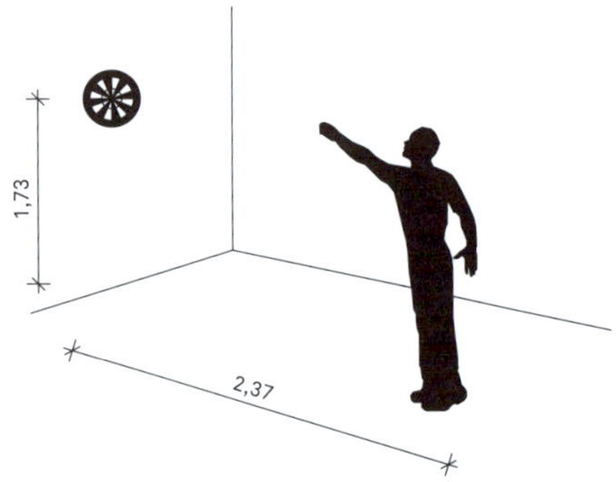

Dartspiel

Abb. 10.24 Abmessungen verschiedener Spieltische

10.2 Tribünen und Zuschauerbereiche

Die Planung von Tribünen muss die gesetzlichen Vorgaben zu Fluchtwegen und zur Beschaffenheit der Bauteile ebenso berücksichtigen wie die Aspekte der Flächeneffizienz und die Sichtbarkeit des Spielfeldes von jedem Platz aus. Neben Höhenstruktur und Winkel der Tribüne ist vor allem die Organisation der Zugänge unter möglichst geringem Entfall von Sitzplätzen und geringer Einschränkung von Sichtfeldern entscheidend.

Sitzplätze können aus durchgehenden Bänken oder Einzelsitzen bestehen. Die Breite jedes Sitzplatzes beträgt mindestens 0,50 m, die Tiefe ca. 0,35–0,40 m. Die Gangbreite muss eine lichte Breite von mindestens 0,40 m haben. Bei Stehplätzen sind Wellenbrecher vorzusehen, die mindestens 1,10 m hoch sein müssen.

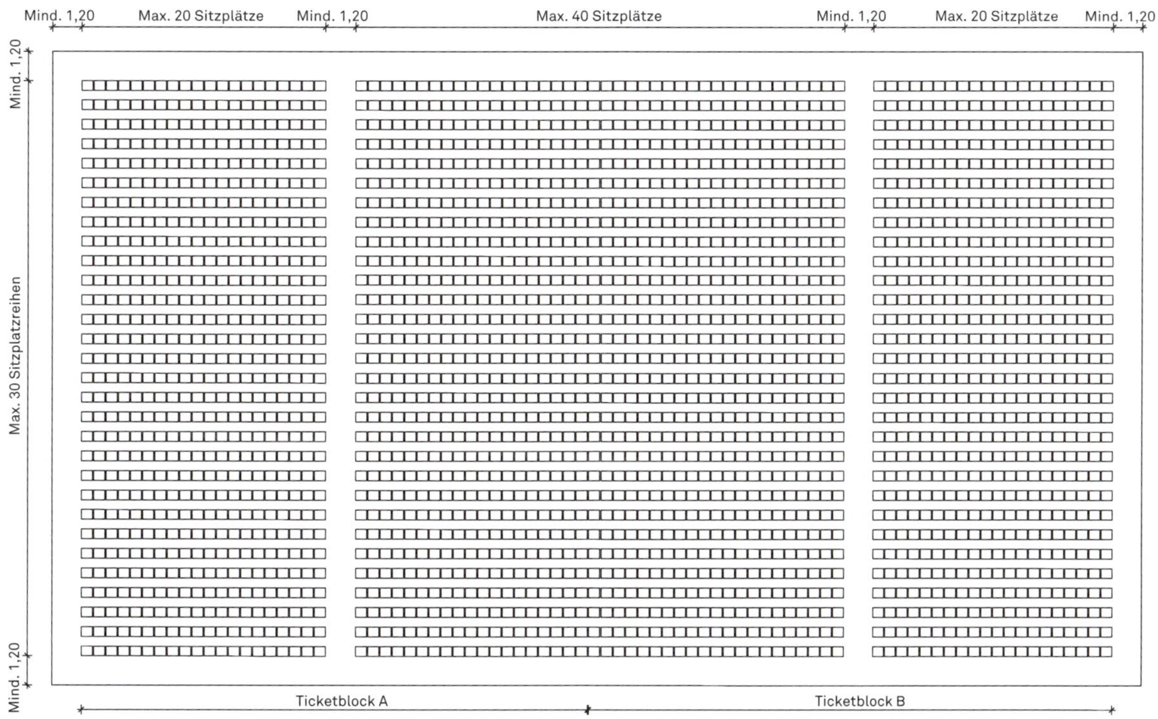

Abb. 10.25 Abmessungen eines Stadionblocks
In Anlehnung an VStättVO

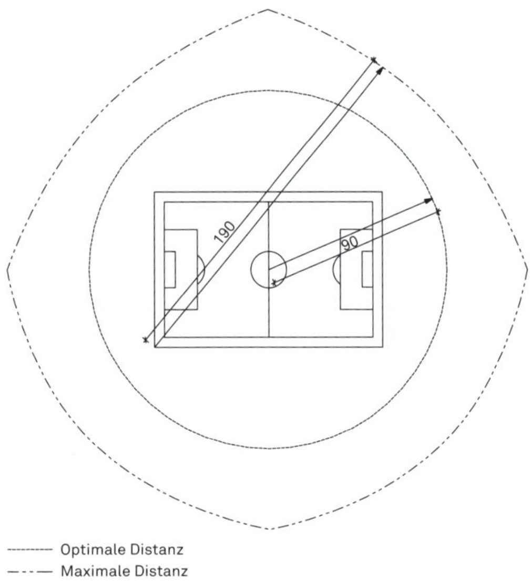

Abb. 10.26 Distanz der Zuschauer zum Spielfeld
In Anlehnung an FIFA

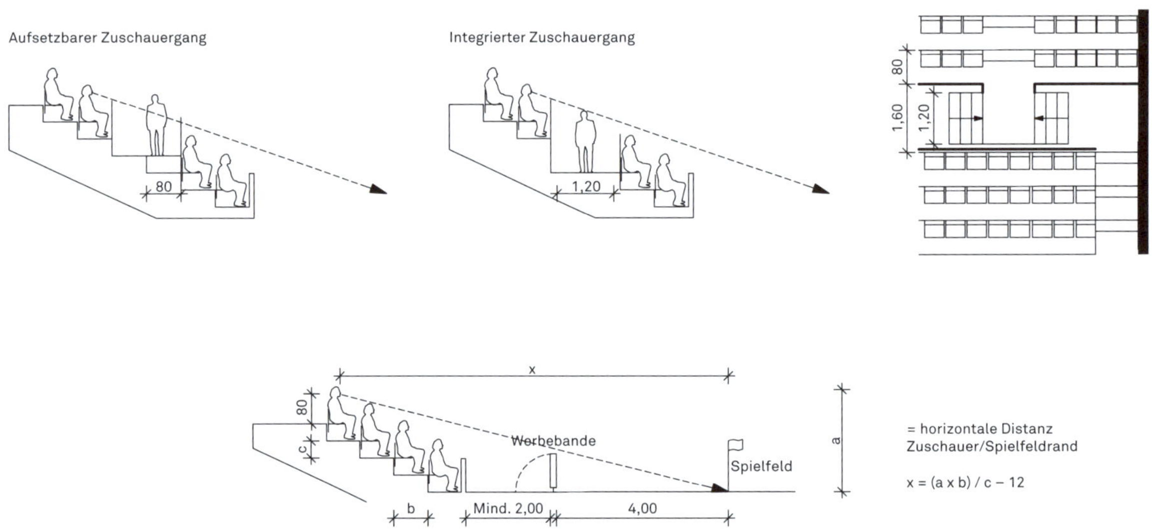

Abb. 10.27 Sicht auf das Spielfeld
Datenquelle: FIFA: Stadien – technische Anforderungen und Empfehlungen

Mindestabstände zur Vermeidung der Einschränkung der Sicht

Zäune oder Trennwände

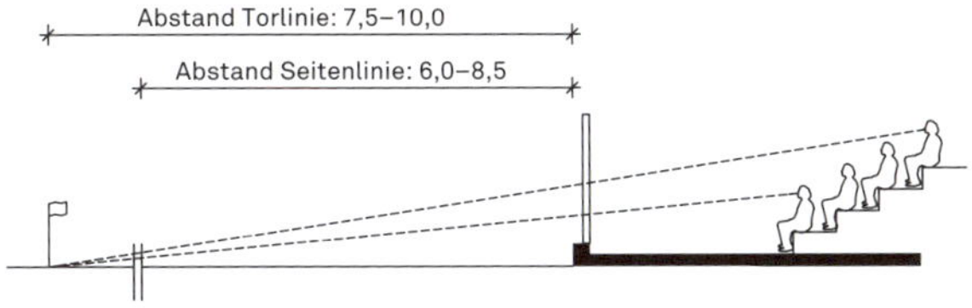

Graben

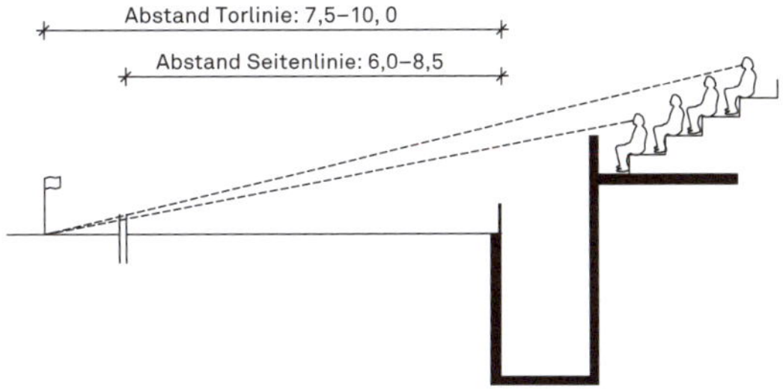

Erhöhte Tribüne

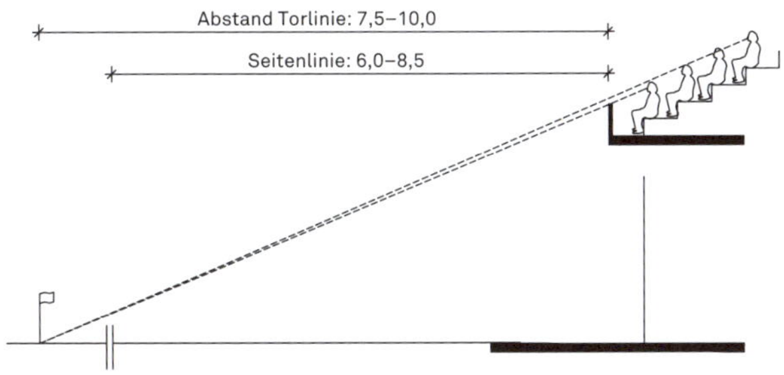

Abb. 10.28 Abtrennungsoptionen zwischen Zuschauer und Spielfeld ohne Sichteinschränkung
Quelle: FIFA

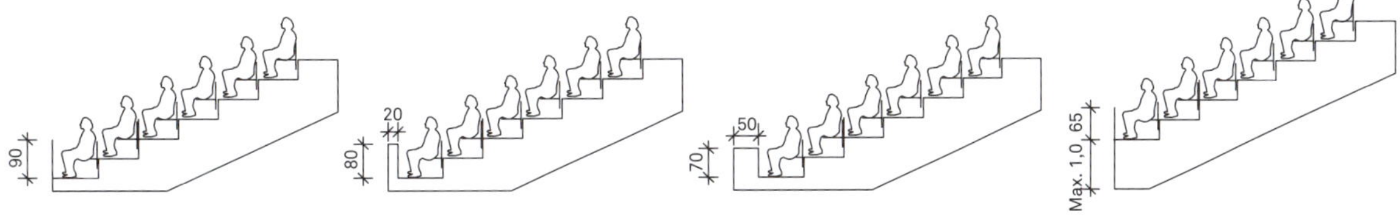

Abb. 10.29 Notwendige Höhen von Umwehrungen
Quelle: VstättVO

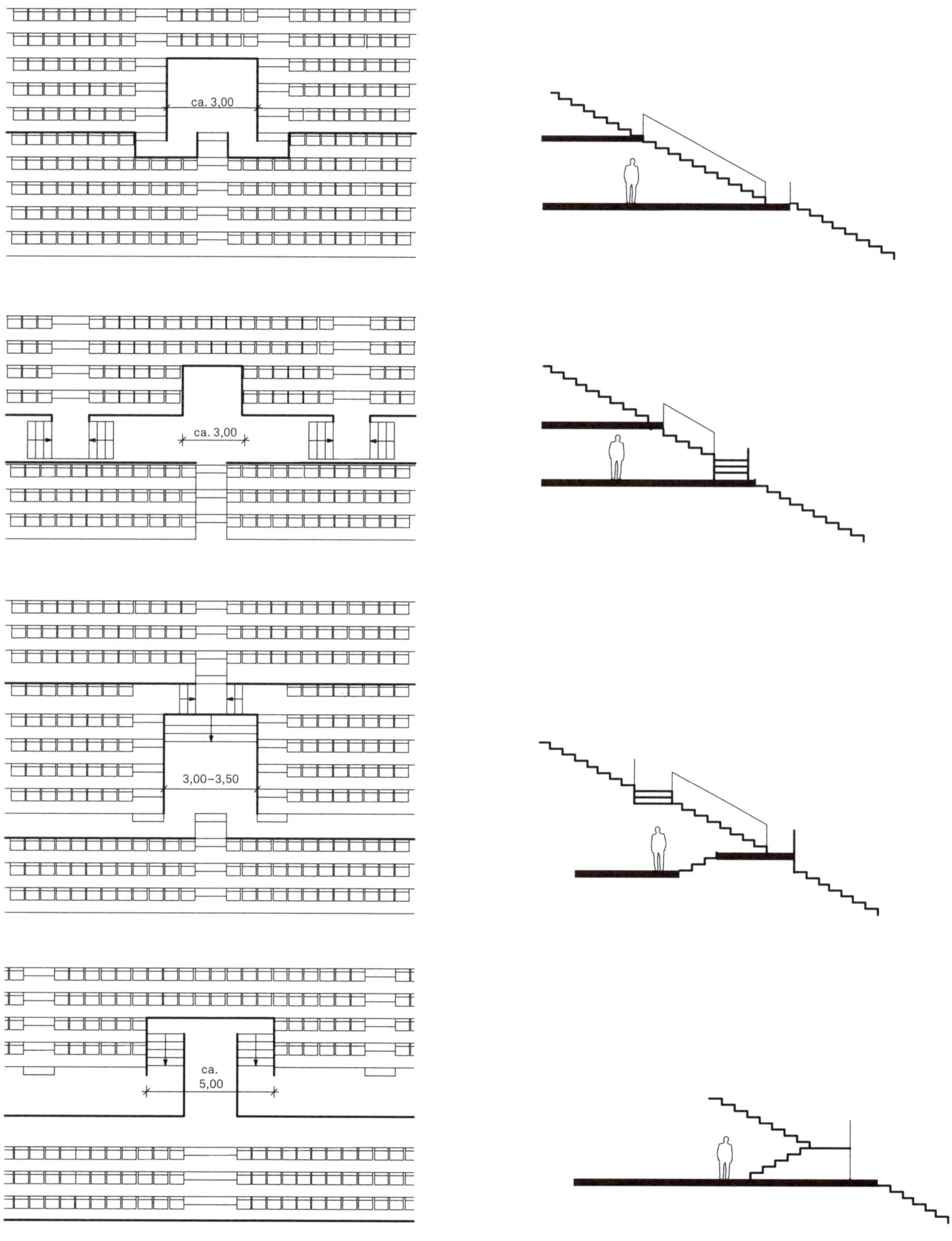

Abb. 10.30 Erschließung der Stadionränge

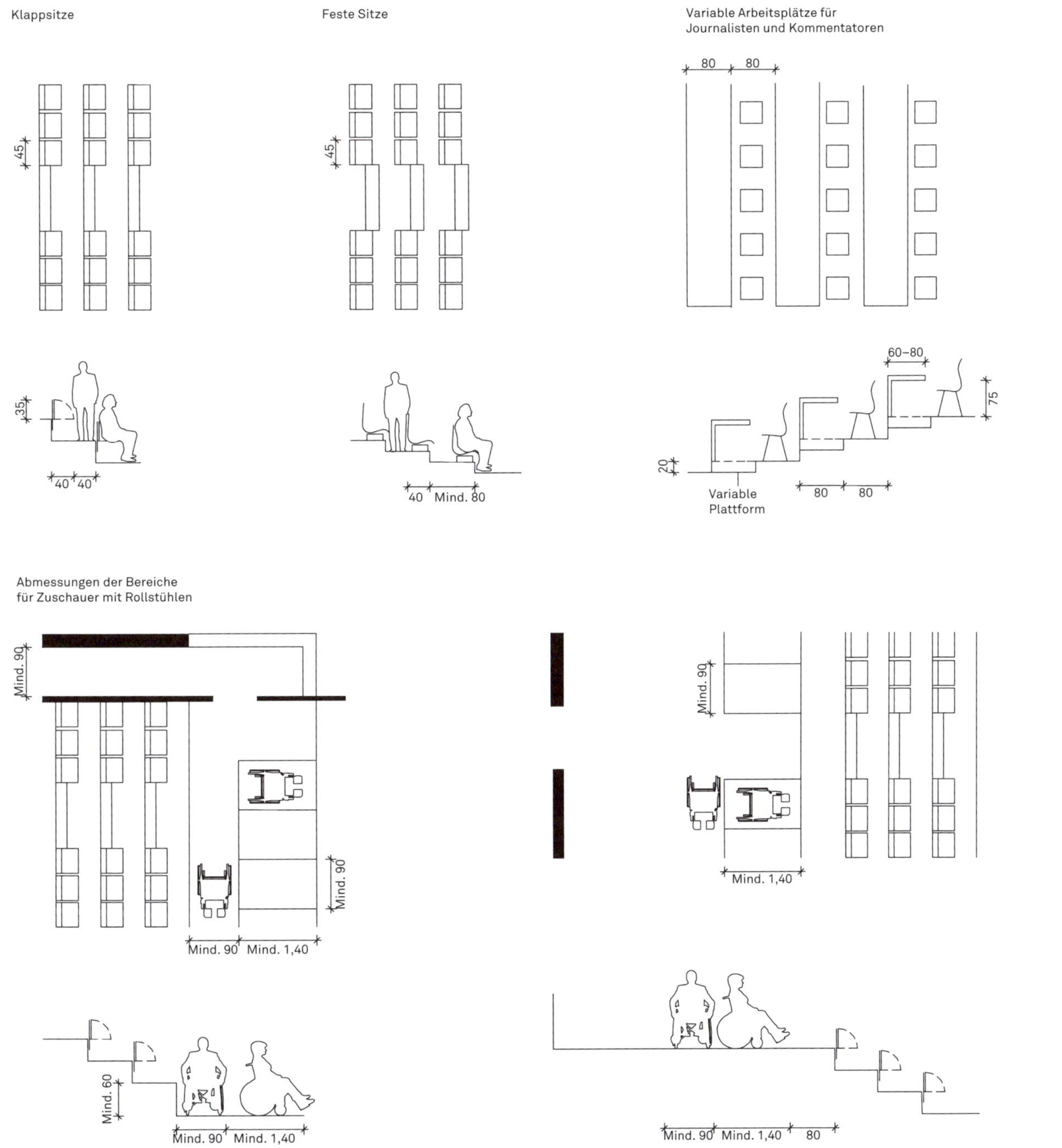

Abb. 10.31 Anordnung von Sitzplätzen

Quelle: FIFA

10.3 Ausstellung und Aufführung

Ausstellungs- und Aufführungsbauten werden in einen öffentlich zugänglichen Bereich mit den zentralen Ausstellungs- bzw. Aufführungsräumen – meist ohne Bezug zum Außenraum – und in einen nicht öffentlich begehbaren Bereich unterteilt; dieser beinhaltet die zum Betrieb erforderlichen Nebenräume und Büroarbeitsplätze und weist einen Bezug zum Außenraum auf.

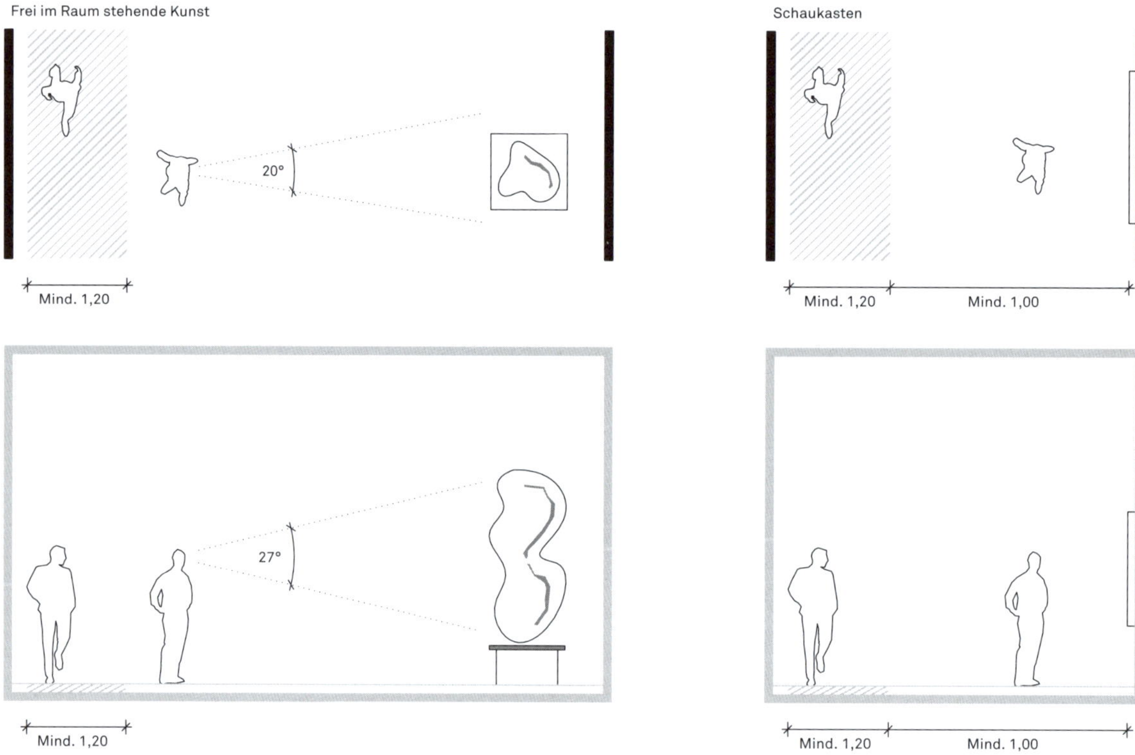

Abb. 10.32 Platzbedarfe im Ausstellungsbereich

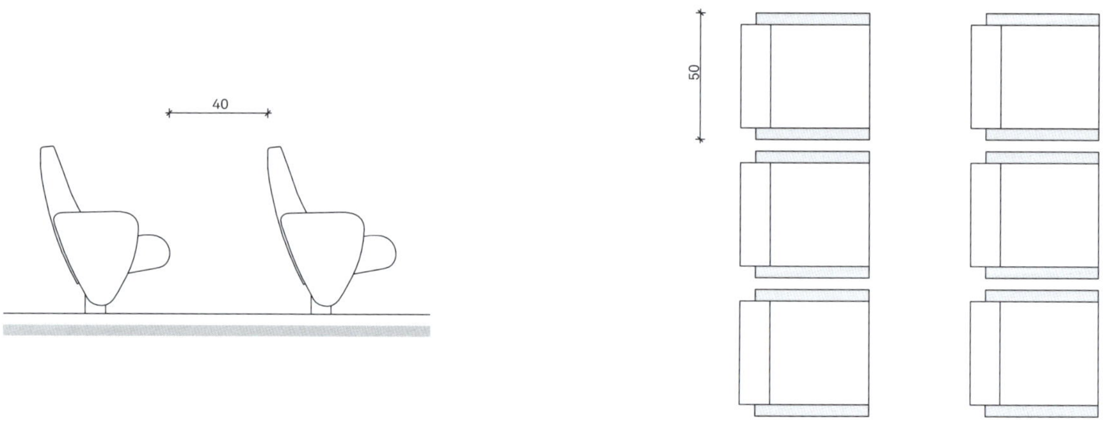

Abb. 10.33 Sitzreihen bei Aufführungsbauten

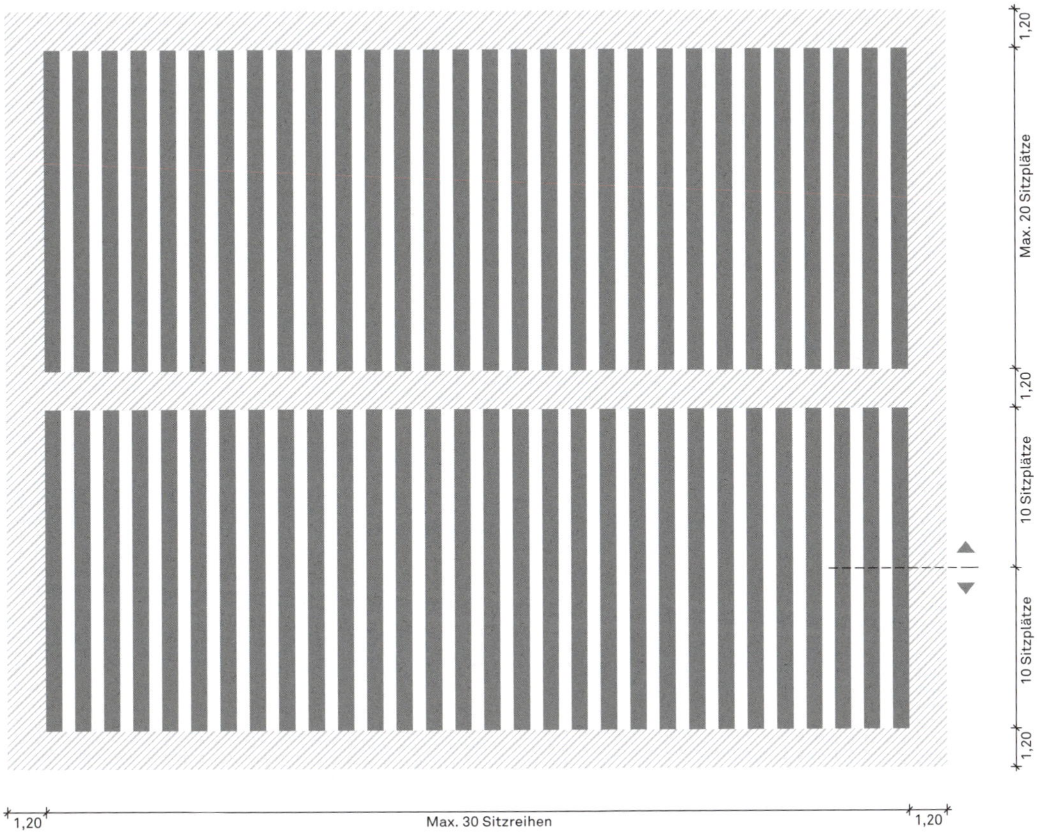

Abb. 10.34 Maximale Anzahl an Sitzreihen in Blöcken

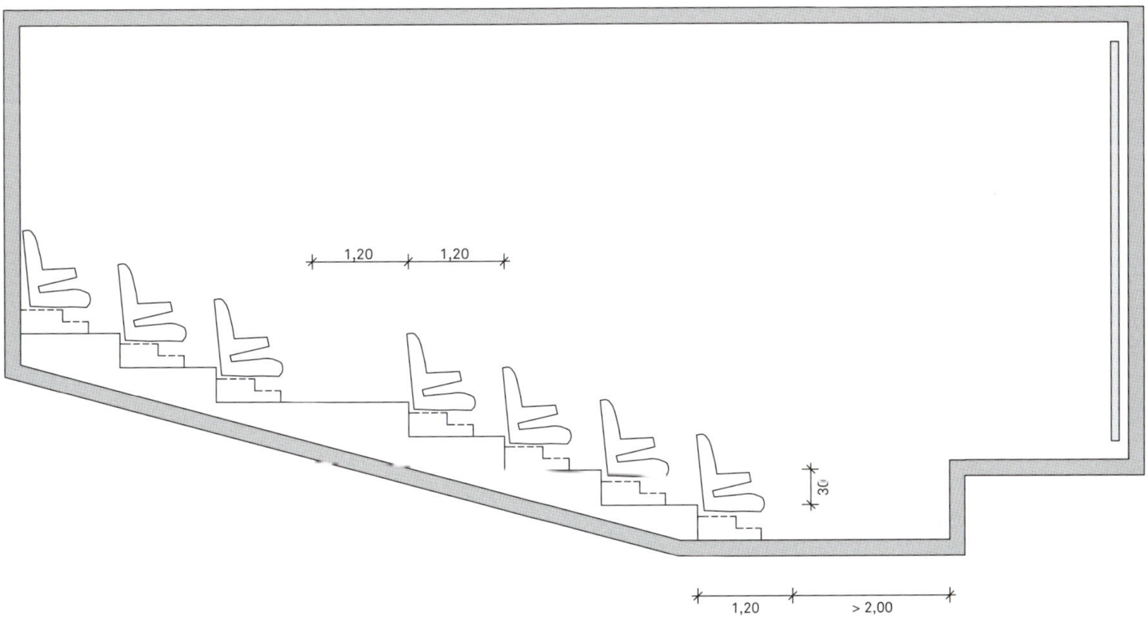

Abb. 10.35 Schnitt durch einen Kinosaal

11 Lagerbereiche

Bei der Planung fast aller Gebäudetypologien müssen Lagerräume eingeplant werden, wobei sich Art, Größe und Komplexität teilweise deutlich unterscheiden. Es werden sehr unterschiedliche Begriffe für die verschiedenen Lagerarten genutzt, welche meist aus dem Kontext der Typologie oder dem Logistikkonzept resultieren. Bei der Planung von Lagerräumen ist neben der flächeneffizienten Unterbringung von Gütern auch die Bedienung von Lagerflächen ein wichtiger Aspekt, insbesondere wenn wie bei Logistikgebäuden die Lagerung von Waren integraler Bestandteil des jeweiligen Geschäftsmodells ist.

11.1 Abstell- und Reinigungsräume

Abstell- und Reinigungsräume sollten in jedem Gebäude in ausreichender Anzahl vorhanden sein, um die technische Unterhaltung des Gebäudes für Reinigungs- und Hausmeisterkräfte zu ermöglichen. Abstellräume zur Lagerung von Kleinmaterialien wie Ersatzleuchtmittel, Gartengeräten etc. werden sinnvollerweise in Kellerbereichen bzw. in der Nähe von anderen Technikbereichen angeordnet. Reinigungs- oder Putzmittelräume sind gegebenenfalls mehrfach im Gebäude (meist in der Nähe von Sanitärkernen) zu platzieren, um lange Wege zu vermeiden. Sie sollten mindestens ein Ausgussbecken mit Wasseranschluss, eine Stellfläche für Reinigungsgeräte und ein Regal für Putzmittel beinhalten.

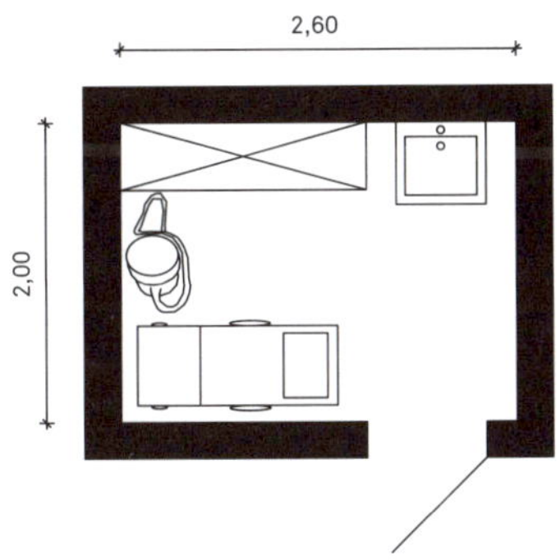

Abb. 11.1 Putzmittelraum

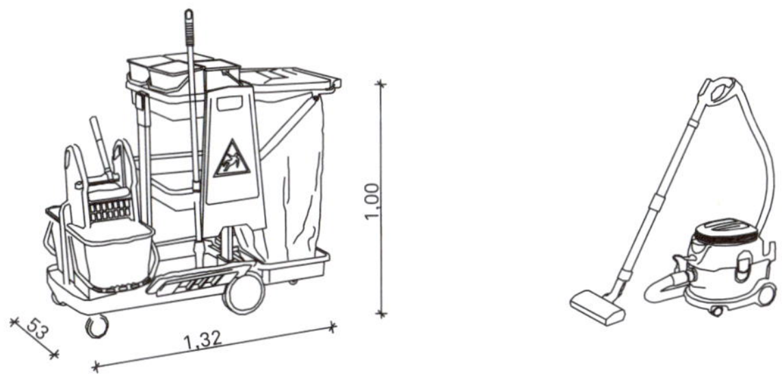

Abb. 11.2 Reinigungswagen

11.2 Paletten und Behältnisse

In Abhängigkeit der unterschiedlichen Größen von Lagergütern haben sich verschiedene standardisierte Systeme etabliert, mittels derer die Güter einfach transportiert und gelagert werden können. Der Lagerraum oder das Lagergebäude muss entsprechend dimensioniert werden. Neben Einwegverpackungen/-paletten kommen wiederverwendbar z. B. Europaletten, Bigbags, Intermediate Bulk Container (IPC) sowie ISO-Großraumcontainer zum Einsatz. Viele Lager sind daher spezifisch auf die genormten Palettensysteme von 80 × 120 cm bzw. auf 20/40-Fuß-ISO-Container abgestimmt.

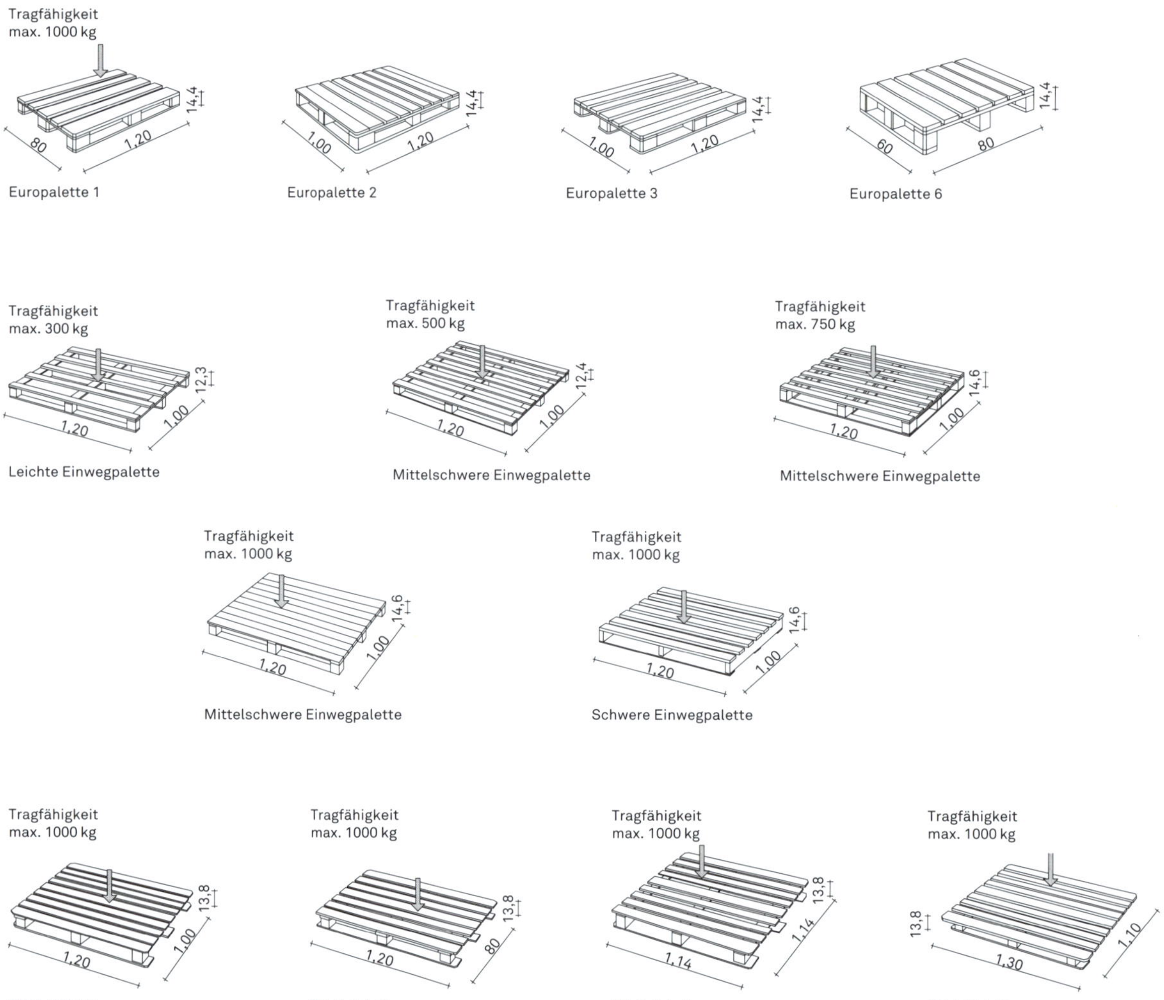

Abb. 11.3 Transportpaletten im Lager

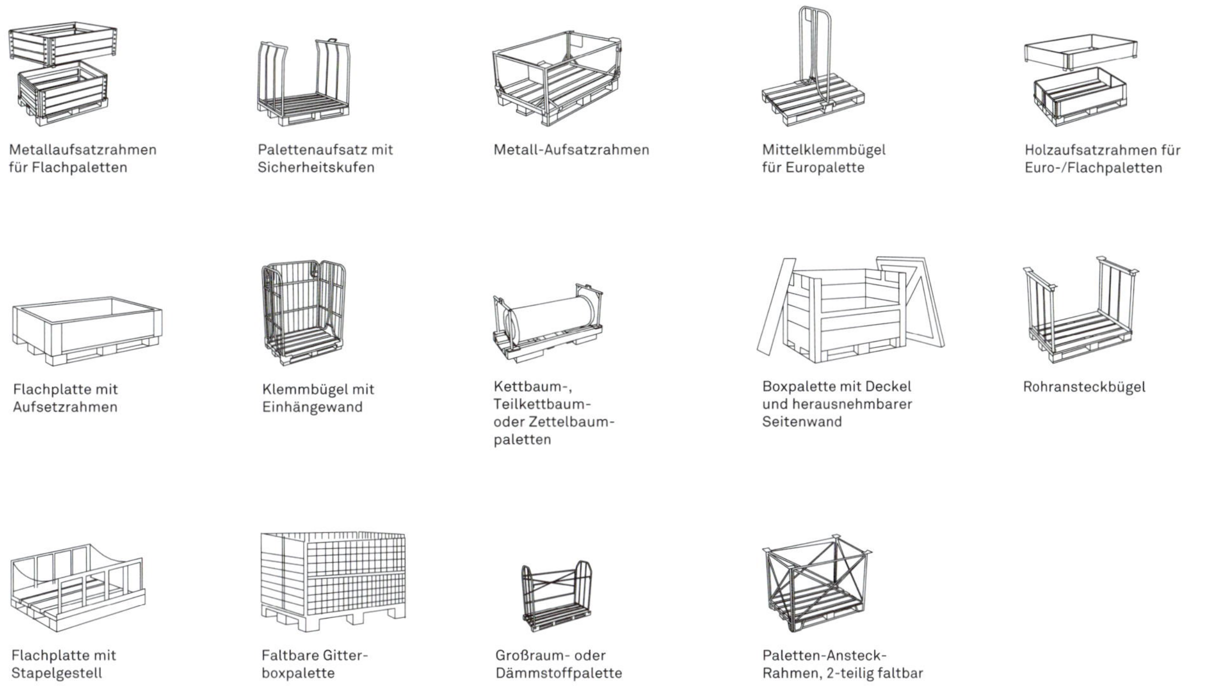

Abb. 11.4 Verschiedene Arten von Transportvorrichtungen

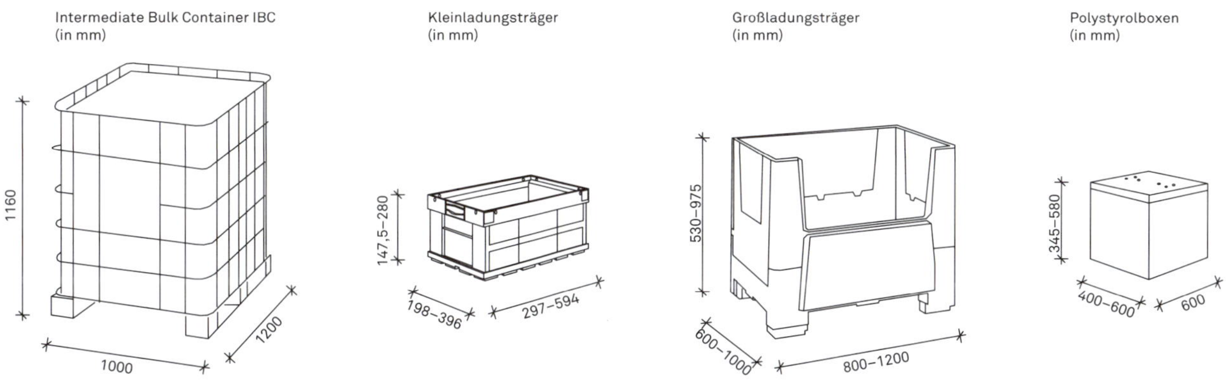

Abb. 11.5 Diverse Lagerbehälter

Typ	Außenmaße (l × b × h)	Innenmaße (l × b × h)	Volumen	Leergewicht	Max. Zuladung	Max. Gesamtgewicht
20 Fuß	6,058 × 2,438 × 2,591 m 19' 10 1/2" × 8' × 8' 6"	5,710 × 2,352 × 2,385 m 18' 8 13/16" × 7' 8 19/32" × 7' 9 57/64"	33 m^3	2250 kg	21 750 kg	24 000 kg
40 Fuß	12,192 × 2,438 × 2,591 m 40' × 8' × 8' 6"	12,040 × 2,345 × 2,385 m 39' 5 45/64" × 7' 8 19/32" × 7' 9 57/64"	67 m^3	3780 kg	26 700 kg	30 480 kg
40 Fuß High-Cube	12,192 × 2,438 × 2,896 m 40' × 8' × 9' 6"	12,040 × 2,345 × 2,690 m 39' 4" × 7' 7" × 8' 9"	76 m^3	3900 kg	26 580 kg	30 480 kg
45 Fuß High-Cube	13,716 × 2,438 × 2,896 m 45' × 8' × 9' 6"	13,556 × 2,345 × 2,695 m 44' 4" × 7' 8 19/32" × 8' 9 15/16"	86,0 m^3	5050 kg	27 450 kg	32 500 kg
53 Fuß High-Cube	16,154 × 2,591 × 2,896 m 53' × 8' 6" × 9' 6"	16,002 × 2,515 × 2,710 m 52' 6" × 8' 3" × 8' 10 11/16"	109,1 m^3			

Tab. 11.1 Maße von ISO-Containern (Auswahl)

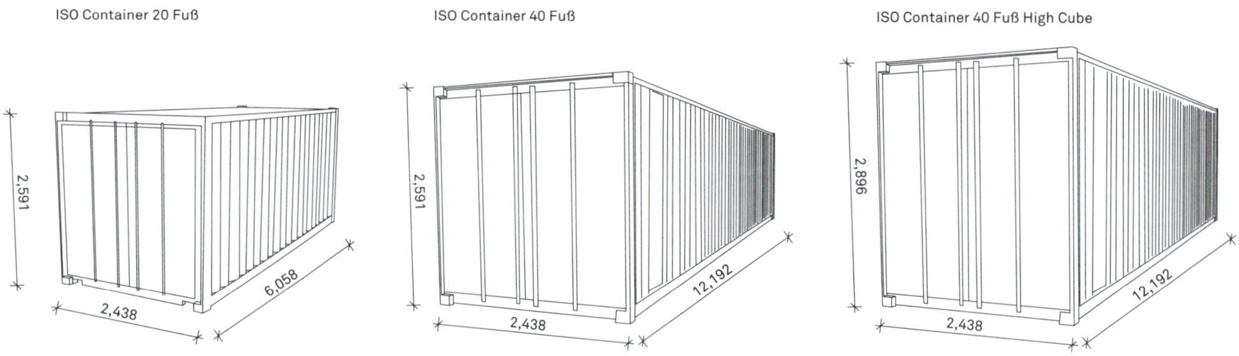

Abb. 11.6 ISO-Container

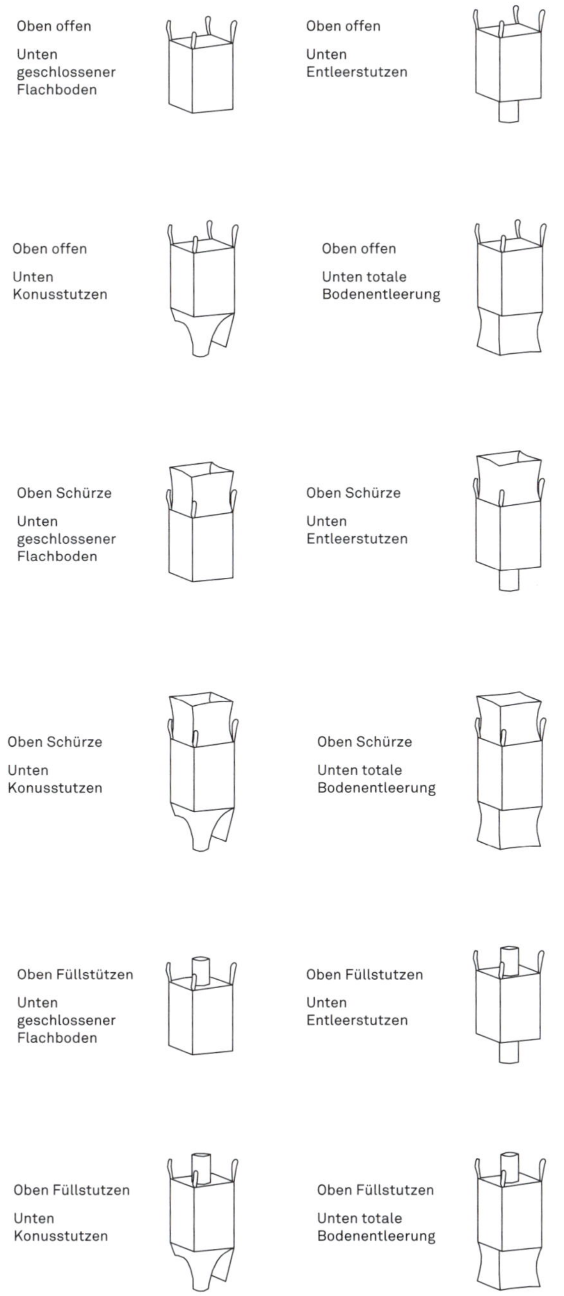

Abb. 11.7 Typische Bigbags (FIBC)

Bigbag **Typ: 4-Schlaufen-Container (Standardbehälter)**			
Maße	Auswahl an Grundflächen		
Innenmaß	76 × 76 cm	87 × 87 cm	95 × 95 cm
Außenmaß	80 × 80 cm	91 × 91 cm	99 × 99 cm
Durchmesser Bigbag gefüllt	101 cm	115 cm	125 cm
Volumen (m³)	Höhe (cm)		
0,3	55	–	–
0,4	65	–	–
0,5	80	65	–
0,6	90	75	–
0,7	105	85	–
0,8	115	95	–
0,9	125	105	85
1	140	115	95
1,1	155	125	105
1,2	165	135	115
1,3	180	145	120
1,4	190	155	130
1,5	–	165	135
1,6	–	175	145
1,7	–	185	155
1,8	–	195	160
1,9	–	205	170
2	–	215	175
2,1	–	–	185
2,2	–	–	195

11.3 Arten der Lagerung

Die Art der Lagerung hängt von vielen Faktoren ab: Anforderungen an das Lagergut, Verfügbarkeit, eingelagerte Warenvielfalt etc. Grundsätzlich unterscheidet man in statische und dynamische bzw. chaotische Lagersysteme, welche automatisierten Prozessen unterliegen. Beide Systeme können als Kompaktlagerung oder Zeilenlagerung organsiert sein, wobei die Kompaktlagerung eine größere Flächeneffizienz und die Zeilenlagerung eine Erreichbarkeit aller Lagergüter ermöglicht. Weitere Unterscheidungen werden anhand der Höhe und der Belastbarkeit (z. B. Hochregal, Schwerlastregal) oder spezifischer Eigenschaften wie einem beweglichen Karussell-/Paternosterlager bzw. einem Roll-/Fahrregal für die Akteneinlagerung getätigt.

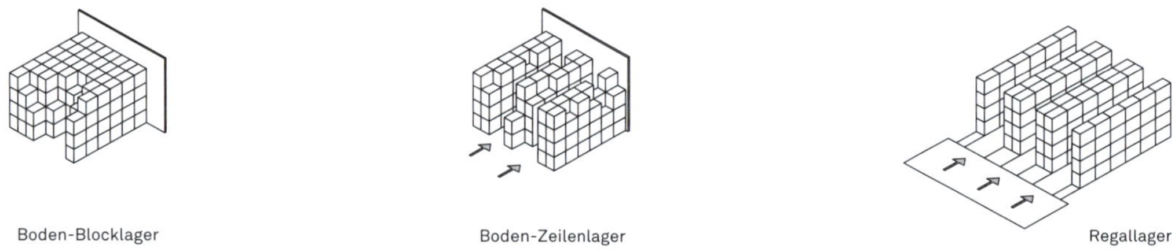

Abb. 11.8 Block-, Zeilen- und Regallager

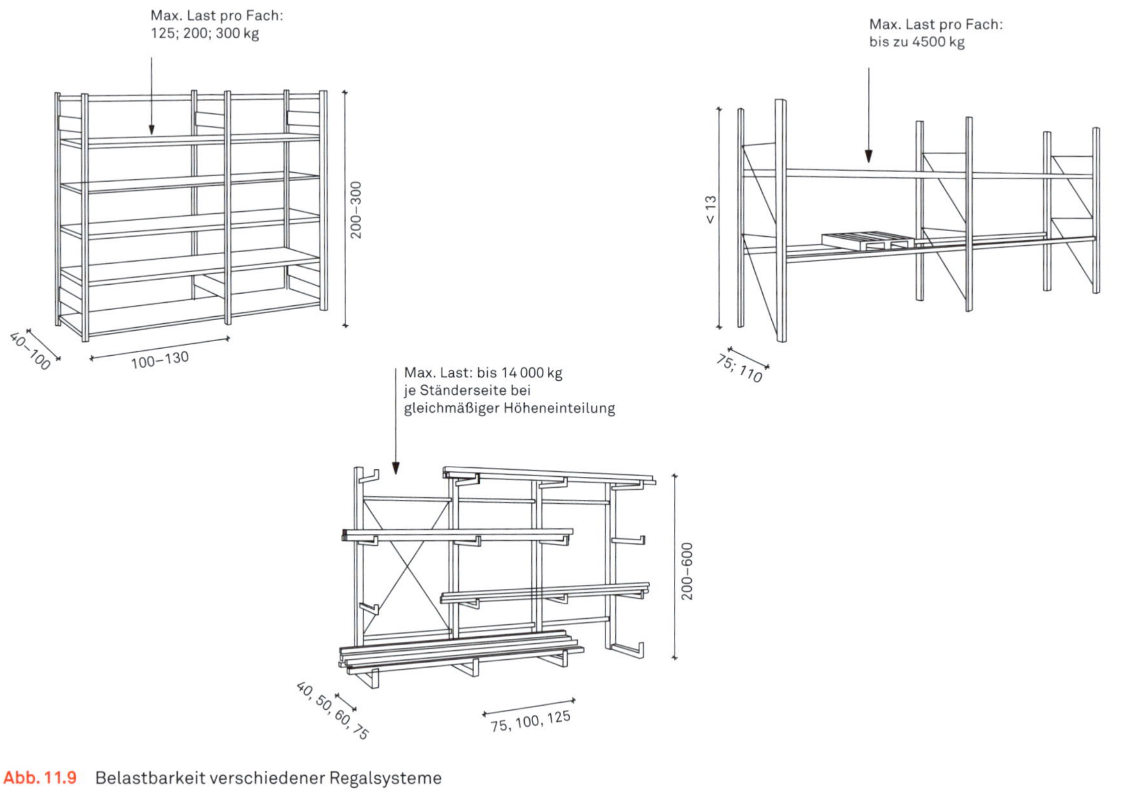

Abb. 11.9 Belastbarkeit verschiedener Regalsysteme

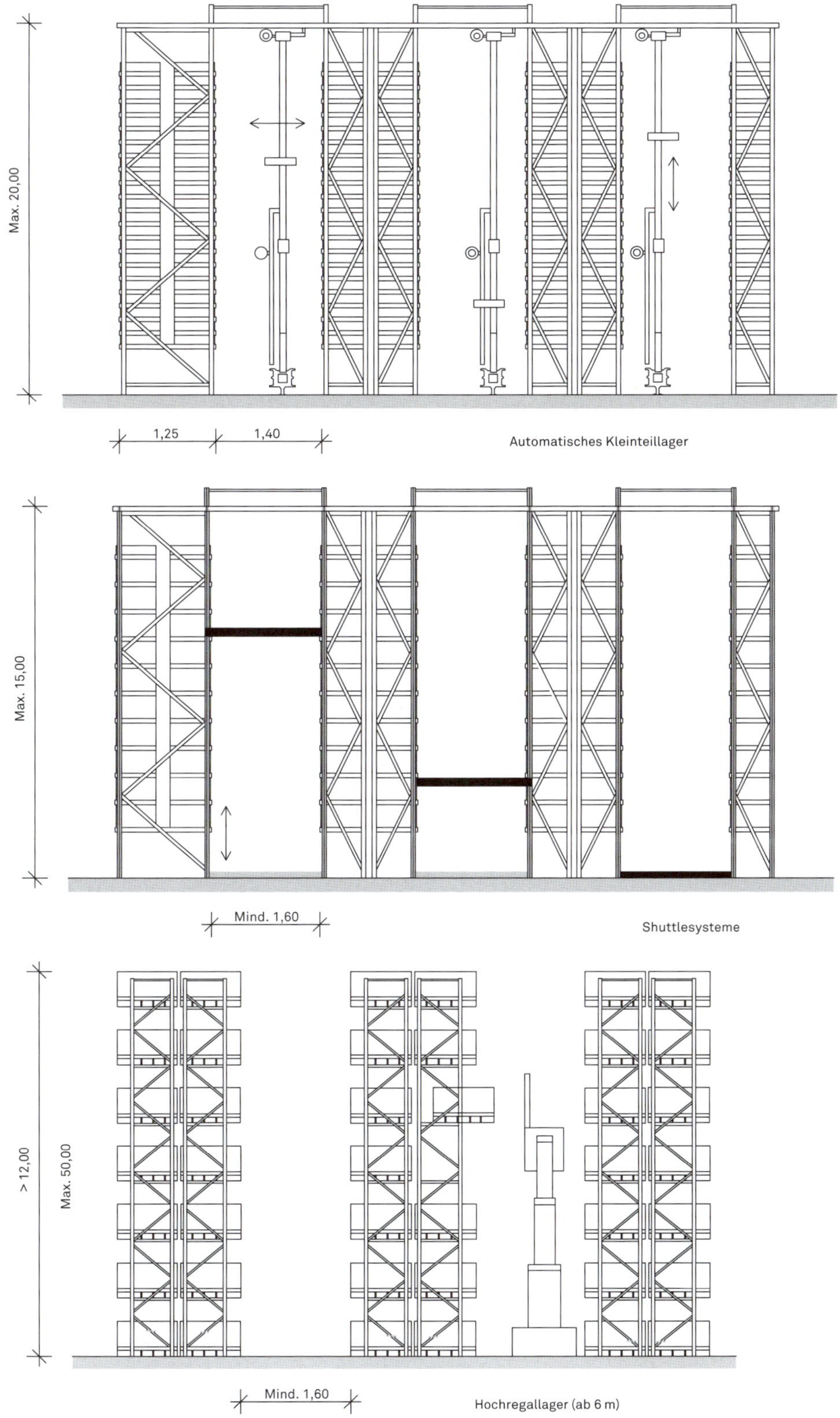

Abb. 11.10 Hochregallagersysteme

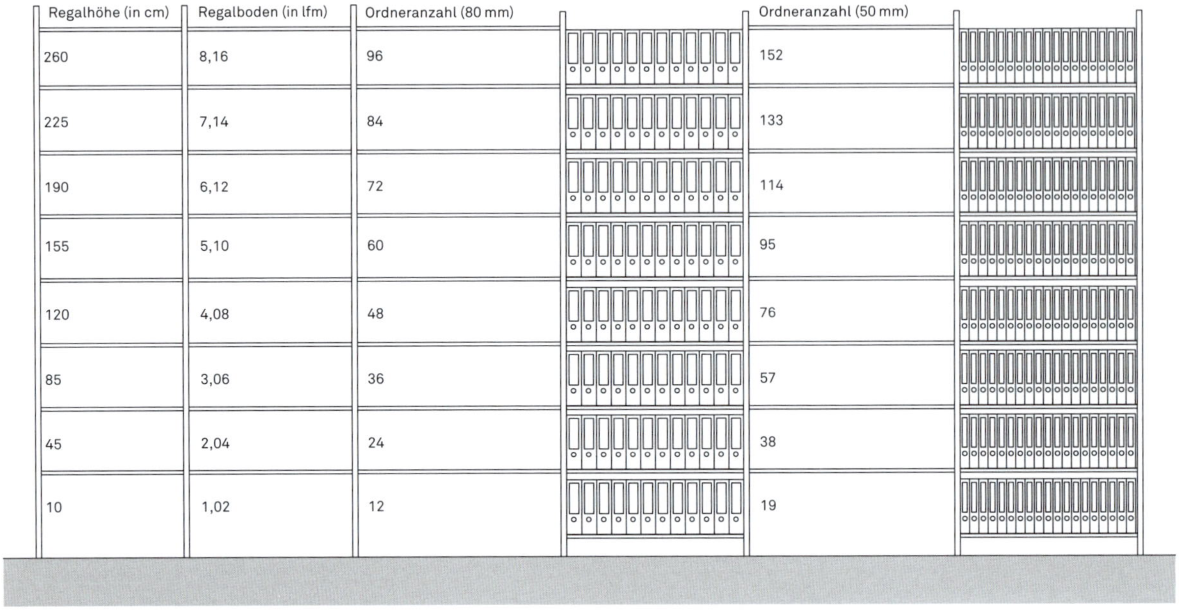

Regalhöhe (in cm)	Regalboden (in lfm)	Ordneranzahl (80 mm)	Ordneranzahl (50 mm)
260	8,16	96	152
225	7,14	84	133
190	6,12	72	114
155	5,10	60	95
120	4,08	48	76
85	3,06	36	57
45	2,04	24	38
10	1,02	12	19

Abb. 11.11 Ordnerlagerung in Aktenregalen

11.4 Bedienung und Bewegung

Bei der Planung von Lagerflächen sind entsprechende Wege- und Rangierflächen zur Beschickung und Entnahme einzuplanen. Hierbei ist entscheidend, ob die Bedienung manuell oder automatisiert erfolgt, da automatisierte Regalbediengeräte in der Regel weniger Platz brauchen als menschengelenkte Flurförderzeuge wie Hubwagen oder Gabelstapler. Neben der eigentlichen Lagerbedienung sind auch die Übergabeplätze inklusive Wendebereiche, kreuzende Fahrwege, Tore etc. zu organisieren. Bei automatisierten Lagern müssen über Lagerverwaltungssysteme entsprechende Einlagerplätze und Kommissionierungs-, Ausgabe- bzw. Packplätze vorgesehen werden.

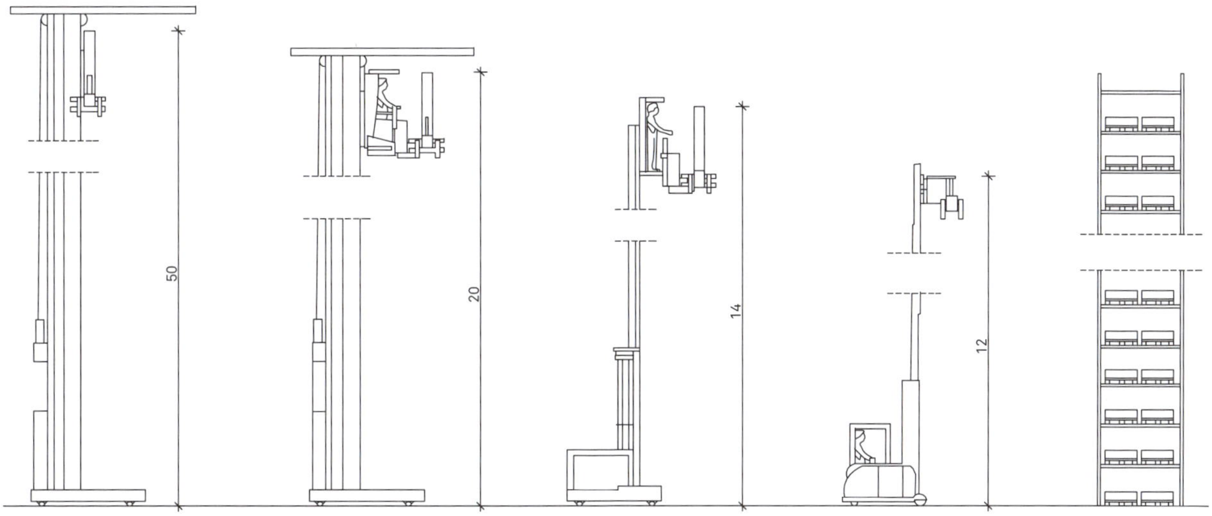

Abb. 11.12 Höhenbegrenzung verschiedener Flurförderzeuge

Fahrzeug			**Äußerer Wendehalbmesser der Räder**	**Bemerkungen**	**Lichte Höhe über Verkehrswege**	
Art	Breite	Länge			Fahrzeuge ohne oder mit kleiner Hubhöhe (bis 1,2 m Hub)	Fahrzeuge mit großer Hubhöhe
Flurförderzeuge mit Lenkung durch Gehenden	0,80–1,30 m	1,20–2,00 m	1,00–1,60 m		2,00 m	3,50 m
Flurförderzeuge mit Standlenkung	0,90–1,50 m	1,50–2,50 m	1,50–2,00 m		2,50 m	3,50 m
Flurförderzeuge mit Fahrersitzlenkung	0,90–1,50 m	2,50–3,80 m	1,50–2,50 m	Maße gelten nur für Gabelstapler mit einer Traglast bis 3 t.	2,50 m	3,50 m
Mobilkrane	1,50–2,50 m	3,50–5,50 m	2,50–7,20 m	Für Mobilkrane bis 9 t Traglast	4,00 m	4,00 m
Leichte Lastwagen bis 1,5 t Tragfähigkeit	1,50–2,40 m	4,00–5,00 m	4,00–6,00 m	Für Lastkraftwagen mit 6 m Fahrzeuglänge	4,00 m	4,00 m

Tab. 11.2 Raumbedarf von Förderfahrzeugen

Nach ASR A 1.8

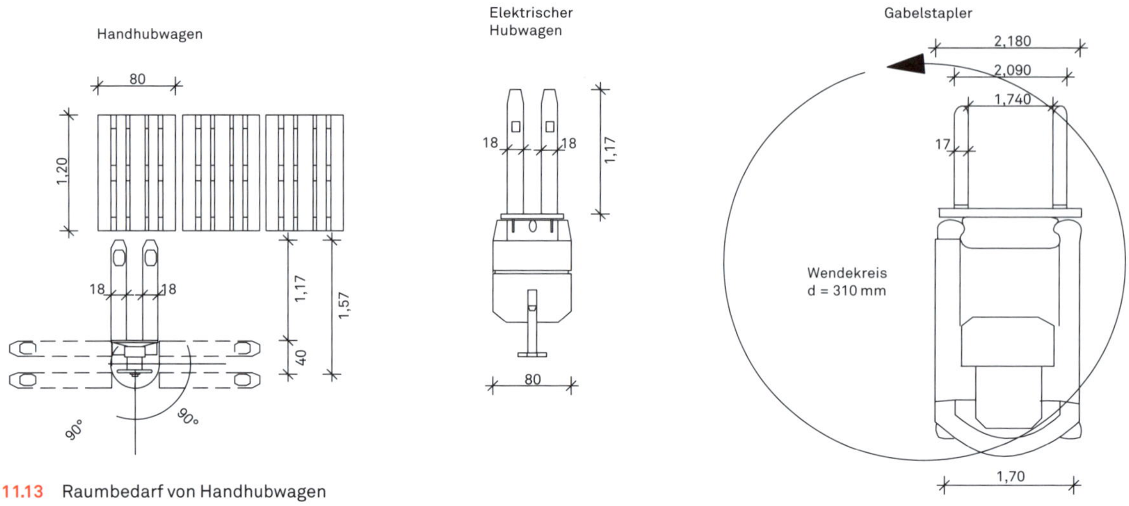

Abb. 11.13 Raumbedarf von Handhubwagen

Art des Hubfördermittels	Arbeitsgangbreite	Anzahl der Ebenen-Lagerung	Anzahl der Paletten pro m²
Gabelstapler	2,3 m	4 Ebenen	1,8
Frontstapler	4,0 m	4 Ebenen	1,6
		6 Ebenen	2,2
Pratzenstapler	2,3 m	4 Ebenen	1,8
		6 Ebenen	2,7
Pratzenstapler mit Teleskopgabel	2,4 m	4 Ebenen	1,7
		6 Ebenen	2,6
Schubmaststapler	1,0 m	4 Ebenen	1,7
		6 Ebenen	2,5
		8 Ebenen	3,2
Hochregalstapler mit Schwenkschubgabel	1,0 m	4 Ebenen	2,0
		6 Ebenen	2,9
		8 Ebenen	4,1
		10 Ebenen	5,2
Hochregallager mit Teleskoptisch	1,5 m	4 Ebenen	2,2
		6 Ebenen	3,2
		8 Ebenen	4,3
		10 Ebenen	5,4

Tab. 11.3 Palettenanzahl in Abhängigkeit vom Hubfördermittel

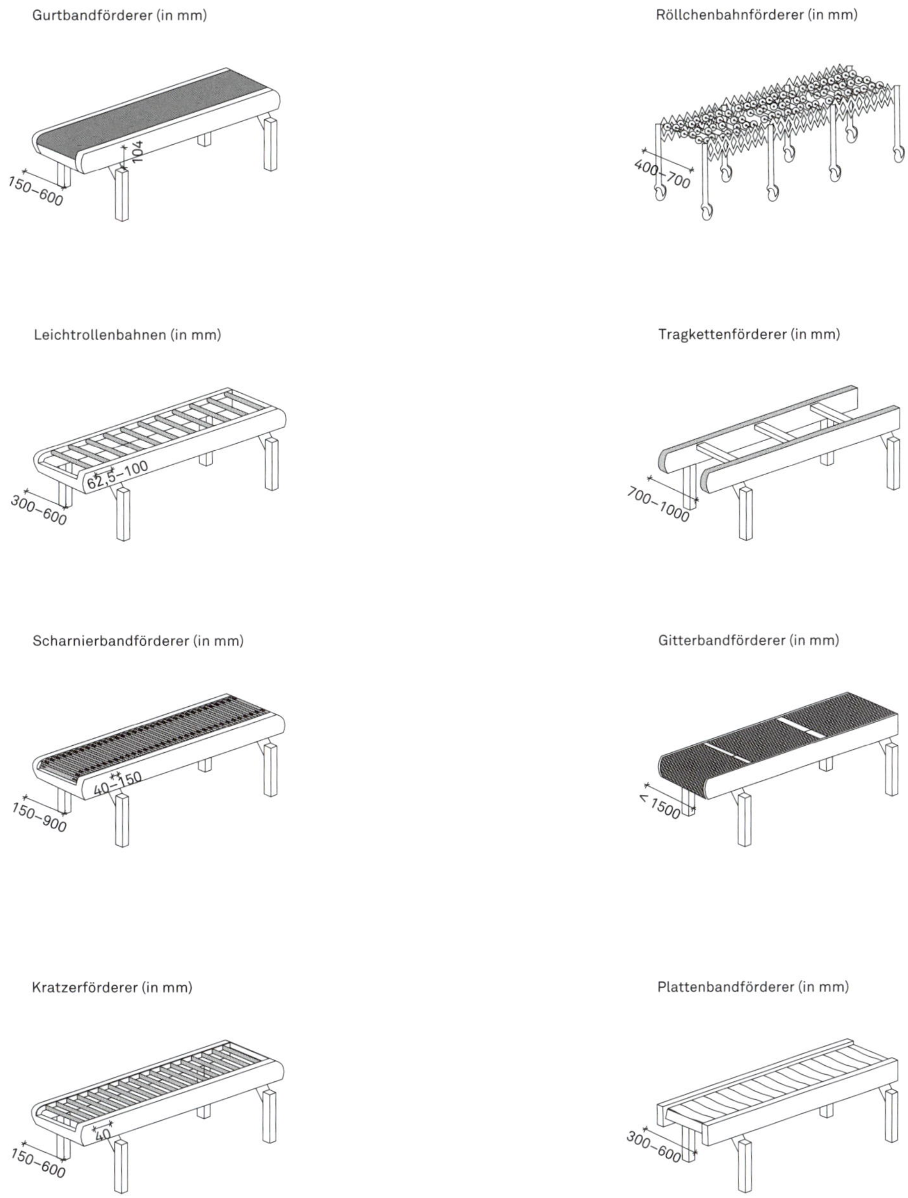

Abb. 11.14 Arten von Förderern

12 Techniträume

Die haustechnischen Installationen in Gebäuden sind wesentlicher Bestandteil eines funktionierenden Gesamtkonzepts. Aufgrund der steigenden energetischen Anforderungen und der zunehmenden Vernetzung und Steuerbarkeit der Haustechnik werden die Abhängigkeiten der Bauteile und Systemkomponenten immer komplexer. So sind der Hausanschluss an das öffentliche Netz, die Aufstellflächen für haustechnische Komponenten wie Heizungs- und Lüftungsanlagen, Datennetze, Serveranlagen etc. sowie die Verteilung der Medien innerhalb des Gebäudes von Beginn an einzuplanen.

12.1 Anschluss an öffentliche Netze

Die Versorgung mit Wasser, Abwasser, Strom, Gas, Kommunikationsmedien etc. erfolgt in der Regel über den öffentlichen Straßenraum. Die Übergabe findet entweder an der Grundstücksgrenze, in Schächten oder im hausinternen Hausanschlussraum statt. Bei der Anordnung der Hausanschlüsse sind teilweise verschiedene Mindestverlegetiefen zu beachten. Insbesondere beim Abwasser sind die Anschlusshöhen der straßenseitigen Kanäle sowie die Höhe der Rückstauebene zu berücksichtigen.

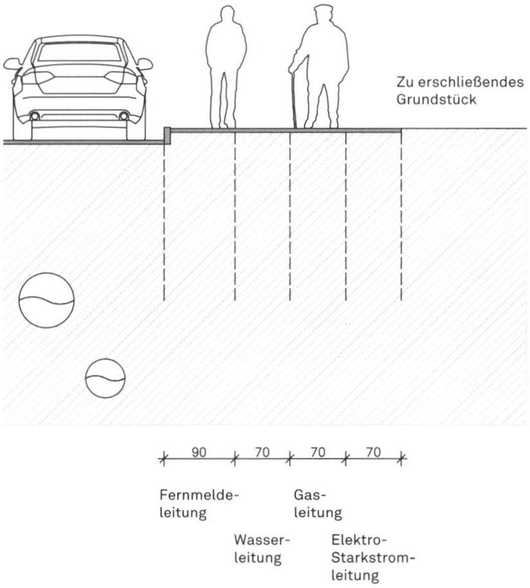

Abb. 12.1 Strukturierung der Versorgungsleitung im öffentlichen Straßenraum

Art der Leitung	Tiefe unter OKG
Fernmeldeleitung	0,35–0,60 m
Wasserleitung	1,20–1,50 m
Gasleitung	0,50–1,00 m
Elektro-Starkstromleitung	0,60–0,80 m
Fernwärme	0,60–1,00 m

Tab. 12.1 Einbringtiefe von Versorgungsleitungen

12.2 Hausanschlussräume

Im Hausanschlussraum befindet sich die Schnittstelle zwischen Gebäudeversorgung und gebäudeinternen Netzen. Hausanschlussräume sollten möglichst im Erd- oder Untergeschoss in Richtung öffentlicher Erschließungsstraßen direkt an der Außenwand orientiert werden. Je nach Gebäudegröße und -art müssen Hausanschlußräume belüftet und brandschutztechnisch umschlossen werden. Gegebenenfalls sind separate Räume für verschiedene Medien vorzusehen, sodass der Planer frühzeitig entsprechende Flächen im Entwurf berücksichtigen muss.

In der Regel werden Medien wie z. B. Heizungsleitungen entweder im Keller verteilt und über vertikale Steigestränge an die Verbraucher geführt oder es gibt eine zentrale Schachtversorgung durch alle Geschosse mit einer geschossweisen Verteilung und Absperr-/Zählermöglichkeit. Je nach System sind frühzeitig Schächte und Verteilerräume im Grundriss zu berücksichtigen. Teilweise werden große begehbare Schächte auch zur Absperrung und Verteilung genutzt, teilweise werden separate Verteilerschränke/-räume in Schachtnähe angeordnet. Aus Brandschutzgründen ist entweder der Schacht auf jeder Deckenebene zu schotten oder es erfolgt eine Schottung im Übergang in die Geschossebene. In beiden Fällen muss der Planer entsprechende Einbauflächen für Brandschotts bzw. Brandschutzklappen (z. B. bei der Dimensionierung von Abhangdeckenhöhen) einplanen.

Ohne Fernwärmeanschluss	**Bis zu 30 Wohneinheiten**	**Bis zu 60 Wohneinheiten**
Mit Fernwärmeanschluss	**Bis zu 10 Wohneinheiten**	**Bis zu 30 Wohneinheiten**
Tiefe	> 2,00 m	> 2,00 m
Breite	> 1,80 m	> 3,50 m
Höhe	> 2,00 m	> 2,00 m

Tab. 12.2 Hausanschlussräume bei Wohngebäuden

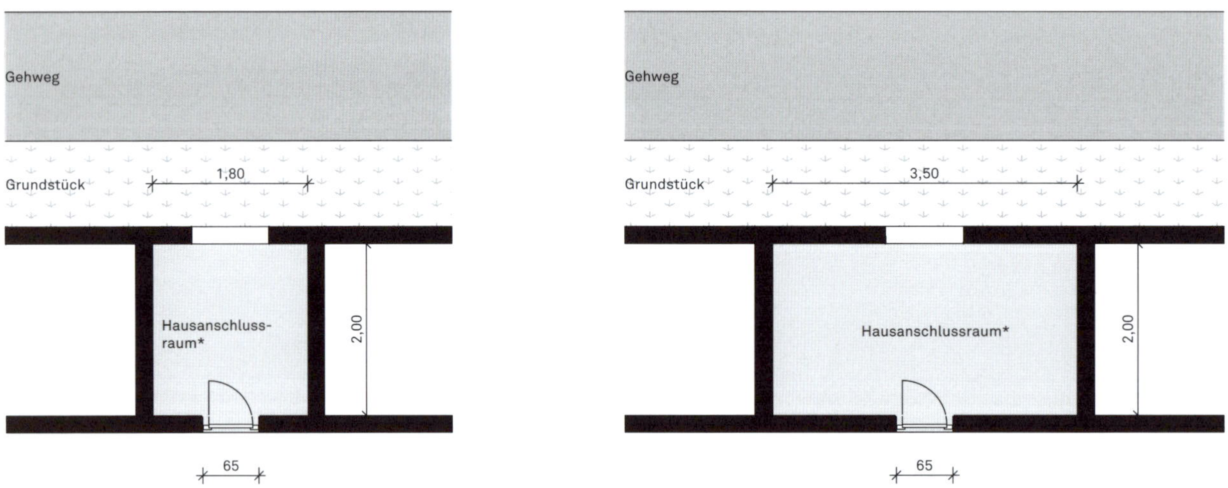

* Hausanschlussraum für den Anschluss bis etwa 30 Wohneinheiten – bei Fernwärmeanschluss bis etwa 10 Wohneinheiten

* Hausanschlussraum für den Anschluss bis etwa 60 Wohneinheiten – bei Fernwärmeanschluss bis etwa 30 Wohneinheiten

Abb. 12.2 Hausanschlussräume bei Wohngebäuden

Gas:
Gasleitungen
Gaszähleranlage
Hauptabsperreinrichtung

Heizung:
Heizleitungen

Heizungsanlage:
Fernwärmeversorgung

Trinkwasser:
Hauptabsperreinrichtung
Erdungsbrücke
Wasserleitung
Wasserzähleranlage

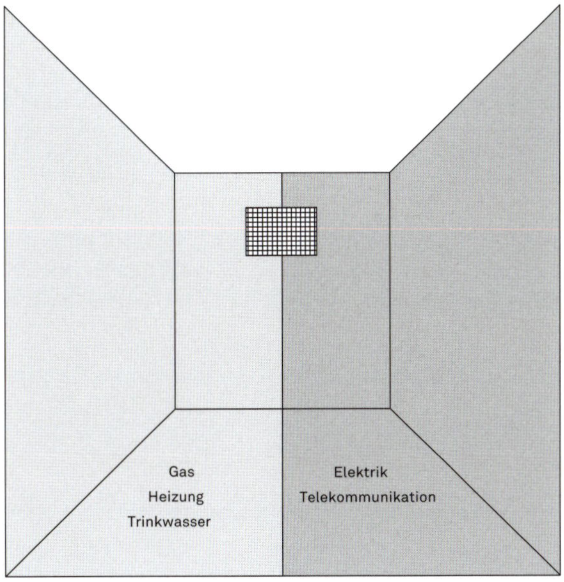

Elektrik:
Elektro-Starkstromleitungen
Hausanschlusskasten
Stromzähleranlage

Kommunikation:
Breitbandkabel
Telekommunikationsversorgung

Sonstiges:
Potenzialausgleichsschiene
Anschlussfahne für Fundamenterder

Abb. 12.3 Elemente des Hausanschlussraums

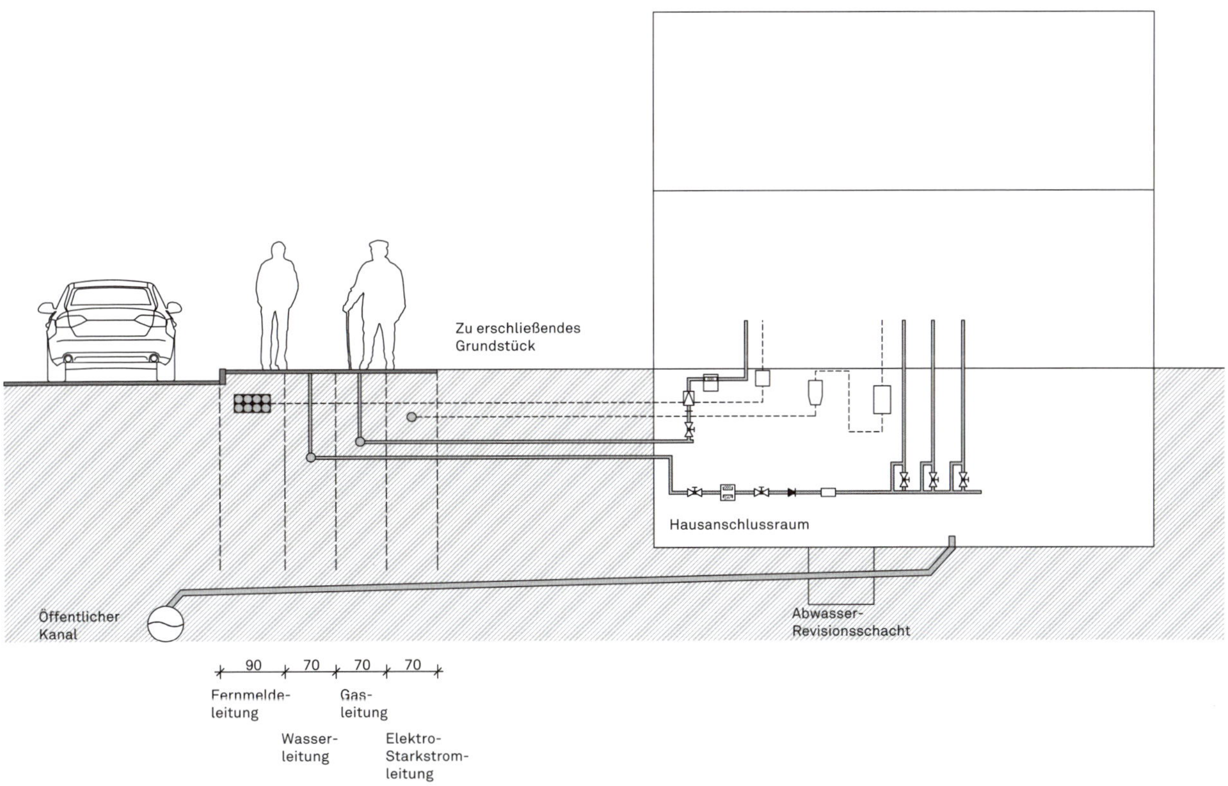

Abb. 12.4 Schnittzeichnung durch den Hausanschluss

Literatur

Allgemeine Literatur

Bielefeld, Bert (Hrsg.): *Architektur planen,* Birkhäuser, Basel 2016
Bielefeld, Bert; Skiba, Isabella: *Basics Technisches Zeichnen*, 2. überarb. Auflage, Birkhäuser, Basel 2009
Deplazes, Andrea (Hrsg.): *Architektur konstruieren. Vom Rohmaterial zum Bauwerk*, 4. Auflage, Birkhäuser, Basel 2013
Heiss, Oliver; Degenhart, Christine; Ebe, Johann: *Barrierefreies Bauen: Ein Handbuch für universelles Gestalten im Innen- und Außenraum (Detail Praxis)*, Detail, München 2009
Neufert, Ernst: *Bauentwurfslehre*, 18. Auflage, Springer Vieweg, Wiesbaden 2015
Zimmermann, Astrid (Hrsg.): *Landschaft konstruieren. Materialien, Techniken, Bauelemente*, 3. Auflage, Birkhäuser, Basel 2015
Zimmermann, Astrid: *Landschaft planen. Dimensionen, Elemente, Typologien*, Birkhäuser, Basel 2014

Kapitel 2: Maßstab Mensch

Bogardus, Emory S.: „Measuring Social Distances", in: *Journal of Applied Sociology* 9 (1925): S. 299–308
Bundesministerium für Gesundheit: *Handbuch für Planer und Praktiker*, Bad Homburg 1996
Flügel, Bernd; Greil, Holle; Sommer, Karl: *Anthropologischer Atlas*, Wötzel, Frankfurt a. M. 1986
Gehl, Jan: *Leben zwischen Häusern. Konzepte für den Öffentlichen Raum*, Berlin 2011 (engl. Ausgabe: *Life Between Buildings*, 1987; Originalausgabe: *Livet mellem husene*, 1971)
Hall, Edward T.: *Die Sprache des Raumes*, Pädagogischer Verlag Schwann, Düsseldorf 1976
Jürgens, Hans; Aune, Ivar; Pieper, Ursula: *Internationaler anthropometrischer Datenatlas*, Wirtschaftsverl. NW, Verlag für Neue Wiss., Bremerhaven 1989
Le Corbusier: *Le Modulor. Essai sur une mesure harmonique, à l'échelle humaine applicable universellement, à l'architecture et à la mécanique*, Birkhäuser, Basel 2000
Pheasant, Stephen: *Bodyspace – Anthropometry, Ergonomics and the Design of Work*, Taylor & Francis Ltd., London/Philadelphia 2005
Skiba, Isabella; Züger, Rahel: *Basics Barrierefrei Planen*, Birkhäuser, Basel 2009
Stolzenberg, H.; Kahl, H.; Bergmann, K. E.: „Körpermaße bei Kindern und Jugendlichen in Deutschland", in: *Bundesgesundheitsblatt – Gesundheitsforschung – Gesundheitsschutz*, 50, 2007, S. 5–6

Kapitel 3: Außenraum

Andersson, Stig; Weidinger, Jürgen (Hrsg.): *Atmosphären Entwerfen*, Univ.-Verl. der TU Berlin, Berlin 2014
Auhagen, Axel; Ermer, Klaus; Mohrmann, Rita: *Landschaftsplanung in der Praxis*, Ulmer, Stuttgart 2002
Kirchhoff, Peter: *Städtische Verkehrsplanung: Konzepte, Verfahren, Maßnahmen*, Vieweg + Teubner Verlag, Wiesbaden 2002
Kühler, Uwe: *Einführung in die Verkehrsplanung*, Fraunhofer-IRB-Verlag, Stuttgart 2014
Lohse, Dieter: *Verkehrsplanung*, 3. Auflage, Beuth, Berlin 2011
Weiland, Ulrike: *Einführung in die Raum- und Umweltplanung*, UTB, Stuttgart 2007

Kapitel 4: Gebäudeerschließung

Schittich, Christian (Hrsg.): *Erschließungsräume. Treppen, Rampen, Aufzüge, Wegeführung, Entwurfsgrundlagen*, Detail, München 2013

Kapitel 5: Wohnen und Schlafen

Ebner, Peter u. a.: *typologie+*, Birkhäuser, Basel 2009
Feddersen, Eckhard; Lüdtke, Insa: *Entwurfsatlas Wohnen im Alter*, Birkhäuser, Basel 2010
Gast, Klaus-Peter: *Wohn-Pläne. Neue Wege im Wohnhausbau*, Birkhäuser, Basel 2005
Heisel, Joachim: *Planungsatlas. Das kompakte Planungsbuch für den Bauentwurf mit Projektbeispielen*, 4. Auflage, Beuth, Berlin 2004
Huber, Andreas (Hrsg.): *Neues Wohnen in der zweiten Lebenshälfte*, Birkhäuser, Basel 2008
Knirsch, Jürgen: Hotels: *Planen und Gestalten*, 4. Auflage, Knoch, Leinfelden-Echterdingen 2001
König, Roland: *Leitfaden barrierefreier Wohnungsbau*, 3. Auflage, Fraunhofer-IRB-Verlag, Stuttgart 2005
Krebs, Jan: *Basics Entwerfen und Wohnen*, Birkhäuser, Basel 2007
Lawson, Fred: *Hotels and Resorts: Planning, design and refurbishment*, Butterworth Architecture, Oxford/Boston 1995
Mehlhorn, Dieter-J.: *Grundrissatlas Wohnungsbau spezial*, 2. Auflage, Bauwerk, Berlin 2009
Miller, Richard: *Casino & Hotel Design Guidelines*, Create-Space Indep. Publishing Platform, 2012
Ronsted, Manfred; Frey, Tobias: *Hotelbauten. Handbuch und Planungshilfe*, DOM Publishers, Berlin 2014
Rutes, Walter; Penner, Richard: *Hotel planning and design*, Architectural Press, New York 1985

Schneider, Friederike; Heckmann, Oliver: *Grundrissatlas Wohnungsbau*, 4. Auflage, Birkhäuser, Basel 2011
Skiba, Isabella; Züger, Rahel: *Basics Barrierefrei Planen*, Birkhäuser, Basel 2009
Stamm-Teske, Walter u. a.: *Raumpilot Wohnen*, Krämer, Stuttgart/Zürich 2010
Wietzorrek, Ulrike: *Wohnen+*, Birkhäuser, Basel 2014

Kapitel 6: Küchen und Essbereiche

Aicher, Otl: *Die Küche zum Kochen – Werkstatt einer neuen Lebenskultur*, 3. Auflage, Ökobuch, Staufen bei Freiburg 2005
Ausschuss für staatlichen Hochbau, Bauministerkonferenz: *Planung und Bau von Küchen und Kantinen für 50 bis 1000 Verpflegungsteilnehmer*, Online Ressource, 2002
Loeschke, Gerhard; Höfs, Jutta: *Großküchen*, Bauverlag, Wiesbaden/Berlin 1985
Noever, Peter (Hrsg.): *Die Frankfurter Küche von Margarete Schütte-Lihotzky: die Frankfurter Küche aus der Sammlung des MAK – Österreichisches Museum für Angewandte Kunst, Wien,* Ernst und Sohn, Berlin 1992

Kapitel 7: Sanitär- und Nebenräume

Feurich, Hugo: *Grundlagen der Sanitärtechnik, Sanitärräume, Sanitäreinrichtung, Krankenhauseinrichtungen, physikalische Therapie-Einrichtungen, Wasserversorgung*, 10. erw. Auflage, Krammer, Düsseldorf 2011
Kramer, Klaus: *Das private Hausbad 1850–1950*, Hansgrohe Öffentlichkeitsarbeit, Schiltach 1997
Pistohl, Wolfram: *Handbuch der Gebäudetechnik, Band 1, Planungsgrundlagen und Beispiele*, 8. Auflage, Werner, Köln 2013
Wellpott, Edwin; Bohne, Dirk: *Technischer Ausbau von Gebäuden*, 9. überarb. u. akt. Auflage, Kohlhammer, Stuttgart 2006

Kapitel 8: Arbeitsbereiche

Clements-Croome, Derek: *Creating the Productive Workplace,* Taylor & Francis, New York 2006
Hascher, Rainer; Jeska, Simone; Arnold, Thomas; Klauck, Birgit: *Entwurfsatlas Bürobau,* Birkhäuser, Basel 2002
Institut für Internationale Architektur-Dokumentation (Hrsg.): *Büro/Office,* Detail, München 2013
Marmot, Alexi; Eley, Joanna: *Office Space Planning: Designs for Tomorrow's Workspace*, McGraw-Hill, New York 2000
Staniek, Bettina (Hrsg.); Eisele, Johann; Volm, Christine: *BürobauAtlas: Grundlagen, Planung, Technologie, Arbeitsplatzqualitäten,* Callwey, München 2005
Streit, Wilhelm; Pernack, Ernst-Friedrich (Hrsg.): *Arbeitsstätten*, 8. Auflage, ecomed Sicherheit, Heidelberg 2011

Kapitel 9: Kommunikations- und Bildungsräume

Barron, Michael: *Auditorium Acoustics and Architectural Design*, Spon Press, London/New York 2009
Cavanaugh, William J.; Tocci, Gregory C.; Wilkes, Joseph A.: *Architectural Acoustics. Principles and Practice*, Wiley, Hoboken 2010
Lawson, Fred: *Congress, Convention and Exhibition Facilities. Planning, Design and Management*, Architectural Press Planning and Design Series, Oxford 2000
Lederer, Arno; Pampe, Barbara; Wüstenrot Stiftung (Hrsg.): *Raumpilot Lernen*, Krämer, Stuttgart 2012
Long, Marshall: *Architectural Acoustics*, Elsevier Ltd., Boston 2014

Kapitel 10: Sport- und Freizeiträume

Deutscher Schwimm-Verband e. V.: *Bau- und Ausstattungsanforderungen für wettkampfgerechte Schwimmsportstätten*, 2012
Forschungsgesellschaft Landschaftsentwicklung Landschaftsbau (FLL), in Kooperation mit der deutschen Reiterlichen Vereinigung (FN): *Empfehlungen für Planung, Bau und Instandhaltung von Reitplätzen*, 2014
John, Geraint; Sheard, Rod; Vickery, Ben: *Stadia: The Populous Design and Development Guide*, Taylor & Francis Ltd., 2013
Koordinierungskreis Bader: *Richtlinien für den Bäderbau (KOK-Richtlinien)*, 2013
Krämer, Thomas: *Outdoor Sportstätten: Ratgeber Planung & Bau*, Stadionwelt, Brühl 2013
Mackintosh, Iain: *Architecture, Actor and Audience (TheatreConcepts)*, Routledge, London/New York 2003
Nixdorf, Stefan: *StadiumATLAS: Technical Recommendations for Grandstands in Modern Stadia*, Ernst & Sohn, Berlin 2008
Schittich, Christian (Hrsg.): *Im Detail: Ausstellen und Präsentieren*, Birkhäuser, Basel 2009
Sheard, Rod; Lee, Christopher: *Sports Buildings: A Design Manual*, Birkhäuser, Basel 2016
Steele, James: *Theatre Builders: A Collaborative Art*, Academy Editions, London 1996
Steele, James: *Museum Builders*, Academy Edition, London 1994
Strong, Judith: *Theatre buildings. A design guide*, Routledge, Abingdon/New York 2010

Sturzebecher, Peter; Ulrich, Sigrid: *Architektur für Sport: neue Konzepte, internationale Projekte für Sport und Freizeit*, Huss-Medien, München 2001

Van Uffelen, Chris: *Stadiums and Arenas: The Architecture of Games (Architecture for Fun, Sports and Leisure)*, Braun Publishers, Salenstein 2009

Vandenberg, M.: *Stadium Builders*, Wiley-Academy, New York 1998

von Naredi-Rainer, Paul: *A Design Manual Museum Buildings*, Birkhäuser, Basel 2004

Kapitel 11: Lagerbereiche

Heinrich, Martin: *Transport- und Lagerlogistik – Planung, Struktur, Steuerung und Kosten von Systemen der Intralogistik*, 9. Auflage, Springer Vieweg, Wiesbaden 2014

Ten Hompel, Michael; Schmidt, Thorsten; Nagel, Lars: *Materialflusssysteme – Förder- und Lagertechnik*, 3. neubearb. Auflage, Springer, Berlin/Heidelberg/New York 2001

Kapitel 12: Technikräume

Pistohl, Wolfram: *Handbuch der Gebäudetechnik*, Band 2, Heizung, Lüftung, Beleuchtung, Energiesparen, 8. Auflage, Werner, Köln 2013

RWE: *Bau-Handbuch*, EW Medien und Kongresse Buchverlag, Frankfurt 2014

Wellpott, Edwin; Bohne, Dirk: *Technischer Ausbau von Gebäuden*, 9. überarb. u. akt. Auflage, Kohlhammer, Stuttgart 2006

Index

I

J

K

L

M

O

P

R

S

T

Impressum

Autor: Bert Bielefeld, Prof. Dr.-Ing. Architekt, Professor für Bauökonomie und Baumanagement an der Universität Siegen, Gründungspartner des Planungsbüros bertbielefeld&partner architekten ingenieure mit Sitz in Dortmund

Konzeption und Lektorat: Annette Gref

Projektkoordination: Annette Gref, Silke Martini

Bildmaterial: David Hollnack, Viktouria Kezir (Koordination und Leitung); Katharina Holterhof, Alexander Pilar (Mitarbeit)
Abb. 3.22, S. 33 aus Zimmermann, Astrid: *Landschaft planen. Dimensionen, Elemente, Typologien*, Birkhäuser, Basel 2014

Herstellung: Bettina Chang

Layout Grundkonzept: Hug & Eberlein

Satz und Covergestaltung: Sven Schrape

Papier: 130 g/m² Amber Graphic

Druck und Bindung: Kösel GmbH & Co. KG, Altusried-Krugzell

Library of Congress Cosntrol Number: 2018949844

Bibliografische Information der Deutschen Nationalbibliothek
Die Deutsche Nationalbibliothek verzeichnet diese Publikation in der Deutschen Nationalbibliografie; detaillierte bibliografische Daten sind im Internet über http://dnb.dnb.de abrufbar.

ISBN 978-3-0356-1722-1

Dieses Buch ist auch in englischer Sprache erschienen (ISBN 978-3-0356-1723-8).

Postfach 44, 4009 Basel, Schweiz
Ein Unternehmen der Walter de Gruyter GmbH,
Berlin/Boston

9 8 7 6 5 4 3 2 1 www.birkhauser.com